KB199547

자녀를 행복한 성공으로 이끄는

엄마의 기도 365일

자녀를 행복한 성공으로 이끄는

엄마의 기도 365일

초판 1쇄 발행 2010년 12월 24일
초판 4쇄 발행 2017년 9월 14일

글 | 용혜원
펴낸이 | 한순 이희섭
펴낸곳 | (주)도서출판 나무생각
편집 | 양미애 조예은
디자인 | 오은영
마케팅 | 박용상 이재석
출판등록 | 1999년 8월 19일 제1999-000112호
주소 | 서울특별시 마포구 월드컵로 70-4(서교동) 1F
전화 | (02) 334-3339, 3308, 3361
팩스 | (02) 334-3318
이메일 | tree3339@hanmail.net
홈페이지 | www.namubook.co.kr

ISBN 978-89-5937-225-6 (04230)
       978-89-5937-223-2 (세트)

자녀를 행복한 성공으로 이끄는

엄마의 기도
365일

용혜원 지음

나무생각

어머니의 기도

자녀를 품안에 안고
기도하는 어머니의 기도는
자녀의 마음에 사랑을 남긴다

자녀가 자라날 때마다 안아주며
기도하는 어머니의 기도는
자녀의 삶에
길과 진리와 생명으로 가는 길을
가르쳐주고 가슴에 새겨준다

자녀가 성장한 후 가까이서 멀리서
기도하는 어머니의 기도는
자녀의 영혼에 예수 그리스도의
구원의 말씀과 사랑을 지울 수 없도록
깊은 흔적으로 남긴다

어머니의 기도는
가장 아름다운 언어 중 하나이며
이 세상에서 가장 깊은
사랑의 표현이다

- 용혜원 -

자녀를 위하여 날마다 기도를 드립시다

우리는 자녀를 위하여 기도해 주고 기도를 가르쳐주어야 합니다. 성경은 이렇게 말하고 있습니다. "마땅히 행할 길을 아이에게 가르치라. 그리하면 늙어도 그것을 떠나지 아니하리라(잠언 22:6)."

위대한 일을 하는 사람들은 기도하는 사람들입니다. "기도하는 자녀는 망하지 않는다" "기도의 유산을 물려주자"는 말을 많이 들었을 것입니다. 우리는 자녀를 위하여 날마다 기도의 유산을 쌓아가야 합니다. 《성경》에서도 기도로 얻고 기도로 키운 자녀는 사무엘같이 하나님 앞에 바르게 서고, 기도하는 사람은 다니엘과 같은 능력의 하나님 사람이 된다고 했습니다. 성인들의 간증을 통해서도 그들의 삶이 부모와 주변 사람들의 기도로 인하여 하나님께 온전히 쓰임 받았음을 알 수 있습니다.

자녀에게는 말보다 행동으로 실천하여 보여주는 삶이 중요합니다. 부모가 자녀들을 위하여 날마다 기도해 줄 수 있다면 이보다 놀라운 가르침과 축복이 어디 있겠습니까? 그리하면 자녀는 부모를 닮게 되어 있습니다.

자녀들에게 하나님의 말씀을 듣게 해야 합니다. 스스로 기도하게 해야 합니다. 우리는 요한복음 1장 12절의 말씀처럼 예수 그리스도를 영접한 하나님의 자녀답게 주님의 기도하시던 삶을 닮아가는 것입니다. 예수 그리스도의 이름으로 우리가 기도할 수 있음이 얼마나 놀라운 은혜와 사랑입니까.

우리 주님 예수 그리스도의 이름으로 자녀를 위하여 기도해 주고 기도 생활의 모범을 보여준다면 그들의 성격과 꿈, 비전과 소망, 대인관계와 믿음이 놀랍게 달라질 것입니다. 그리고 삶에 자신감을 갖게 될 것입니다. 주님과 언제나 함께하고 있다는 것을 부모의 기도를 통해 느낄 수 있게 될 것입니다.

자녀가 성장하는 데는 교육도 지식도 건강과 환경도 중요합니다. 그러나 가장 중요한 것은 믿음 있는 삶과 영적 생활입니다. 이 모든 것은 기도와 말씀으로 이루어질 수 있습니다. 자녀가 어려서부터 가정에서 부모와 함께 말씀을 읽고 기도한다면 믿음이 반석 위에 세워질 것입니다. 우리 아이들에게 가장 중요한 것은 영혼입니다. 기도는 영혼을 새롭게 해주고 성령의 인도하심을 받게 합니다.

갈수록 가족 간의 대화가 줄어든다고 합니다. 그러나 주 안에서 기도와 말씀으로 양육하고, 주님 안에서 사랑의 띠로 하나가 된다면 부모와 자녀가 늘 주님의 사랑을 나누는 복된 가정이 될 것입니다. 주 안의 복된 가정은 기도드리는 가정입니다. 사랑과 축복을 받아 날마다 영혼이 새롭게 되는 가정입니다. 기도는 우리와 우리 자녀들의 삶의 기초가 되기 때문입니다.

자녀를 위하여 날마다 기도를 드립시다. 하나님의 인도하심을 받기 위하여 날마다 기도해 주어야 합니다. 그리고 우리 아이들에게 기도의 문을 활짝 열어주어야 합니다. 우리의 자녀들이 주님의 임재하심 가운데 살도록 도와주어야 합니다. 우리 자녀들이 기도로 세계를 가슴에 품어야 합니다. 하나님께 온전히 쓰임을 받아야 합니다.

주님의 이름으로 자녀들을 위하여 기도하는 가정에 하나님의 은총과 사랑이 늘 충만하기를 기도합니다.

용혜원

차례

책머리에 6

1월 꿈과 비전을 현실로 만들어가게 하소서 11

2월 날마다 주님과 친구처럼 동행하게 하소서 45

3월 우리들의 삶과 신앙이 날마다 새롭게 하소서 77

4월 예수 그리스도의 부활의 신앙을 갖게 하소서 111

5월 사랑의 축복이 넘치는 가정이 되게 하소서 145

6월 성령 충만으로 시절을 좇아 열매를 맺게 하소서 179

7월 건강하고 튼튼하게 자라게 하소서 213

8월 주님과 같이 온유하고 겸손하게 하소서 247

9월 창조주 하나님을 온전히 신뢰하게 하소서 281

10월 강하고 담대한 믿음으로 성장하게 하소서 315

11월 믿음으로 소망을 이루어가는 열정을 갖게 하소서 349

12월 하나님께 칭찬과 인정받는 삶을 살게 하소서 383

1

January

꿈과 비전을 현실로
만들어가게 하소서

새로운 해에는

짙은 어둠을 뚫고
동쪽 하늘에 붉은 해가 솟아오르는 것처럼
새해 새아침에는
모든 이들의 가슴에도 커다란 희망이
밝게 빛나며 가득히 떠오르게 하소서

한 해 365일이 땀 흘린 보람으로 가득하고
한 해 365일이 열매 맺는 기쁨으로 가득하고
한 해 365일이 사랑으로 가득하게 하소서

시련을 이겨내는 소식들로 소문이 나고
아픔을 이겨내는 소식들로 소문이 나고
소망으로 기뻐하는 소식들이 소문나게 하소서

새로운 해에는 이 땅 사람들이 행복하고
새로운 해에는 가족들이 서로 사랑하고
새로운 해에는 나라와 민족이 하나 되어
모든 일터마다 신바람 나는 일들이 많고 많아
만나는 사람들마다 웃음꽃이 피어나게 하소서

새로운 해에는 사랑이 회복되고
새로운 해에는 인간관계가 좋아지고
새로운 해에는 믿음이 새롭게 변화되어
모든 사람들에게 행복한 일들이 많아지게 하소서
모든 사람들에게 웃음 터질 일들이
날마다 일어나게 하소서

- 용혜원 -

요셉과 같이 꿈을 현실로 바꾸는 인물이 되게 하소서

여호와께서 요셉과 함께 하심이라
여호와께서 그의 범사에 형통케 하셨더라 창세기 39:23

꿈을 주시고 그 꿈을 이루어주시는 하나님!
꿈의 사람 요셉처럼 우리 자녀에게 꿈을 주시고
꿈을 이루어갈 수 있는 믿음과 용기를 주옵소서.
마음에 꿈을 가득 품고 살아가게 하시고
믿음으로 삶의 밭을 잘 개간하게 하옵소서.
잡초와 같은 죄악과 염려와 근심은 말끔히 뽑아내고
자신감을 갖고 살아가게 하옵소서.
요셉과 같이 모든 시련과 유혹을 이겨내게 하시고
사랑의 마음으로 모든 것을 감싸줄 수 있는
용기와 넓은 아량을 주옵소서.
눈앞에 보이는 현실만 바라보지 말게 하시고
시련의 담과 벽을 넘고 무너뜨려
내일을 향하여 달려가게 하옵소서.
꿈을 마음에 그리게 하시고 그 그림대로
이루어지는 것을 눈으로 보게 하옵소서.
우리 자녀들이 꿈을 현실로 바꾸는
하나님의 자녀가 되기를 원하며
우리 주 예수 그리스도의 이름으로 기도합니다. 아멘!

왕이든 백성이든 자기 가정에서 평화를 발견하는 사람이 가장 행복한 사람이다. 괴테

1

다윗과 같이 하나님의 마음에 합한 사람이 되게 하소서

2

다윗을 왕으로 세우시고 증거하여 가라사대 내가 이새의 아들 다윗을 만나니
내 마음에 합한 사람이라 내 뜻을 다 이루게 하리라 하시더니 사도행전 13:22

모든 지도자를 세우시는 하나님!
다윗 왕을 이스라엘 왕의 표본으로 삼으시고
하나님의 마음에 합한 자라 하셨습니다.
우리 자녀들도 하나님 마음에 합한
믿음의 삶을 살아가게 하소서.
다윗과 같이 기도를 통하여 하나님의 뜻을 묻고
하나님의 부르심에 순종하며 살게 하소서.
죄악을 지었을 때 철저히 회개하고
죄를 멀리할 수 있는 믿음을 주소서.
잘못된 것은 믿음으로 바로잡게 하여 주시고
약속은 언제나 지켜 나가게 하소서.
사람들 보기에만 좋은 삶이 아니라
하나님 앞에 바른 삶을 살게 하옵소서.
다윗이 골리앗을 이겨낸 것처럼
아무리 거대한 상대라도 하나님의 자녀답게
하나님의 이름으로 승리하게 하소서.
다윗과 요나단 같은 친구의 우정을 주사
서로 신뢰하며 믿음의 삶을 함께 살아가게 하소서.
사사로운 감정을 절제하게 하시고
언제나 하나님이 원하시는 삶의 방향으로 나아가게 하소서.
우리 주 예수 그리스도의 이름으로 기도합니다. 아멘!

일이 즐거우면 인생은 낙원이다. 일이 의무에 불과하면 인생은 지옥이다. 막심 고리키

January

에녹과 같이 하나님과 동행하는 삶을 살게 하소서

3

에녹은 육십오 세에 므두셀라를 낳았고 므두셀라를 낳은 후 삼백 년을 하나님과 동행하며 자녀를 낳았으며 그가 삼백육십오 세를 향수하였더라 에녹이 하나님과 동행하더니 하나님이 그를 데려가시므로 세상에 있지 아니하였더라 창세기 5:21-24

우리와 항상 함께하시는 하나님!

우리 자녀에게 하나님과 동행하며 살아가는

믿음을 주시기 원합니다.

하나님과 동행하며 살아가는 삶은

놀라운 축복이며 은혜임을 고백합니다.

자녀들이 어려서부터

누구와 어떻게 동행하는 삶을 살아가는가에 따라

일생이 달라지오니 인도하여 주소서.

막연한 기대 속에 이루어가는 일방적인 동행이 아니라

말씀 속에서 동행하시는 섭리를 깨닫게 하시고

온전하게 인도하심을 받게 하소서.

하나님 말씀에 순복하게 하시고

하나님의 뜻에 항상 순종하게 하소서.

어디로 어떻게 인도하시든지

동행하는 믿음을 갖게 하소서.

하나님께서 펼쳐주실 놀라운

미래에 기대를 갖게 하소서.

하나님과 동행하므로 날마다 기쁨 속에

사랑을 나누며 살게 하옵소서.

우리 주 예수 그리스도의 이름으로 기도합니다. 아멘!

기회가 두 번 다시 자네의 문을 노크한다고 생각하지 말라. 상포르

야베스의 기도를 본받아 응답받는 삶을 살게 하소서

4 야베스가 이스라엘 하나님께 아뢰어 가로되 원컨대 주께서 내게 복에 복을 더하사 나의 지경을 넓히시고 주의 손으로 나를 도우사 나로 환난을 벗어나 근심이 없게 하옵소서 하였더니 하나님이 그 구하는 것을 허락하셨더라 역대상 4:10

우리들의 기도를 응답하시는 하나님!

기도는 영적인 호흡이며 생명줄이오니

우리 자녀들이 믿음으로 드리는 기도를 응답하여 주소서.

진실한 기도를 드리므로

하나님의 놀라운 은혜와 능력을 체험하게 하소서.

하나님께서 들으시는 기도를 함으로써 야베스처럼

응답을 받아 하나님이 주시는 복을 누리게 하소서.

능력 있는 기도를 배우게 하시며

확신을 갖고 기도하게 하소서

복에 복을 더하는 기도, 믿음의 지경을 넓히는 기도,

환난과 근심에서 벗어나는 기도를 드림으로

응답을 받아 삶에 활력이 넘치게 하소서.

권능의 하나님께서 우리 자녀들의 기도를 들어주시고

응답하여 주시기를 원합니다.

우리 자녀가 바쁜 일상 속에서

기도 시간을 줄여가는 삶이 아니라

기도 시간을 늘려가는 삶을 살아가게 하소서.

하나님께 간절히 기도함으로 새로운 변화를 일으켜

삶 속에서 하나님의 기적을 체험하게 하소서.

우리 주 예수 그리스도의 이름으로 기도합니다. 아멘!

어떤 새든 자기의 둥지를 가장 좋아한다. 고트그레이브

여호수아의 믿음처럼 강하고 담대하게 하소서

5

너의 평생에 너를 능히 당할 자 없으리니 내가 모세와 함께 있던 것같이 너와 함께 있
을 것임이라 내가 너를 떠나지 아니하며 버리지 아니하리니 마음을 강하게 하라 담대
히 하라 너는 이 백성으로 … 맹세하여 주리라 한 땅을 얻게 하리라 여호수아 1:5-6

강한 능력으로 우리와 함께하시는 하나님!

이스라엘 민족을 애굽 땅에서 구출한 모세의 뒤를 이어

이스라엘 백성을 가나안 땅으로

인도하신 하나님의 능력을 믿습니다.

하나님께서 우리 자녀와 함께하여 주소서.

자녀들의 삶 속에서 항상 인도하여 주시기를 원합니다.

이 세상의 어떠한 강한 힘도

하나님의 능력에 비할 수 없사오니

오직 하나님의 능력으로 붙잡아 주소서.

하나님의 능력의 손과 힘 있는 팔로

강하고 담대하게 하소서.

여호수아가 하나님의 능력을 믿고

하나님의 백성을 인도했던 것처럼

우리 자녀도 쓰임을 받게 하소서.

맡은 일에 최선을 다하게 하시고

하나님이 허락하신 것들을 이루어가게 하소서.

하나님의 권능으로 자녀들이

평생토록 순종하며 인도하심을 받게 하소서.

우리 주 예수 그리스도의 이름으로 기도합니다. 아멘!

힘은 샘물과 같이 안으로부터 솟아나는 것이다. 힘만을 구한다면 사람은 점점 약해질
뿐이다. 그러므로 강하게 되려면 무엇보다도 생각을 올바르게 가져야 한다. 랠프 W.
에머슨

느헤미야처럼 하나님의 은혜 속에 살게 하소서

6

내 하나님이여 내가 이 백성을 위하여 행한 모든 일을 생각하시고 내게 은혜를 베푸시옵소서 느헤미야 5:19

우리들 삶의 작은 부분까지 세밀하게 인도하시는 하나님!
느헤미야가 가장 어려운 순간에도 기도하여
하나님의 인도하심을 받은 것처럼
우리 자녀들도 하나님의 인도하심을 원합니다.
하나님의 사람 느헤미야처럼 욕심을 버리고
나라의 독립을 끝까지 지켰던 지조 있는
신앙의 모습을 본받기 원합니다.
세상의 모든 권세와 직분은
하나님께서 허락하지 않으시면 가질 수 없음을 압니다.
우리 자녀들이 잘 성장하여 어느 자리에 있든지
하나님과의 약속을 잘 지켜 나가게 하소서.
믿음의 사람답게 지조를 저버리지 않게 하소서.
느헤미야에게 놀라운 지도력을 주사
맡겨진 사명에 최선을 다하게 하심처럼
우리 자녀들도 나라와 민족의 문제를 위하여 기도하며
나라와 민족을 위하여 헌신하며 살게 하소서.
위대한 신앙이 위대한 인물을 낳게 하오니
항상 주님을 본받아 주님을 닮아가는 삶을 살아가게 하소서.
우리 주 예수 그리스도의 이름으로 기도합니다. 아멘!

가정을 꾸미는 것은 남자의 일이지만 가정의 내부를 사람의 형태에 따라서 배치하는 일이나 이것을 유지하는 것은 여자의 일이다. 알랭

복된 여성 마리아의 신앙을 본받게 하소서

마리아가 가로되 주의 계집종이오니 말씀대로 내게 이루어지이다 누가복음 1:38

우리들의 마음을 아시고 사랑으로 인도하시는 주님!
은혜 받은 여성 마리아는 지상의 여인 중에
가장 큰 은혜를 받은 복된 여성임을 믿습니다.
우리 아이들도 마리아의 신앙을 본받게 하소서.
하나님께서 구원을 이루어주시고자
아름답고 경건하고 순결한 마리아를 택하신 것처럼
우리 자녀들도 순결함으로 쓰임 받게 하소서.
마리아가 하나님의 뜻에 순종하며
주님의 말씀을 마음에 담았던 것처럼
우리 아이들도 하나님의 뜻에 순종하게 하시고
주님의 뜻을 마음에 담고 살게 하옵소서.
우리 아이들의 믿음이
머리 속에서만 이루어지는 것이 아니라
마음 가운데 주님의 사랑을 담고 자라게 하소서.
마리아가 주님의 사역이 말씀대로 이루어지기를 원한 것처럼
우리 아이들도 하나님의 뜻이
말씀 그대로 이루어지기를 기도하며
기도의 응답을 보며 살게 하옵소서.
우리 주 예수 그리스도의 이름으로 기도합니다. 아멘!

사람은 자기가 원하는 것을 찾아 세상을 돌아다닌다. 그리고 가정으로 돌아왔을 때 비
로소 그것을 발견한다. 조지 무어

1

베드로처럼 택함을 받아 쓰임 받게 하소서

8

베드로가 가로되 내 발을 절대로 씻기지 못하시리이다 예수께서 대답하시되
내가 너를 씻기지 아니하면 네가 나와 상관이 없느니라 시몬 베드로가 가로되
주여 내 발뿐 아니라 손과 머리도 씻겨주옵소서 요한복음 13:8-9

수많은 사람들 중에 주님의 사역자로 부르신 주님!
오늘 이 시대에도 하나님의 뜻을 이루고자
주님의 자녀들을 불러주시고 사명을 주시니
우리 아이들도 베드로처럼 택함을 받아 쓰임 받게 하소서.
베드로가 믿음으로 주님을 구주로 고백한 것처럼
우리 아이들도 주님을 구주로 고백하게 하소서.
베드로가 죄를 지었을 때 통곡하며 회개한 것처럼
믿음으로 회개하여 구원받기를 원합니다.
우리 아이들 부족하고 연약하오니
주님께서 채워주시고 치유하옵소서.
오순절날 베드로가 성령을 충만히 받아
목숨이 다할 때까지 주님의 일을 한 것처럼
우리 아이들에게 믿음과 사랑을 쏟아주셔서
주님의 사역자로 쓰임을 받게 하소서.
갈릴리 바다의 어부가 주님의 사역자가 된 것처럼
주님께서 불러주시기를 원합니다.
우리 아이들에게 사명을 주시고 함께하셔서
주님의 뜻대로 살게 하옵소서.
우리 주 예수 그리스도의 이름으로 기도합니다. 아멘!

아름다운 웃음은 가정의 태양이다. 윌리엄 사커레이

사무엘처럼 하나님이 세워주시는 사람이 되게 하소서

9

사무엘이 자라매 여호와께서 그와 함께하셔서 그 말로 하나도 땅에 떨어지지 않게 하시니 단에서부터 브엘세바까지의 온 이스라엘이 사무엘은 여호와의 선지자로 세우심을 입은 줄을 알았더라 사무엘상 3:19-20

천하보다 귀한 생명을 은혜 중에 허락하시는 하나님!
어머니 한나의 기도로 태어나
위대한 선지자 사명을 감당했던
믿음의 사람 사무엘과 같은 믿음을
우리 자녀들에게도 충만하게 주시기를 원합니다.
오직 하나님만을 섬기려는
신앙의 자세를 가지고 살았던 사무엘처럼
우리 자녀들도 사명을 받게 하시고
믿음의 주요 온전케 하시는
주님만을 바라보며 살게 하소서.
하나님의 뜻에 합당한 순종의 삶을 살기 원했던
사무엘의 신앙을 본받게 하시고
그리스도인으로서 구별된 성도의 삶을 살게 하소서.
하나님의 일이라면 언제나 순종하게 하시고
정직하고 겸손하게 하셔서
하나님의 응답을 받으며 살게 하소서.
항상 흘러 넘치는 사랑으로 우리에게 베풀어주시는
하나님의 사랑을 깨달아 온 마음과 온 정성으로
하나님을 섬기며 살게 하소서.
우리 주 예수 그리스도의 이름으로 기도합니다. 아멘!

친구는 나의 기쁨을 두 배로 만들고 슬픔은 절반으로 줄여준다. 키케로

바울과 같이 십자가를 자랑하는 믿음을 갖게 하소서

내가 부득불 자랑할진대 나의 약한 것을 자랑하리라 고린도후서 11:30

1
10

우리가 철저한 신앙을 갖기 원하시는 주님!
세상의 모든 것들을 분토와 같이 여기고
오직 십자가만을 자랑하기 원했던 사도 바울처럼
우리 자녀들도 지나간 과거에 매이지 않고
오직 주님의 말씀과 십자가의 신앙으로
영적인 무장을 하기 원합니다.
사도 바울의 회심처럼
우리 자녀들도 온전한 회심을 통하여
복음을 전하다가 감옥에 갇히고 순교하더라도
기쁨으로 전할 은혜를 주소서.
주님이 원하시는 일이라면 어떠한 형편과 처지에도
행할 수 있는 믿음을 주시기 원합니다.
바울의 철저하고 투철한 신앙을 본받게 하시고
주님의 흔적을 갖기 원하며
자신이 죄인임을 고백하는 용기를 배우게 하소서.
세상의 불의와 타협함이 없이
오직 예수 그리스도만 전하는 삶을 살게 하소서.
우리 주 예수 그리스도의 이름으로 기도합니다. 아멘!

우정은 사랑받는 것보다 사랑하는 것에 있다. 아리스토텔레스

자녀들의 삶의 길이 평탄하게 하소서

이 율법 책을 네 입에서 떠나지 말게 하며 주야로 그것을 묵상하여 그 가운데 기록한 대로 다 지켜 행하라 그리하면 네 길이 평탄하게 될 것이라 네가 형통하리라 여호수아 1:8

우리와 함께하시고 강하고 담대하라 하시는 하나님!
성령 충만함을 받을 때 담대한 믿음을 갖게 되오니
우리 자녀들에게도 함께하사
그들의 삶의 길이 형통하게 하소서.
주야로 주님의 말씀을 묵상하게 하시고
하나님의 섭리가 삶 속에서 일어남을
확신하며 체험하게 하소서.
하나님과 동행함으로 꿈과 비전을 이루어가게 하시고
강한 인내심을 주셔서 새로운 희망과 믿음으로
하나님의 뜻을 온전히 이루어가게 하소서.
말씀과 기도로 영적인 성장을 이루게 하시고
하나님께 모든 것을 맡기며 나아가게 하소서.
성령의 인도하심으로 살아가게 하시고
젊은 날에 창조주 여호와 하나님을 온전히 믿게 하소서.
우리 자녀들이 하나님의 걸작품으로 살아가기를 원합니다.
항상 먼저 깨닫게 하시고
적극적이고 긍정적인 삶을 살게 하소서.
우리 주 예수 그리스도의 이름으로 기도합니다. 아멘!

친구가 되는 유일한 방법은 자기가 먼저 친구가 되는 것이다. 랠프 W. 에머슨

1

12

하나님 뜻대로 비전을 세워 나가게 하소서

주를 아는 자에게 주의 인자하심을 계속하시며 마음이 정직한 자에게 주의 의를 베푸소서 시편 36:10

우리의 소원을 이루어주시는 하나님!
우리 자녀들에게 꿈과 비전을 주시기 원하오니
믿음으로 비전을 성취하게 하시고
하나님의 영광을 드러내는 삶을 살게 하소서.
꿈과 비전을 이루는 데
하나님의 인도하심을 받게 하소서.
부모인 우리가 자녀들을 위하여
먼저 많은 기도를 드리게 하소서.
우리 자녀가 부모를 신뢰하며 따르게 하시고
행복한 가정 속에 화목하게 하시고
그들의 꿈과 비전을 잘 가꾸어가게 하소서.
우리 자녀들이 어떠한 어려움과 곤경 속에서도
열매를 맺어가게 하소서.
삶의 밭에 믿음으로 뿌리고 믿음으로 거두게 하사
시절을 좇아 열매를 맺게 하소서.
우리 자녀의 모든 삶을 인도하여 주소서.
우리 주 예수 그리스도의 이름으로 기도합니다. 아멘!

산속의 적은 물리치기가 쉽다. 그러나 마음속에 있는 적을 물리치는 것은 매우 어려운 일이다. 왕양명

온전한 믿음으로 예배드리게 하소서

하나님은 영이시니 예배하는 자가 신령과 진정으로 예배할지니라 요한복음 4:24

우리의 예배를 기쁘게 받으시는 주님!
믿음 없이는 온전한 예배를 드리지 못하오니
우리 자녀들이 예배드릴 때 성령께서 인도하여 주사
신령과 진정으로 예배드리게 하소서.
우리 자녀들이
주님을 찾아 예배드리는 것을 즐거워하게 하소서.
주님을 찾아 기도 드림이 습관이 되게 하소서.
주님의 말씀을 묵상하는 것이 생활이 되게 하소서.
우리 자녀가 부지런히 주님을 찾을 때 만나주시고
한없는 축복을 받게 하소서.
정결한 마음으로 예배를 드려
영적인 열매를 날마다 맺어가게 하소서.
예배를 통하여 죄를 씻게 하시고
예배를 통하여 상처를 치유받게 하시고
예배를 통하여 삶의 나아갈 길을 인도받게 하소서.
온 마음과 온 정성 다하여 예배를 드리는 것이
얼마나 놀라운 축복인가를 알아
주님을 온전히 섬기게 하소서.
우리 주 예수 그리스도의 이름으로 기도합니다. 아멘!

우리 자신이 품고 있는 자신감은 다른 사람에 대한 신용을 싹트게 한다. 라로슈푸코

하나님의 주목을 받는 인물이 되게 하소서

내가 너의 갈 길을 가르쳐 보이고 너를 주목하여 훈계하리로다 시편 32:8

전지전능하신 하나님!
시시때때로 변화를 일으키고 돌변하는 이 시대에
언제나 변함없는 사랑으로
인도하시는 주님의 사랑에 감사드립니다.
우리 자녀들이 하나님이 바라보시는 시선에서
주목받는 하나님의 자녀가 되게 하소서.
칠흑같이 어둡고 앞이 보이지 않는 어려운 상황 속에서도
믿음을 저버리지 않게 하소서.
오직 반석 위에 세운 믿음으로 우뚝 서게 하사
흔들리지 않는 강한 믿음으로 살아가게 하소서.
우리 영혼의 선장이신 주님께서 함께하여 주사
갈 길을 가르쳐주시고
보살펴주시며 인도하여 주소서.
하나님께서 베푸시는 무한한 사랑 속에
지혜롭고 튼튼하게 자라게 하사
하나님께서 원하시는 곳에서 쓰일 수 있는
주목을 받는 인물이 되게 하소서.
사랑을 나누는 삶을 살게 하시고
하나님의 은혜로 충만하여
하나님이 보시기에 합당한 삶을 살게 하소서.
우리 주 예수 그리스도의 이름으로 기도합니다. 아멘!

신뢰는 유리 거울 같은 것이다. 한 번 금이 가면 원래대로 하나가 될 수 없다. 헨리 프
레데리크 아미엘

1
15

주님께 쓰임을 받는 귀한 그릇이 되게 하소서

그러므로 누구든지 이런 것에서 자기를 깨끗하게 하면 귀히 쓰는 그릇이 되어 거룩하고 주인의 쓰심에 합당하며 모든 선한 일에 예비함이 되리라 디모데후서 2:21

사랑과 은혜가 풍성하신 하나님!

우리들 삶의 모습이 그릇과 같으니

주여 우리의 그릇을 깨끗이 씻어

주님께서 쓰시기에 합당하게 하옵소서.

주님께 간절히 기도하오니

우리 아이들도 주님께 온전히 쓰임을 받는

귀한 믿음의 그릇이 되게 하옵소서.

그릇의 가치나 색깔이나 모양보다

깨끗이 씻겨짐과 쓰임새를 보시고 사용하시는 주님이시니

주님께서 쓰시기에 편한 그릇이 되기를 원합니다.

우리와 우리 아이들을 사랑하시고

영혼과 몸을 주님의 보혈로 씻어주셔서

주님께 쓰임 받기에 부족함이 없게 하소서.

우리 아이들이 항상 죄의 유혹에서 벗어나

주님의 선한 일에 쓰임 받기를 원합니다.

우리 자녀들이 욕심과 정욕에 이끌려 살지 않게 하시고

의와 믿음과 사랑과 화평 안에서 살게 하소서.

주님의 손길이 항상 함께함을 믿으며

우리 주 예수 그리스도의 이름으로 기도합니다. 아멘!

우정은 성장이 더딘 식물이다. 그것이 우정이라는 이름을 얻으려면 몇 번의 고통을 이겨내야 한다. 조지 워싱턴

1
16

날마다 주님을 따라 살게 하소서

또 무리에게 이르시되 아무든지 나를 따라오려거든 자기를 부인하고 날마다 제 십자가를 지고 나를 좇을 것이니라 누가복음 9:23

우리의 믿음이 성숙하기를 원하시는 주님!

우리 자녀들이 성령의 인도하심 따라

자기를 부인할 수 있게 하시고

날마다 십자가를 지고 주님을 따르게 하소서.

아직은 어리고 미성숙하오니

온 마음을 다하여 최선으로 노력하게 하시고

주님 앞에 선한 삶을 살게 하소서.

선한 목자 되시는 주님을 믿고

모든 아픔과 무거운 짐을 주님께 드려

영혼의 안식을 취하며 살게 하여 주소서.

주님께서 우리 자녀들에게 사랑과 기쁨을

한없이 쏟아부어 주심을 믿사오니

성숙한 믿음으로 주 안에서 기뻐하며 살게 하소서.

우리 자녀들이 주님을 따르다가 어려움이 닥쳐

힘들고 나약해지더라도 포기하지 않고 따르게 하사

능력을 주시는 주님의 길을 가게 하소서.

만왕의 왕이 되시는 주님의 능력을 체험하며 살게 하소서.

우리 주 예수 그리스도의 이름으로 기도합니다. 아멘!

신앙의 중요성은 너무나 커서 반쪽의 헌신으로는 충분하지 않다. 조나단 에드워즈

하나님이 주신 재능을 잘 사용하게 하소서

좋은 땅에 뿌리웠다는 것은 말씀을 듣고 깨닫는 자니 결실하여 혹 백 배, 혹 육십 배
혹 삼십 배가 되느니라 하시니라 마태복음 13:23

세상 모든 만물을 창조하신 하나님!
나무마다 각기 다른 꽃이 피어나게 하시고
열매마다 각기 다른 아름다움을 창조하신
전능하신 하나님을 찬양합니다.
세상의 모든 사람들에게 각기 재능을 주신 것처럼
우리 자녀에게도 재능을 주셨으니
감사하게 받고 지혜롭게 사용하게 하소서.
우리 자녀가 자기의 재능만을 믿는 것이 아니라
모든 일에 열심을 다하게 하소서.
일을 하며 노동의 즐거움을 깨닫게 하시고
땀을 흘려 보람을 느끼게 하소서.
모든 일에 열의를 가지고 시작하여
열정 속에서 끝을 내어 결실이 있게 하소서.
우리 자녀가 가진 재능이
사람들에게도 덕이 되고 좋은 열매를 맺게 하소서.
남보다 뛰어날 때 교만하지 않게 하시고
남에게 뒤처질 때 노력하여 극복하게 하소서.
하나님이 주신 재능이 열매를 맺는 날
예배를 통하여 영광을 돌리게 하소서.
우리 주 예수 그리스도의 이름으로 기도합니다. 아멘!

너의 친구에 대해서 내게 말하라. 그러면 네가 어떤 사람인지 알려주겠다. 세르반테스

1
18

삶의 목표가 분명한 삶을 살게 하소서

그러나 나도 육체를 신뢰할 만하니 만일 누구든지 다른 이가 육체를 신뢰할 것이 있는 줄로 생각하면 나는 더욱 그러하리니 **빌립보서 3:4**

우리들 삶의 목표를 세워주시는 주님!
우리 자녀가 사람들과의 어울림 속에서
함께 주님의 뜻을 이루어가게 하소서.
시류에 따라 떠돌며 방황하는 삶이 아니라
주님께 인정받는 믿음의 삶을 살게 하소서.
우리 자녀가 바른 역사관을 가지고 의롭게 살게 하소서.
기도와 말씀으로 훈련된 성도의 삶을 살게 하소서.
삶의 행로가 분명하고 확실하게 하소서.
하나님이 보시기에 아름다운
믿음의 사람으로 살아가기를 원합니다.
우리 자녀가 자신의 부족하고 연약함을 인정하게 하사
포기하거나 좌절하지 않는 믿음으로
자기의 분수를 지키며 책임감 있게 살아가게 하소서.
이성과 감성, 영성이 잘 조화된 삶을 살게 하시고
영육이 강건하여 하나님의 부르심에 따르며
분명한 삶의 목표를 갖고
하나님의 뜻에 합당하게 살아가게 하소서.
우리 주 예수 그리스도의 이름으로 기도합니다. 아멘!

원한을 품지 마라. 대단한 것이 아니라면 정정당당하게 자기가 먼저 사과하라. 미소를 띠고 악수를 청하면서 일체를 흘려버리고자 제안하는 사람이 큰 사람이다. 앤드루 카네기

주님의 손길로 영혼이 날마다 새롭게 하소서

사랑하는 자여 네 영혼이 잘됨같이 네가 범사에 잘되고 강건하기를 내가 간구하노라
요한삼서 1:2

우리의 영혼을 늘 새롭게 하시는 주님!
우리 삶의 모든 형편과 처지를 아시는 하나님께서
컴퓨터 오락과 게임에 중독되어 있는
우리 자녀들을 인도하여 주소서.
혼자만의 세계에 빠져 가족들과 단절되고
외부와 차단된 자기만의 생각과 공간을 좋아하는
저들의 영혼을 새롭게 하여 주소서.
혼자만의 고립에 빠지지 말게 하시고
마음의 소리, 양심의 소리를 듣게 하소서.
조작되어 만들어지는 온갖 잡념과 걱정거리와
공포에서 벗어나 학교와 직장에서
꼭 필요한 사람이 되게 하소서.
자신이 원하는 것 이외에는 모든 것을
부정적으로 여기는 마음보다는
긍정적이고 적극적인 넓은 마음을 주시기 원합니다.
가족과 이웃, 그리고 친구들과의 사귐 속에
명랑하고 유쾌한 삶을 살아가게 하소서.
자신의 마음을 주님께 드림으로
영혼과 행하는 모든 일들을 인도받게 하소서.
우리 주 예수 그리스도의 이름으로 기도합니다. 아멘!

약속으로 친구를 얻을 수 있다. 그러나 실천으로 친구를 보호하고 지켜야 한다. 오웬 펠담

예수 그리스도와 함께 복음에 참여한 자가 되게 하소서

20

우리가 시작할 때에 확실한 것을 끝까지 견고히 잡으면 그리스도와 함께 참예한 자가
되리라 히브리서 3:14

처음과 나중이 되시는 주님!

우리의 삶 속에 나태하고 게으른 마음이 없게 하여 주시고

기도함으로 의욕적인 삶을 살 수 있도록

성령께서 인도하옵소서.

우리 아이들이 처음부터 끝까지 주님을 잘 믿고

바르게 성장하기 원합니다.

아이들이 부모에게만 기대거나

남을 이용하지 않게 하시고

믿음의 열정을 갖고 땀 흘리며 성취하게 하소서.

주님을 바라보며 노력하게 하시고

맺히는 결실로 기뻐하는, 체험 있는 삶을 살게 하소서.

세상의 허망한 것들을 좇지 않게 하시고

확실한 것을 견고히 붙잡고 나아가기를 원합니다.

성난 태풍이 지나간 뒤 바다가 고요해지듯이

언제나 역경을 이겨내고 믿음으로 잘 성장하여

주 안에서 벅찬 삶의 감동을 느끼며 살게 하소서.

주님의 인도하심을 원하며

우리 주 예수 그리스도의 이름으로 기도합니다. 아멘!

친구들에게 기대하는 것을 먼저 베풀어야 한다. 아리스토텔레스

하나님의 손길 안에서 복된 삶을 살게 하소서

땅의 모든 족속이 너와 네 자손을 인하여 복을 얻으리라 내가 너와 함께 있어 네가 어디로 가든지 너를 지키며 너를 이끌어 이 땅으로 돌아오게 할지라 내가 네게 허락한 것을 다 이루기까지 너를 떠나지 아니하리라 하신지라 창세기 28:14-15

권능의 손길로 우리 삶을 붙잡아주시는 하나님!
우리를 죄악의 수렁에서 건져주시고 인도하여 주셔서
구원의 복된 삶을 살게 하시니 감사드립니다.
지도를 펼치면 온 세계가 눈앞에 펼쳐지듯이
우리 아이들이 말씀을 펼쳐 보게 하시어
말씀의 깊이와 재미를 알게 되기를 원합니다.
하나님의 섭리와 인도하심을 체험하게 하셔서
현재의 삶에서 새로운 전환을 이루어가게 하소서.
하나님의 사랑 안에서 모든 근심과
걱정이 사라지기를 원합니다.
하나님의 말씀이 영혼의 양식이 되어
평생토록 마음판에 새겨지게 하시고
말씀을 따라 인도하심을 받게 하옵소서.
우리 자녀들이 하나님의 사랑 안에서
날마다 새로운 의욕 속에 잠재력과 재능을 발휘하여
신나고 멋진 삶을 살게 되기 원합니다.
그리하여 성령의 인도하심 따라
하나님의 영광을 나타내게 하소서.
우리 주 예수 그리스도의 이름으로 기도합니다. 아멘!

인생이란 대단히, 대단히, 대단히 중요한 것이다. 진지한 표정으로 거론할 수 있는 그런 하찮은 것이 아니다. 와일드

1

강하고 담대한 믿음을 갖게 하소서

22

너의 평생에 너를 능히 당할 자 없으리니 내가 모세와 함께 있던 것같이 너와 함께 있을 것임이라 내가 너를 떠나지 아니하며 버리지 아니하리니 마음을 강하게 하라 담대히 하라 여호수아 1:5-6

우리와 항상 함께하시는 하나님!

하나님께서 주시는 은혜와 사랑을 받으면 받을수록

특별한 축복임을 믿게 되오니

우리 아이들이 어디로 가든지

하나님이 함께하심을 믿게 하옵소서.

믿음으로 숨어 있는 능력을 깨워주셔서

사용하게 하시고 뜻이 있는 곳에 길이 있으니

하나님과 동행하며 새롭게 변화되게 하소서.

하나님의 말씀으로 우리 자녀들의 삶이 풍성해지고

세상의 풍조에 따라 좌우로 흔들리지 않게 하소서.

항상 즐거운 마음으로 하나님의 뜻에 따라 살게 하시고

믿음으로 새로운 변화를 일으키게 하여 주소서.

믿음으로 삶의 목표를 구체적으로 잡게 하시고

믿음으로 삶이 균형을 이루게 하소서.

우리 자녀들의 삶을 성령께서 인도하셔서

내적 성숙이 먼저임을 깨닫게 하시고

강하고 담대한 신앙인으로 살게 하소서.

우리 주 예수 그리스도의 이름으로 기도합니다. 아멘!

인생은 꼬리와 같은 것이다. 얼마나 긴가가 아니라 어떻게 좋은가가 중요하다. 세네카

우리 아이들에게 구원의 지혜를 주소서

또 네가 어려서부터 성경을 알았나니 성경은 능히 너로 하여금 그리스도 예수 안에 있는 믿음으로 말미암아 구원에 이르는 지혜가 있게 하느니라 디모데후서 3:15

우리에게 지혜를 주셔서 깨닫게 하시는 주님!

우리 아이들의 삶이

성경을 기초로 하여 시작되게 하시고

영적인 삶도 말씀을 상고하므로 이루어지게 하소서.

곧 생명의 말씀을 잘 믿고 잘 깨달을 수 있는

믿음과 지혜를 주시기 원합니다.

말씀을 깨달음으로 예수 그리스도 안에 있는

믿음으로 구원을 받아 거듭나게 하시고

새 생명을 누리며 살게 하소서.

말씀을 통하여 모든 죄악을 깨끗이 씻어내고

주님께 용서받았음을 믿게 하시고

그리스도 안에서 새 사람으로 살게 하소서.

오직 예수, 오직 말씀의 신앙으로

주님이 원하시는 길을 가게 하소서.

우리 아이들이 항상 예수님 안에 살면서

기쁨을 누리게 하시고

구원의 은혜를 확신하며

구원의 감격을 전하므로 은혜가 충만한 삶을 살게 하소서.

우리 주 예수 그리스도의 이름으로 기도합니다. 아멘!

인생은 왕복차표를 팔지 않는다. 일단 떠나면 다시는 돌아오지 못한다. R. 로랑

1

24

주일을 지키며 온전히 예배드리게 하소서

만일 안식일에 네 발을 금하여 내 성일에 오락을 행치 아니하고 안식일을 일컬어 즐거운 날이라, 여호와의 성일을 존귀한 날이라 하여 이를 존귀히 여기고 네 길로 행치 아니하며 네 오락을 구치 아니하며 사사로운 말을 하지 아니하면 이사야 58:13

우리의 예배를 온전히 받으시기 원하시는 주님!
영혼의 쉼을 주시고 평안을 주시고
기쁨을 주시기 위하여 주일을 주셨으니
우리 아이들이 이 거룩한 날을 온전히 지켜
영광과 찬양을 주님 앞에 돌리기 원합니다.
감사하신 주님!
아이들이 어려서부터 주님의 날을 성수하고
어떤 일보다 항상 먼저 예배드리며
기도하기를 원합니다.
모든 일에 순서가 있으니
이 순서의 첫 번째가
예배를 드리는 일이 되게 하소서.
교회 안에서 성도들을 사랑하며 섬기게 하시고
주님의 일이라면 어떠한 일도 감당하게 하소서.
봉사하고 섬기는 일에 앞장서게 하시고
부모들도 자녀의 삶에 모범이 되게 하소서.
주님의 일에 적극적으로 동참하여
그리스도인의 사명을 감당하게 하소서.
주님이 주시는 기쁨과 평안 속에 예배드리며
복된 성도의 삶을 살게 하소서.
우리 주 예수 그리스도의 이름으로 기도합니다. 아멘!

인간이 뜻을 세우는 데 시기적으로 너무 늦었다는 것은 있을 수 없다. 볼드윈

하나님의 부르심에 합당하게 살게 하소서

25

야곱아 너를 창조하신 여호와께서 이제 말씀하시느니라 이스라엘아 너를 조성하신 자가 이제 말씀하시느니라 너는 두려워 말라 내가 너를 구속하였고 내가 너를 지명하여 불렀나니 너는 내 것이라 이사야 43:1

우리를 지명하여 부르시고 소명을 주시는 하나님!
우리로 하여금 하나님의 뜻에 따라
하나님의 일에 동참하게 하심을 감사드립니다.
우리 자녀들도 지명하여 불러주시고
소명을 주사 쓰임 받게 하소서.
택하시고 부르신 하나님을 위하여
정성을 다하여 헌신하는 삶을 살게 하소서.
건강과 물질과 시간도 아낌없이 드리게 하셔서
평생토록 빛을 발하게 하소서.
하나님께 쓰임을 받는 것만으로도
기뻐하게 하시고 감격하게 하시고 감동하게 하소서.
하나님의 부르심을 확인할 때
삶의 목적과 방향이 달라지오니
우리 자녀들이 하나님의 부름에 응답하게 하시고
부름에 합당한 삶을 살게 하소서.
어떠한 상황 속에서도 산 믿음으로
온전한 신앙을 지켜 나가게 하시고
우리 자녀들이 하나님의 뜻을 발견하고
그 뜻을 이루어가기에 평생을 다 드리게 하소서.
우리 주 예수 그리스도의 이름으로 기도합니다. 아멘!

지나치게 타인의 동정을 요구하면 경멸이라는 경품이 붙어온다. 프리드리히 실러

1
26

우리 자녀의 삶을 성령께서 인도하여 주소서

이와 같이 성령도 우리 연약함을 도우시나니 우리가 마땅히 빌 바를 알지 못하나 오직 성령이 말할 수 없는 탄식으로 우리를 위하여 친히 간구하시느니라 로마서 8:26

우리의 마음과 생각을 지켜주시는 주님!
우리 아이들이 어려서부터 기도하는 삶을 배워
성령께서 인도하시는 삶을 살게 하소서.
기도를 통하여 하나님의 임재를 느끼며
기쁨과 평안을 누리게 하옵소서.
기도하므로 믿음이 성장하게 하시고
능력과 용기를 갖게 하옵소서.
우리 자녀들의 삶을
성령께서 인도하여 주시지 않으면
아무것도 할 수 없음을 고백합니다.
우리 자녀들을 성령께서 지켜주셔서
고난과 역경을 만날 때마다 이겨내게 하소서.
삶의 목적을 찾을 수 있게 이끌어주시고
선한 길로 인도하여 주시기를 원합니다.
하나님의 맘에 합한 기도를 드리는 자녀로 성장하여서
그들 마음속에 주신 소원을 이루어주시고
기도를 통하여 성령 충만함을 받으므로
악을 이기고 시험을 이겨내어
기쁨 가운데 살게 하소서.
우리 주 예수 그리스도의 이름으로 기도합니다. 아멘!

모든 생활은 두 가지로 이루어진다. 하고 싶지만 할 수 없다. 할 수 있지만 하고 싶지 않다. 괴테

하나님의 택하신 자녀로 살게 하소서

여호와께서 네게 맹세하신 대로 너를 세워 자기의 성민이 되게 하시리니 너를 여호와
의 이름으로 일컬음을 세계 만민이 보고 너를 두려워하리라 신명기 28:9-10

믿음으로 기적을 보게 하시는 하나님!
성령 충만함을 주사 모든 두려움을 물리칠 수 있는
용기와 믿음을 주소서.
우리 자녀들을 하나님의 택하신 자로 살게 하소서.
죄악 세상에서 믿음의 축복을 받게 하사
영적인 능력으로 살게 하소서.
내 힘으로는 할 수 없고
내 능력으로는 할 수 없는 일도
성령께서 인도하시면 능히 해낼 수 있으니
하나님의 법도를 지키며
주님의 자녀답게 살게 하소서.
하나님을 온전히 경외하게 하시고
분별력과 판단력을 주사 은혜 안에서 살게 하소서.
모든 길을 하나님께 맡기므로
하고자 하는 일들을 이루어가게 하소서.
우리 자녀들이 자신은 삶의 관리자이지
소유자가 아님을 알게 하사
순종하며 살게 하소서.
주님 사랑함을 적극적으로 표현하며 살게 하시고
주님의 사랑과 축복을 누리며 살게 하소서.
우리 주 예수 그리스도의 이름으로 기도합니다. 아멘!

말이 입힌 상처는 칼이 입힌 상처보다 깊다. 모로코 속담

1
28

하늘에 보물을 쌓는 자녀가 되게 하소서

너희를 위하여 보물을 땅에 쌓아두지 말라 거기는 좀과 동록이 해하며 도적이 구멍을
뚫고 도적질하느니라 마태복음 6:19

날마다 우리의 삶을 은혜로 채워주시는 주님!
단 한 번 허락하신 이 지상의 삶 동안에
우리 자녀들이 하늘에 보물을 쌓아가는
복된 믿음으로 살게 하소서.
지극히 작은 자에게 행함도 기억하시는
하나님의 크고 넓은 사랑에 감사드립니다.
우리 자녀들이 구원받은 하나님의 자녀로서
모범적인 신앙생활로
세상의 빛과 소금의 역할을 다하여
하나님께 모든 영광을 돌리게 하소서.
세상에서 받는 화려하고 겉치레인 상보다는
은밀히 행함을 보시는 하나님의 섭리와
하나님의 뜻을 따라 살면서
영원한 상급을 바라보게 하소서.
언제나 자신보다 이웃을 사랑하며
배려할 수 있는 믿음을 주시고
신앙의 부유함으로 물질의 가난함도 이겨내게 하소서.
오직 예수의 신앙으로 살아 진정한 부유함을 누리게 하소서.
세상 만물의 주인이 되시는 하나님께
물질을 통하여 영광과 찬양을 돌리게 하옵소서.
우리 주 예수 그리스도의 이름으로 기도합니다. 아멘!

___

나의 생명 드리니 주여 받아주셔서 주의 영광 위하여 사용하여 주소서. 찬송 348

삶의 기반을 주님께 두게 하소서

그러므로 누구든지 나의 이 말을 듣고 행하는 자는 그 집을 반석 위에 지은 지혜로운
사람 같으리니 마태복음 7:24

사랑이 풍성하신 주님!

우리의 믿음이 반석 위에 세워지기를 원하시며

지금도 하나님 보좌 우편에서 기도하시니

감사와 찬양과 영광을 돌립니다.

사랑과 은혜가 충만하신 주님께서 함께하여 주소서.

우리 자녀들이 삶 속에서

예수 그리스도를 구주로 고백하게 하소서.

예수 그리스도를 구주로 증거하는 삶 속에서

예수 그리스도의 인도하심을 나타나게 하소서.

우리 자녀들이 삶의 모든 기반을

예수님 안에 두게 하시고

그 안에서 자유롭게 하소서.

구원받은 자답게 입으로 주님을 시인하게 하시고

고백하게 하시고

생활 속에서 전하게 하옵소서.

우리 자녀들이 날마다 주님의 온유함과

겸손함을 닮아가게 하소서.

그리하여 더욱더 견고한 믿음으로

주님의 사랑을 받게 하옵소서.

우리 주 예수 그리스도의 이름으로 기도합니다. 아멘!

남에게 미움을 사지 않는 가장 간단한 방법은 남에게 아첨을 하지 않는 것이다. 버튼
베이커

1
30

날마다 모든 죄악에서 깨끗함을 받게 하소서

한 문둥병자가 나아와 절하고 가로되 주여 원하시면 저를 깨끗게 하실 수 있나이다 하거늘 예수께서 손을 내밀어 저에게 대시며 가라사대 내가 원하노니 깨끗함을 받으라 하신대 즉시 그의 문둥병이 깨끗하여진지라 마태복음 8:2-3

불의와 죄가 가득함 속에서도
우리에게 믿음을 주시는 용서의 주님!
죄가 죄를 부르고 욕심이 욕심을 부르는 죄악된 세상에서
우리 아이들이 날마다 죄를 회개함으로
날마다 깨끗함을 받게 하소서.
거룩하신 보혈의 은혜로 성결하게 하사
주님을 닮아 거룩한 삶을 살아가게 하옵소서.
우리 아이들을 괴롭히고 어지럽히는
음란함과 따돌림, 모든 범죄와 유혹에서
벗어나고 이겨낼 수 있는 믿음과 용기를 주소서.
아이들이 기도와 말씀으로 영적인 무장을 단단히 하여
죄악과의 싸움에서 이기게 하옵소서.
유혹은 피하고 악은 모양이라도 버리기를 원합니다.
나뭇잎들이 초록빛이 빛날 때 잘 자라듯이
우리 아이들도 주 안에서 잘 자라게 하소서.
우리 주 예수 그리스도의 이름으로 기도합니다. 아멘!

당신의 친구는 친구를 가지고 있으며, 그 친구에게는 또 친구가 있고, 그 친구는 또 자기 친구가 있다. 그러므로 친구에게 말을 할 때는 조심해야 된다. 유대 격언

세계를 가슴에 품고 기도하며 살게 하소서

땅의 모든 끝이 여호와를 기억하고 돌아오며 열방의 모든 족속이 주의 앞에 경배하리
니 시편 22:27

온 땅과 온 하늘을 품에 안으시는 주님!

전 세계에는 주님의 구원을 원하는 사람들이 많이 있으니

우리와 우리 자녀들이 세계를 품고 기도하게 하소서.

나라마다 민족마다 그들의 교회를 위하여

지도자를 위하여 선교사들을 위하여

주님의 잃어버린 양떼를 위하여

기도하게 하소서.

모든 민족을 창조하신 하나님의 섭리를 아오니

한 생명 한 생명 귀한 영혼이

주님께 돌아오게 하소서.

우리 자녀들이 세계 지도자를 위하여 기도하게 하시고

믿음으로 경영해 나가게 하소서.

우리 자녀들이 자신의 개인적인 문제만을

기도하는 것이 아니라 도고의 기도를 통하여

하나님의 사람들과 연결되게 하소서.

온 나라 온 민족 안에서 죄악이 사라지고

주님의 선함과 인자함만이 가득하게 하소서.

우리 주 예수 그리스도의 이름으로 기도합니다. 아멘!

우리들은 학교에서 배우는 것이 아니고 인생에서 배운다. 세네카

2
February

날마다 주님과
친구처럼 동행하게 하소서

주여 이 길로만 걷게 하소서

내 마음에 갈등이 일어나
생각이 여러 가지로 갈라질 때
서둘러 보기에만 좋은 길로
따라가지 말게 하시고
주님의 뜻을 찾아 따르게 하소서

주님을 떠나면
어느 곳에도 사랑과 자유는 없습니다
주님을 떠나면
그 어느 곳에서도
평안과 기쁨은 없습니다

머물 수도 없고

머물러 있을 수도 없는 이 땅에서

손에 잔뜩 쥐려고만 하고

가슴에 품으려만 하는

욕심과 욕망을 따라

발버둥치며 살지 않게 하소서

주님께서 십자가의 보혈로

사랑으로 인도하시는 새로운 길

생명의 길 이 길로만

주여 이 길로만 걷게 하소서

- 용혜원 -

모세에게 주신 믿음을 주소서

이 사람 모세는 온유함이 지면의 모든 사람보다 승하더라 민수기 12:3

민족을 사랑하시고 구원하시는 주님!
모세를 민족의 지도자로 성장시키기 위하여
갖은 고난과 역경 속에서 훈련시키고 부르신 하나님!
우리 아이들도 불러주셔서
하나님께 순종하고 기도함으로 승리하는 삶을 살게 하소서.
모세가 어려서부터
어머니 요게벳의 교육을 바르게 받은 것처럼
우리 아이들도 부모 된 우리에게서
바른 가정의 교육을 받게 하시고
부모 된 우리도 바른 삶 바른 신앙으로
삶의 모범을 보이게 하소서.
하나님께서 모세를
애굽에서 40년 광야에서 40년
훈련을 시키고 함께하심은
민족을 인도할 수 있는 강한 믿음과 지도력을 지닌
지도자로 만들기 위함임을 믿습니다.
우리 자녀들도 하나님의 부름에 따르게 하시고
모든 시련과 고통을 이겨내는 훈련을 받아
나라와 민족을 위하여 살게 하소서.
우리 주 예수 그리스도의 이름으로 기도합니다. 아멘!

마음의 아름다움을 잃어버린 육체의 아름다움은 동물의 장식에 지나지 않는다. 디모
크리토스

아브라함과 같은 믿음을 주소서

2

이제 후로는 네 이름을 아브람이라 하지 아니하고 아브라함이라 하리니
이는 내가 너로 열국의 아비가 되게 함이니라 창세기 17:5

아브라함을 믿음의 조상으로 삼으신 하나님!

하나님의 부름이 없으면

누구도 하나님 앞에 나올 수 없으나

아브라함에게 고향을 떠나

가나안으로 들어가도록 부르신 주님!

우리 자녀들도 불러주셔서 쓰임 받게 하소서.

아브라함이 하나님의 약속하심에 순종할 때

독자 이삭을 허락하시고

하나님의 뜻에 따라 이삭을 바치려 할 때

온전히 경외함을 축복하셨으니

우리 자녀들도 하나님의 뜻에 따르게 하소서.

부족함이 있고 실수가 있었으나

하나님께서 아브라함의 모든 것을 품어주신 것처럼

우리 자녀들도 품안에 품어주시기를 원합니다.

믿음의 흐름이 멈추지 않게 하시고

하나님께서 가라 하시면 가게 하시고

하나님께서 오라 하시면 오게 하소서.

우리 자녀들이 언제나 믿음으로 순종하며 살아

하나님의 은혜로 충만하길 원하며

우리 주 예수 그리스도의 이름으로 기도합니다. 아멘!

사랑스러움이 없는 아름다움은 미끼가 달리지 않은 낚시이다. 랠프 W. 에머슨

주님이 사랑하신 제자 요한의 사랑을 알게 하소서

베드로가 돌이켜 예수의 사랑하시는 그 제자가 따르는 것을 보니 그는 만찬석에서 예수의 품에 의지하여 주여 주를 파는 자가 누구오니이까 묻던 자러라 요한복음 21:20

우리에게 사랑의 마음을 주시는 주님!

주님께서 목숨까지 버리시고

십자가에서 피흘리시며 구원하여 주심을 감사드립니다.

주님께서 사랑하신 제자 요한처럼

우리 아이들도 사랑 속에 살기를 원합니다.

우리 가정이 사랑의 보금자리가 되게 하시고

서로 기도해 주며 하나님의 보시기에 아름다운

믿음의 공동체가 되기를 원합니다.

주님의 제자 요한이 처음부터 끝까지 변함없이

주님을 사랑하며 사랑의 복음을 외친 것처럼

우리 아이들도 사랑하며 살아가게 하소서.

서로 사랑하며 주님이 원하시는

성도의 삶을 살게 하옵소서.

우리 자녀들이 말과 혀로만 사랑하지 않고

온 마음과 진실함으로 사랑하게 하옵소서.

사랑의 힘으로 주님 앞에 굳게 서게 하시고

무슨 일이든지 사랑으로 시작하고

무슨 일이든지 사랑으로 이루게 하소서.

우리 주 예수 그리스도의 이름으로 기도합니다. 아멘!

천재, 그런 것은 결코 없다. 다만 공부하는 방법과 부단한 노력이 있을 뿐이다. 로뎅

에스더의 마음을 본받게 하소서

4 당신은 가서 수산에 있는 유다인을 다 모으고 나를 위하여 금식하되 밤낮 삼일을 먹지도 말고 마시지도 마소서 나도 나의 시녀로 더불어 이렇게 금식한 후에 규례를 어기고 왕에게 나아가리니 죽으면 죽으리이다 에스더 4:16

모든 나라와 모든 민족이 다 구원받기를 원하시는 하나님!

우리를 불꽃 같은 눈으로 감찰하사

인도하시고 보호하시니 감사드립니다.

자기의 목숨보다 민족을 더 사랑하여

민족의 시련을 기도와 지혜로 극복하며

순교적 신앙으로 민족을 구원한

에스더의 믿음과 사랑을 우리 자녀들도 본받게 하소서.

포로로 잡혀간 어려운 때에도 굴하지 않고

모든 고통과 어려움을 이겨냈던 믿음을 본받게 하소서.

에스더가 왕비가 되어서도

혼자만의 행복을 누리지 않고

오직 기도와 믿음으로 민족을 구한 것처럼

우리 자녀들의 믿음도 변치 않게 하소서.

에스더의 아름다운 외모와 착한 성품으로

모든 사람들에게 사랑을 받은 것처럼

우리 자녀들도 아름답게 성장하여

착하고 선한 일에 동참하며 살게 하소서.

우리 주 예수 그리스도의 이름으로 기도합니다. 아멘!

믿음, 소망, 사랑 이 세 가지는 영원히 남습니다. 그 중에서도 가장 위대한 것은 사랑입니다. 바울

바나바처럼 착한 성품으로 살게 하소서

5

바나바는 착한 사람이요 성령과 믿음이 충만한 자라 이에 큰 무리가 주께 더하더라
사도행전 11:24

사랑이 풍성하신 주님!
우리에게 착한 일을 시작하사
그리스도의 날에 완성시키신 것을 감사드립니다.
바나바의 성품이 착하고 성령과 믿음이 충만한 것처럼
우리 자녀들도 착한 성품과 충만한 성령으로
믿음이 충만한 삶을 살게 하소서.
선한 목자이신 주님께서 선한 마음을 주셔서
자녀들의 삶이 정직하고 진실하고 솔직한
참된 그리스도인의 삶을 살게 하소서.
주님께서 원하시는 일을 행하게 하여 주시고
세상이 악하고 죄악이 가득할지라도
물들지 않고 오직 선함으로 구별된 삶을 살게 하소서.
주님께서 잃어버린 양을 찾아내셔서
사랑으로 구원하여 주신 것처럼
주님의 삶을 본받게 하옵소서.
우리 자녀들이 선한 마음으로 사람들에게
사랑을 나누며 살게 되기를 원합니다.
주님께서 우리 자녀들의 마음을 지켜주옵소서.
우리 주 예수 그리스도의 이름으로 기도합니다. 아멘!

천재를 만드는 것은 1퍼센트의 영감과 99퍼센트의 땀이다. 에디슨

빌립처럼 성령과 지혜가 충만한 삶을 살게 하소서

6

형제들아 너희 가운데서 성령과 지혜가 충만하여 칭찬 듣는 사람 일곱을 택하라 우리가 이 일을 저희에게 맡기고 우리는 기도하는 것과 말씀 전하는 것을 전무하리라 하니 사도행전 6:3-4

주님의 말씀대로 살기를 원하시는 주님!

오순절날에 초대 교회 성도들이

성령의 충만함을 받은 것처럼

성령과 지혜가 충만하고 칭찬을 받아

일곱 집사로 택함을 받은 것처럼

우리 자녀들도 주님께 택함을 받아

주님 뜻대로 사용되기를 원합니다.

온 땅에 복음이 가득하고

주님의 사랑이 가득하기를 원합니다.

주님께서 모든 사람들이

하나님께 온전한 예배를 드리기를 원하시니

우리 자녀들도 주님의 말씀을 전하는 삶을 살게 하시고

하나님께 영광과 찬양을 돌리기 원합니다.

주님께서 우리 자녀들을 사랑하여 주시고

인도하여 주셔서 맡겨진 일에 최선을 다하게 하시고

맡겨진 사명에 책임을 다하게 하옵소서.

부족할 때마다 주님께 의뢰하여서

충만한 은혜와 진리로 함께하심을 경험하기 원합니다.

신실하신 주님의 손길이

우리 자녀들의 삶을 인도하심을 믿고

우리 주 예수 그리스도의 이름으로 기도합니다. 아멘!

그대를 괴롭히는 사람이 단 한 명도 없다면 그것은 운명이 그대의 일을 잊어버린 증거다. 영국 격언

고통과 시련을 이겨내는 믿음을 주소서

7

왕이 이에 다니엘을 높여 귀한 선물을 많이 주며 세워 바벨론 온 도를 다스리게 하며
또 바벨론 모든 박사의 어른을 삼았으며 다니엘 2:48

사랑하는 자를 단련하시는 하나님!
고통과 시련을 면제받은 사람은 이 세상에 아무도 없으니
극한 시련 중에도 하나님을 바라보며 살게 하소서.
전쟁 포로라는 어려움 속에서도
하나님만을 바라보며 오직 믿음으로 나아간
다니엘의 믿음을 아오니
우리 자녀들에게도 이 믿음을 주소서.
구별된 하나님의 백성다운 삶을 살기 위하여
깨끗한 음식, 깨끗한 마음을 원했던
다니엘의 신앙의 성결함을 본받기 원합니다.
죽음을 각오한 기도로 신앙을 지키기 위해
하루에 세 번씩 시간을 정하여 기도했던 다니엘처럼
기도 시간을 정하여 기도함으로
하나님과 깊이 있는 교제를 나누게 하소서.
다니엘이 친구들과 믿음의 동지가 되었던 것처럼
우리 자녀들도 믿음의 친구들과 기도의 동지가 되어
하나님의 일에 동참하게 하소서.
우리 자녀들이 예수 그리스도의 강한 군사로
살아갈 수 있도록 믿음에 믿음을 더하소서.
우리 주 예수 그리스도의 이름으로 기도합니다. 아멘!

지식은 기억력으로 이루어지는 것이 아니라 끝없는 노력으로 이루어진다. 레프 톨스토이

주님의 일에 온전히 동참하게 하소서

8 너희가 그리스도 예수 안에서 나의 동역자들인 브리스가와 아굴라에게 문안하라 저희는 내 목숨을 위하여 자기의 목이라도 내어놓았나니 나뿐 아니라 이방인의 모든 교회도 저희에게 감사하느니라 로마서 16:3-4

주님의 사역에 동참함을 기뻐하시는 하나님!

주 안의 지체들이 사랑으로 하나가 되어

주님께서 공동체와 각 개인에게 맡기신 일들을

신뢰와 믿음과 사랑으로 이루어나가게 하소서.

브리스길라와 아굴라처럼 목숨도 아끼지 않고

사도 바울의 사역을 도와준 것처럼

우리 자녀들도 주 안에서

사역자들의 사역에 동참하기를 원합니다.

온 마음과 모든 정성을 다하여

주님의 일을 열심히 하게 하소서.

과일 나무가 열매를 맺어 나무의 역할을 다하듯이

우리 자녀들도 맡겨진 역할을 다하여

열매 맺는 삶을 살게 하옵소서.

주님께서 모든 이들에게 각자의 사명을 주셨으니

맡은 일에 충성을 다하게 하옵소서.

주님께서 우리를 위하여 목숨을 버리신 것처럼

주님께 목숨까지 드리기를 원하는

믿음으로 살게 하소서.

늘 사랑과 은혜로 축복하여 주사

우리 자녀들이 믿음으로 주님의 일을 하게 하소서.

우리 주 예수 그리스도의 이름으로 기도합니다. 아멘!

큰 나무는 많은 바람을 맞는다. 영국 속담

기도하며 응답받은 한나의 신앙을 본받게 하소서

9

여호와께서 한나를 권고하사 그로 잉태하여 세 아들과 두 딸을 낳게 하셨고 아이 사무엘은 여호와 앞에서 자라니라 사무엘상 2:21

우리의 기도를 들으시고 응답하시는 하나님!

상한 영혼을 치유해 주시고

갈한 마음을 채워주시기를 원하시는 하나님께서

자녀가 없어 몸부림치며 간절한 기도를 드린

한나의 기도에 응답하셔서

세 아들과 두 딸을 낳게 하시고

자녀 중에 사무엘을 쓰임 받게 하심을 감사드립니다.

우리 아이들이 기도할 때 귀를 기울이셔서

세밀하게 살펴주시고 응답하여 주옵소서.

온 가족이 함께 기도하는 가정으로

주님의 사랑을 흠뻑 받게 하소서.

한나가 사무엘을 온전히 하나님께 드림으로

쓰임을 받아 하나님의 일을 한 것처럼

우리 아이들의 삶도 온전히 받아주셔서

하나님이 원하시는 길을 가게 하옵소서.

기도의 힘은 참으로 놀라움을 알았으니

기도하는 삶을 살게 하시고

응답을 받아 하나님의 영광을 드러내게 하소서.

우리 주 예수 그리스도의 이름으로 기도합니다. 아멘!

나에게 가장 고귀한 사랑의 믿음을 주소서. 짐으로써 이긴다는 믿음, 연약해 보이는 아름다움 속에 강한 힘이 감추어져 있다는 믿음, 해를 입고도 원수 갚기 싫어하여 겪는 고통의 존엄한 가치에 대한 믿음을 주소서. 마하트마 간디

2
10

시험을 이겨내어 축복받은 욥의 신앙을 본받게 하소서

여호와께서 욥의 모년에 복을 주사 처음 복보다 더하게 하시니 욥기 42:12

우리를 사랑하시되 끝까지 사랑하시는 하나님!
우스 땅에 살았던 욥이
하나님 앞에 경건한 신앙의 삶을 살아
하나님이 보시기에 좋았던 것처럼
우리 자녀들도 욥의 신앙을 본받게 하소서.
욥이 이유 없는 고난에 몸부림치면서도
시험을 잘 이겨낸 것처럼
우리 자녀들도 살아가면서 다가오는
모든 고난과 시험을 잘 이겨내게 하소서.
우리 자녀들의 삶이 평생을 두고 무르익어가게 하셔서
풍성한 열매 맺는 삶을 살게 하소서.
의인인 욥의 가정에 엄청난 재난이 다가온 것처럼
삶 속에 뜻하지 않는 고난이 닥쳐오더라도
하나님을 원망하거나 떠나는 삶이 아니라
기도하며 믿음에 굳건히 서서 이겨내게 하소서.
우리 자녀들이 욥처럼 순전하고 거짓이 없는
정결한 삶을 살기 원합니다.
남을 의식하기보다는 하나님의 사랑 안에서
하나님께 늘 예배하는 예배 중심의 삶을 살게 하소서.
우리 주 예수 그리스도의 이름으로 기도합니다. 아멘!

너를 괴롭히는 자들을 사랑하라. 그들이 너의 결점을 알려줄 것이다. 벤저민 프랭클린

열심을 품고 주를 섬기게 하소서

부지런하여 게으르지 말고 열심을 품고 주를 섬기라 로마서 12:11

천지 만물을 운행하시는 주님!
우리 자녀가 열심을 품고 주님을 섬기므로
주님을 닮아가는 제자가 되게 하소서.
주님을 영화롭게 하는 삶을 원합니다.
열매 맺는 삶으로 주님의 이름을
온 세상에 나타내게 하옵소서.
믿음으로 거듭나게 하시고 행동이 변화되어
날마다 성장하는 삶을 살게 하소서.
예수 그리스도를 구주로 온전히 믿음으로
내면의 삶이 변화되게 하사
주님과의 관계가 바르고
가족과 주 안의 지체들과도
바른 관계를 갖기 원합니다.
모든 일에 열심히 최선을 다하게 하시고
주님께 칭찬받는 성도의 삶을 살게 하소서.
성령의 은혜로 온전한 쓰임을 받아
주님께 영광과 찬양을 돌리는 삶을 살게 하소서.
우리 주 예수 그리스도의 이름으로 기도합니다. 아멘!

우리는 원수를 사랑할 만한 성자는 아닐지 모른다. 그러나 적어도 우리 자신의 건강과
행복을 위하여 원수를 용서하고 잊어버리기로 하자. 그것이 바로 현명이라는 것이다.
앤드루 카네기

2
12

주님을 소망하며 즐거워하는 삶을 살게 하소서

소망 중에 즐거워하며 로마서 12:12

우리에게 소망을 주시는 주님!
하나님의 말씀은 권능과 능력이오니
우리 자녀가 주님을 소망하며 즐거워하는
삶을 날마다 살게 하소서.
매일 말씀 속에 머물면서
은혜와 축복을 받게 하소서.
하나님께서 말씀으로 천지를 창조하셨으니
날마다 말씀 속에 비전을 품고
비전을 이루어가며 살기를 원합니다.
말씀을 읽고 듣고 전하므로 마음판에 새기게 하시고
하나님의 섭리를 깨닫게 하소서.
말씀으로 인하여 형통하게 하시고
믿음의 담력을 얻게 하시며
주님의 인도하심을 받게 하소서.
말씀을 통하여 하나님의 사랑으로
소망을 이루어가는 방법을 알게 하소서.
말씀 속에 지혜가 있사오니
지혜로운 삶을 살게 되시기를 원합니다.
하나님과 부모와 지체들과 세상 사람들이
보기에도 아름다운 삶을 살게 하옵소서.
우리 주 예수 그리스도의 이름으로 기도합니다. 아멘!

남이 네게 저지른 악을 용서하라. 용서가 안 되면 억지로라도 그 악을 잊으라. 뮈세

2

13

고통 속에서도 소망을 갖게 하소서

환난 중에 참으며 로마서 12:12

환난 중에도 함께하시는 주님!
이 세상 누구도 환난과 고통을 피해갈 수 없으니
온전히 주님을 신뢰하며 소망을 갖게 하소서.
고통 없는 세상은 없으니 피해가기보다
환난을 뚫고 이겨내게 하옵소서.
비바람이 몰아쳐야 모든 나무들에 생기가 돋고
태풍이 몰아쳐야 바다가 살아나듯
환난과 어려움이 도리어 삶에
힘과 용기를 주게 하소서.
환난이 찾아올수록 더 견고하게 하시고
흐트러짐 없이 견딜 수 있는 믿음을 주소서.
어려울 때에 기도하게 하시고
고통 속에서 도리어 말씀 위에 굳건히 서는
자녀들이 되게 하소서.
환난과 고통도 주님의 선물임을 알게 하사
이기고 견디어낸 후에 기쁨을 체험하게 하소서.
오직 기도와 말씀과 믿음으로
우리 자녀들의 삶이 더욱 아름답게 하소서.
우리 주 예수 그리스도의 이름으로 기도합니다. 아멘!

나로 하여금 험악한 가운데서 구해달라고 기도할 것이 아니라 그 험악한 것들을 두려
워하지 말게 기도하게 하소서. 나의 괴로움이 그치게 해달라고 기도할 것이 아니라 내
마음이 그것을 정복하도록 기도하게 하소서. 타고르

2

14

우리 자녀의 기도를 들어주소서

기도에 항상 힘쓰며 로마서 12:12

우리 자녀들이 항상 기도에 힘쓰는

삶을 살게 하소서.

믿음의 삶은 기도로 이루어지오니

기도함으로 바른 삶을 살아가게 하소서.

주님 자녀의 기도는 반드시 응답되는 줄 아오니

기도로써 삶을 가꾸어가게 하소서.

기도함으로 믿어 믿음에 이르게 하옵소서.

우리와 우리 자녀가 능력이 있어서

주님께서 쓰시는 것이 아니라

주님이 주시는 능력을 소유하였기에 사용하시니

겸손히 하나님의 사람으로 쓰임 받게 하소서.

기도함으로 자신의 삶을 바르게 깨닫게 하시고

주님께 쓰임 받는 그릇이 되게 하소서.

하나님께 크게 쓰임 받게 하소서.

기도함으로 주님을 온전히 신뢰하게 하시고

기도함으로 모든 일들을 주님께 의뢰하게 하소서.

깨어 기도함으로 응답받는 삶을 살게 하소서.

우리 주 예수 그리스도의 이름으로 기도합니다. 아멘!

사람은 그 출신에 의하여 천한 자가 되는 것이 아니다. 또 그 출신에 의하여 성스러운
자가 되는 것도 아니다. 다만 그 행위에 의하여 천한 자가 되기도 하고 성스러운 자가
되기도 한다. 수타니파타

자녀들이 하나님을 온전히 경외하게 하소서

너의 행사를 여호와께 맡기라 그리하면 너의 경영하는 것이 이루리라 잠언 16:3

2
15

사랑의 주님!

우리 자녀들이 하나님을 온전히 경외하므로

날마다 삶이 새롭게 하소서.

일상 생활 속에서도 주님을 만나며

아픔이 올 때, 기쁨이 올 때도

언제나 주님만을 위로하게 하소서.

영적인 삶을 통하여 새롭게 변화되게 하소서.

삶에 행복을 느끼지 못할 때

삶에 만족을 느끼지 못할 때

삶에 평안이 없을 때도

하나님을 경외함으로

성령의 인도하심을 받게 하소서.

정직함으로 주님 앞에 바로 서게 하시고

믿음으로 용기 있게 살아 절망에서 벗어나게 하소서.

우리 자녀가 주님의 은혜로 여유를 가지게 하시고

분주하고 바쁜 일들 앞에서

기도와 말씀으로 무장하여 영적인 변화를 받게 하소서.

성령의 은혜로 기도하는 삶을 살게 하시고

하나님을 경외함으로 날마다 새로운 은혜를 누리게 하소서.

우리 주 예수 그리스도의 이름으로 기도합니다. 아멘!

기도할 때 명심할 것은 응답이 내리기 전까지 결코 물러나지 않는 일이다. 조지 뮬러

2
16

기도의 능력을 체험하게 하소서

또한 우리를 위하여 기도하되 하나님이 전도할 문을 우리에게 열어주사 그리스도의
비밀을 말하게 하시기를 구하라 내가 이것을 인하여 매임을 당하였노라 **골로새서 4:3**

전지전능하시며 권능을 행하시는 주님!
우리 자녀들이 영적인 열정을 갖고 기도하므로
기도의 능력을 체험할 수 있는 믿음을 주옵소서.
자녀들의 신앙이 맹목적인 허상을
바라보고 날뛰는 신앙이 아니라
믿음의 실체를 온전히 체험하는 신앙이게 하소서.
하나님의 사람으로 살아가려는
열정과 갈망을 갖게 하여 주사
기도로 영력과 담력 있는 믿음의 삶을 살게 하소서.
기도를 통하여 삶 속에서 일어나는
모든 문제와 시험을 이겨내게 하시고
살아 계신 하나님을 체험하게 하소서.
믿음으로 기도하게 하시고
믿음으로 응답받게 하소서.
기도가 없는 신앙은 죽은 신앙이오니
기도함으로 살아 있는 신앙, 알곡 신앙이 되게 하소서.
우리 삶의 모든 것과 우주를 주관하시는
하나님의 섭리를 우리 자녀들이 믿고
기도하며 살게 하소서.
우리 주 예수 그리스도의 이름으로 기도합니다. 아멘!

무슨 일을 시작할 때는 머릿속을 깨끗이 비워야 한다. 오늘 일을 잘 하려면 어제 일에
얽매여서는 안 된다. 내일 일을 미리 걱정하지 마라. 내일 일은 내일 걱정하면 된다. 아
침에 일어나면 자고 난 방을 청소하듯이 머릿속도 청소할 필요가 있다. 고오다

2
17

하나님과 사람 앞에서 귀중히 여김을 받게 하소서

그리하면 네가 하나님과 사람 앞에서 은총과 귀중히 여김을 받으리라 잠언 3:4

주님의 백성을 부르시는 하나님!

이 세상의 수많은 사람들 중에 택하사

하나님의 자녀 삼으시고 구원하여 주시며

영생의 축복을 허락하시니 감사드립니다.

우리 자녀들이 하나님과 사람 앞에

귀중히 여김을 받는 인물들이 되게 하소서.

주님의 빛 가운데 살게 하시고

주님의 이름으로 기도하며 살게 하소서.

지혜를 허락하사 모든 일들을 진리 안에서

주님의 마음을 닮아 사랑으로 행하게 하소서.

남을 해하거나 무너뜨리는 마음이 없게 하시고

남을 세워주고 이해하고 용서하고 용납하게 하소서.

불평보다는 화해의 마음으로

비난보다는 이해하는 마음으로

주님의 뜻을 이루는 삶을 살게 하소서.

우리 자녀들의 삶이 하나님께로 이르는

믿음의 길을 걷게 하시고

모든 일들을 주님의 인도 속에 이루어가게 하옵소서.

주님의 크고 복된 소망 가운데

꼭 필요한 곳에 꼭 필요한 인물로 쓰임 받게 하소서.

우리 주 예수 그리스도의 이름으로 기도합니다. 아멘!

용기란 행동하기 두려운 일을 하는 것을 말한다. 겁이 없는 사람은 용기라는 것도 없다. 에디 리켄바커

2
18

모든 일에 하나님을 인정하는 삶을 살게 하소서

너는 범사에 그를 인정하라 그리하면 네 길을 지도하시리라 잠언 3:6

섬기는 자의 모범을 보이신 주님!
불신의 삶은 불신을 낳고
믿음의 삶은 믿음을 낳사오니
우리 자녀들이 그들의 삶 속에서
모든 일에 하나님을 인정하는 삶을 살게 하소서.
자기를 만드시고 구원하여 주시는
하나님을 온전히 알지 못하면
아무것도 할 수 없으며
모든 것들이 허사이오니
믿음이 큰 사람으로 자라게 하소서.
하나님의 섭리 안에서
모든 일들이 이루어짐을 믿게 하소서.
하나님을 온전히 만남으로 영육이 새롭게 치유되게 하소서.
하나님의 놀라운 은혜를 깨닫게 하사
모든 일을 맡기고 의지하며 살게 하소서.
기도와 말씀과 찬송 그리고 예배를 통하여
하나님의 임재를 체험하게 하소서.
오직 믿음으로 범사를 주관하시는 분이
하나님이심을 믿고
그 축복과 은혜를 누리며 살게 하소서.
우리 주 예수 그리스도의 이름으로 기도합니다. 아멘!

우리들이 선택해야 하는 길은 용감한 저항뿐이다. 그렇지 않으면 가장 비천한 굴종밖에 없다. 조지 워싱턴

소득의 열매를 온전히 드리게 하소서

네 재물과 네 소산물의 처음 익은 열매로 여호와를 공경하라 **잠언 3:9**

만물을 창조하시고 주관하시는 하나님!

하나님을 사랑하는 마음이

우리 자녀들의 마음에 가득하게 하소서.

모든 열매와 모든 소득이

하나님의 은혜와 돌보심 속에 이루어지오니

언제나 소득의 첫 열매를

하나님께 온전히 드리게 하소서.

모든 물질은 하나님께 속한 것임을 깨닫고

물질을 탐하여 죄를 범하지 않게 하소서.

우리 자녀들이 욕심 가득하여 자기 것만 채우려는

악한 마음을 갖지 않길 원합니다.

하나님께 드리고 이웃과 나눔으로써

물질의 쓰임을 바로 알게 하사

성장하는 믿음으로 살아가게 하소서.

물질을 탐하는 욕심은 죄악을 싹트게 하고

삶을 무질서하게 만드니 온전한 물질관으로

잘 정돈된 신앙생활을 하게 하소서.

부유할 때나 가난할 때나 어떠한 상황에서도

자족할 수 있는 믿음을 갖게 하옵소서.

언제나 부족함 없이 채워주시는 은혜로 살게 하소서.

우리 주 예수 그리스도의 이름으로 기도합니다. 아멘!

부모님의 은혜를 모른다면 너의 친구가 되어줄 사람은 아무도 없다. 소크라테스

2

20

바른 헌금을 드리는 그리스도인이 되게 하소서

그리하면 네 창고가 가득히 차고 네 즙틀에 새 포도즙이 넘치리라 잠언 3:10

만물의 주인이 되시는 주님!

우리에게 날마다 일용할 양식을 허락하여 주시고

삶에 필요한 것들을 채워주심에 감사드립니다.

주님께서 우리에게 사랑으로 허락하신

우리 자녀들이 주님께 바른 헌금을 드리게 하소서.

예배 드리기 전에 미리 헌금을 준비할 줄 알게 하시고

주님께서 기쁘게 받으심에 감사하는

신실한 성도의 삶을 살게 하소서.

하나님께 드릴 물질을 사사로이 사용함으로

범죄하지 않게 하시고

남의 물질도 공정하게 사용할 줄 알게 하소서.

모든 물질이 하나님으로부터이오니

악용하거나 오용하여 범죄하거나 낭비함으로

남에게 상처를 입히지 않게 하소서.

하나님의 영광을 위하여, 전도를 위하여,

선교를 위하여, 나눔을 위하여, 교회를 위하여

항상 넘치는 물질로 하나님께 헌신하는 삶을 살게 하소서.

우리 자녀들이 물질을 항상 먼저 구별하게 하시고

헌금을 드릴 때 온전히 받아주셔서

주님의 사랑과 은혜로 충만한 삶을 살게 하소서.

우리 주 예수 그리스도의 이름으로 기도합니다. 아멘!

지금까지 적을 만들어본 적이 없는 사람은 결코 친구를 가질 수 없다. 테니슨

February

2 21

하나님의 징계하심을 알아 깨닫게 하소서

대저 여호와께서 그 사랑하시는 자를 징계하시기를 마치 아비가 그 기뻐하는 아들을 징계함같이 하시느니라 잠언 3:12

우리의 모든 삶을 인도하시는 하나님!
우리 자녀들이 어려서부터 말씀에 굳건히 서게 하셔서
죄악을 지었을 때 하나님께서 벌하심을 알게 하소서.
삶을 살아가다 가파른 언덕길에서 실수하고 넘어질 때마다
붙잡아주시고 일으켜 세워주소서.
또한 같은 실수를 반복하는 어리석음이 없게 하여 주소서.
하나님께서 사랑하시는 자를 징계하심을 깨달아
원망이나 비관에 빠지지 않게 하소서.
하나님께 온 마음과 온 정성을 다하여
기도하고 말씀을 보며 깊은 묵상 속에 살아가게 하소서.
악은 모양이라도 버리고 선한 양심으로 살게 하소서.
날마다 하나님의 은혜 속에 살게 하시고
이중적인 삶의 모습은 버리게 하여 주소서.
하나님의 은혜로 모든 죄악을 용서받게 하시고
예수 그리스도의 보혈로 깨끗이 씻어주사
우리 자녀들이 강하고 담대한 믿음으로
승리하는 삶을 살게 하소서.
주님 안에서 믿음으로 굳건히 서게 하시고
날마다 주님의 뜻을 따라 살게 하소서.
우리 주 예수 그리스도의 이름으로 기도합니다. 아멘!

신용은 재산이다. 주베르

2
22

하나님의 은혜를 사모하는 자녀가 되게 하소서

이 아이를 위하여 내가 기도하였더니 여호와께서 나의 구하여 기도한 바를 허락하신
지라 그러므로 나도 그를 여호와께 드리되 그의 평생을 여호와께 드리나이다 하고 그
아이는 거기서 여호와께 경배하니라 사무엘상 1:27-28

우리에게 믿음을 주시는 주님!
이 땅을 살아가는 동안
수많은 일들과 계획들과 약속들이 많지만
우리 자녀들이 가장 먼저 하나님의 은혜를 사모하여
예배하는 삶이 되게 하소서.
영적인 것들을 사모함으로
더욱더 확실히 구원을 경험하고
주님의 은혜로 삶에 생기와 열정이 가득하게 하소서.
주님께 감사와 찬양을 드리는 마음이
언제나 가득하여 주변에 흘러가기를 원합니다.
우리 자녀가 하나님의 은혜를 사모하는 마음이
형식적이거나 이기적이 아니라
순수하게 하여 주소서.
모든 마음을 다하여 구하기를 원합니다.
우리 자녀들이 주님께 헌신된 삶을 살게 하소서.
삶 속에 하나님의 은혜를 받음이
놀라운 축복임을 알게 되기를 원합니다.
항상 말씀 중심, 예배 중심, 주님 중심으로
주님의 인도하심을 받으며 살게 하옵소서.
우리 주 예수 그리스도의 이름으로 기도합니다. 아멘!

좋은 얼굴이 추천장이라면 좋은 마음은 신용장이다. 부르버 리턴

February

하나님이 원하시는 생명의 길로 가게 하소서

어떤 길은 사람의 보기에 바르나 필경은 사망의 길이니라 잠언 14:12

23

생명의 길이 되시는 주님!
참으로 복잡하고 힘든 이 세상에서
우리 자녀들이 바른 길을 선택하게 하소서.
생명의 길, 구원의 길이 되시는
주님께로 날마다 나아가기를 원합니다.
우리 자녀들을 주님의 품안에 꼭 안아주시고
영육간에 강건함을 주사
길을 잃거나 헤매지 않게 하소서.
자신의 연약함을 깨닫게 될 때
자신의 부족함을 깨닫게 될 때
기도함으로 길 되시는 주님의 인도를 받게 하소서.
성경이 우리 자녀들을 생명 길로 이끄는
나침반이 되게 하여 주시고
성경이 우리 자녀들의 지도가 되게 하소서.
늘 주어진 일에 감사하면서 살게 하시고
하나님께서 주시는 내일을 향한 비전이 가득하게 하사
기대감을 갖고 살게 하소서.
기도를 통하여 길 되신 주님을 따라 살게 하소서.
우리 주 예수 그리스도의 이름으로 기도합니다. 아멘!

우리 자신이 품고 있는 자신감이 다른 사람에 대한 신용을 싹트게 한다. 라로슈푸코

슬기롭게 살아가게 하소서

어리석은 자는 어리석음으로 기업을 삼아도 슬기로운 자는 지식으로 면류관을 삼느
니라 잠언 14:18

주님! 우리 자녀가 자기 주장에만 치우쳐
남을 이해하지 못하는 어리석음에 빠지지 않게 하소서.
슬기롭게 하여 주시고 인내심을 갖게 하사
넓은 마음을 소유하고 나타내게 하소서.
겸손함과 양보심이 있게 하시고
자신의 욕구를 당당히 요구할 수 있는
주님의 자녀가 되게 하소서.
거짓과 위선을 버리게 하사
진실함과 정직함으로 살게 하소서.
일이 잘못되어도 불평 속에 투덜거리기보다
주님 앞에 속마음을 다 털어놓아
깨끗하게 변화되게 하옵소서.
남들 앞에서 자신의 생각을
분명하게 표현하게 하시고
주님께 자기가 원하는 것을 온전히 아뢰게 하소서.
지혜와 슬기로움으로 모든 일을 믿음으로 이어가게 하소서.
어떠한 상황에서도 나약하거나 비굴해지지 않고
슬기로움으로 당당하게 대처하게 하소서.
우리 주 예수 그리스도의 이름으로 기도합니다. 아멘!

관대한 사람들 중에는 정신적으로 악한 사람이 드물다. 칼 매닝어

2
February
이웃을 사랑하는 마음을 갖게 하소서

25

그 이웃을 업신여기는 자는 죄를 범하는 자요 빈곤한 자를 불쌍히 여기는 자는 복이 있는 자니라 잠언 14:21

우리 가정과 가족을 사랑하시는 주님!
우리 가족이 서로 사랑을 나누며
살아갈 수 있게 하심을 감사드립니다.
우리 아이들에게 가족과 이웃을 사랑할 수 있는
믿음과 여유를 주시기 원합니다.
가정은 주님의 축복과 사랑으로 이루어진 공동체이니
가족이 서로 사랑함으로써
우리 이웃들에게도 그 사랑이 전해지게 하소서.
가족들의 사랑과 믿음으로
가정이 따뜻하고 포근한 안식처가 되게 하소서.
우리의 이웃도 한 영혼 한 영혼 모두가
하나님의 형상을 닮은 고귀한 생명이오니
사랑으로 섬기게 하소서.
가정에서부터 참된 교육이 이루어져
가치관과 인격과 태도와 습관이
부모의 기도와 믿음으로 잘 형성되기를 원합니다.
가정에서 배운 사랑을 이웃과 나누게 하시고
이웃에게 주님의 사랑을 나타내게 하소서.
하나님의 사랑을 표현하며 살게 하소서.
우리 주 예수 그리스도의 이름으로 기도합니다. 아멘!

다른 사람을 존경해야 자기도 존경받을 수 있다. 랠프 W. 에머슨

2
26

하나님께서 자녀들의 피난처가 되어주소서

여호와를 경외하는 자에게는 견고한 의뢰가 있나니 그 자녀들에게 피난처가 있으리라 잠언 14:26

삶의 길에서 지쳐 쓰러질 때 쉼터가 되시는 주님!
행복한 삶을 살아가려면 행복한 사람 곁에 있어야 할 줄 압니다.
우리 자녀들과 함께하여 주셔서
주님만을 의지하며 살아가게 하소서.
생활 속에서 성실하게 나아가면
작은 노력에도 삶의 모습이 달라지오니
힘들고 어려울 때마다 주님을 피난처 삼아
안식과 평안을 얻게 하소서.
주님 안에서 살아감으로 우리 자녀들의 행복지수가
날마다 쑥쑥 올라가기를 원합니다.
주님의 사랑에 큰 감동을 받으며 살게 하시고
삶을 통해서 하나님과 사람들을 감동시킬 일을
이루어갈 수 있는 힘과 용기를 주시기 원합니다.
주님 안에서 믿음의 둥지를 틀게 하시고
주님의 말씀을 소중히 여겨
삶이 어려울 때마다 묵상하며 나아가게 하소서.
자녀들의 믿음이 날마다 성장하여 반석 위에 세워지기를
우리 주 예수 그리스도의 이름으로 기도합니다. 아멘!

사람의 유일한 위엄은 스스로를 낮추는 일이다. 산타야나

말씀의 가르침대로 살게 하소서

마땅히 행할 길을 아이에게 가르치라 그리하면 늙어도 그것을 떠나지 아니하리라
잠언 22:6

들꽃 한 송이, 구름 한 점도 매만져주시는 하나님!
우리 자녀들이 어려서부터 신앙 교육을 잘 받고
하나님의 가르침대로 살아 모범적인 삶을 살게 하소서.
부모인 우리도 자녀들에게 물질의 유산보다
자녀를 위하여 기도함으로
신앙의 유산을 남겨주게 하소서.
온 가족이 믿음으로 하나가 되어
기도하며 찬송하며 예배 드리며 선교하며
신앙 안에 하나가 되어
믿음의 공동체로서 부족함이 없게 하소서.
우리 자녀들이 어려서부터 가정과 교회에서
기도와 말씀 교육을 잘 받아서
평생토록 하나님의 말씀 안에서 살게 하소서.
하나님의 사랑을 삶 속에서 나타내게 하시고
선하게 살아 이웃을 사랑하게 하소서.
좋은 나무에 아름다운 열매가 맺히니
믿음을 통하여 열매 맺는 삶을 살게 하소서.
우리 주 예수 그리스도의 이름으로 기도합니다. 아멘!

사람은 천사도 아니지만 짐승도 아니다. 그러나 불행한 점은 사람이 천사처럼 행동하려고 생각하면서 짐승처럼 행동한다는 것이다. 파스칼

하나님을 경외하며 살게 하소서

네 마음으로 죄인의 형통을 부러워하지 말고 항상 여호와를 경외하라 잠언 23:17

모든 삶을 은혜 가운데 인도하시는 하나님!
우리 자녀들이 자신의 노력만으로
인생을 살아가려는 생각을 하기보다
삶의 첫 번째로 해야 할 일을 알게 하소서.
제일 먼저는 하나님을 경외하게 하시고
하나님을 섬기는 삶을 살게 하소서.
언제나 하나님의 도움과 뜻을 구하는
기도를 먼저 드리게 하시고
세상의 불의에 동참하지 않게 하소서.
죄인들이 잘 되는 것을 부러워하지 않고
선한 마음으로 착한 일을 하며 살게 하소서.
모든 만물이 하늘을 향하여 머리를 두듯이
우리 자녀들의 마음과 영혼이
하나님을 향하게 하시고
겸손한 마음으로 온전히 경외하며 살게 하소서.
우리 자녀들의 삶이
하나님의 은혜 속에 이루어지게 하소서.
무슨 일을 하든지 하나님의 뜻에 따르게 하시고
하나님이 원하시는 삶을 살아가게 하소서.
우리 주 예수 그리스도의 이름으로 기도합니다. 아멘!

사람은 하나님이 만든 최고의 걸작품이다. 하지만 그런 표현을 한 것은 바로 사람이
다. 가바르니

하나님을 온전히 신뢰하는 삶을 살게 하소서

자기의 마음을 믿는 자는 미련한 자요 지혜롭게 행하는 자는 구원을 얻을 자니라
잠언 28:26

전능하시고 자비로우신 하나님!
인간의 힘은 나약하고 연약하오니
우리 자녀들에게도 하나님을 온전히 신뢰하는
마음과 믿음을 주시기 원합니다.
삶을 살아갈 때 힘과 용기를 주시고
평온한 마음으로 기쁨 속에 살아갈 수 있는
부드러운 마음과 유머를 주시기 원합니다.
친구들과 따뜻한 우정을 나누게 하시고
약속을 지키며 살게 하소서.
우리 자녀들에게 다가오는 모든 문제들을
지혜로 풀어가게 하시고
하나님의 인도하심 대로 살게 하여 주소서.
우리 자녀들에게
하나님의 말씀을 들을 수 있는 귀와
가족과 이웃을 사랑할 수 있는 마음과
힘차고 바르게 살아갈 믿음을 주소서.
하나님께 모든 길을 맡기며 나아가게 하시고
잘 정돈된 영적 생활을 하게 하소서.
우리 주 예수 그리스도의 이름으로 기도합니다. 아멘!

사람은 숭고하다. 사람은 동정받는 존재가 아니라 존경받아야 할 존재다. 막심 고리키

3
March

우리들의 삶과 신앙이
날마다 새롭게 하소서

나의 눈이 주를 찾게 하소서

나의 눈을 뜨게 하사 주를 찾게 하소서
나의 마음에 주를 모시게 하옵소서

오 주여!
나를 다듬어주옵소서
모나고 거칠고 울퉁불퉁한
나의 마음을 주의 손길로 다듬어주옵소서
두드러지고 삐뚤어진
나의 마음을 새롭게 하여 주옵소서

슬픔이 나를 찾을 때
슬픔 속에 있는 나의 기쁨을 찾게 하소서
기쁨이 나를 찾을 때
기쁨 속에 있는 나의 아픔을 찾게 하소서

나의 삶 속에

주님의 손길로 함께하소서

나의 삶에 허락된 시간들을

후회함 없이 다 쓰게 하소서

나의 삶 속에서

주님만이 나의 구원임을 깨닫게 하소서

- 용혜원 -

날마다 지혜로 새롭게 하소서

모세가 애굽 사람의 학술을 다 배워 그 말과 행사가 능하더라 사도행전 7:22

지혜의 근본이 되시는 주님!
우리에게 범사에 감사할 수 있는 믿음과
활짝 웃을 수 있는 여유를 주시고
희망을 품고 주 안에서 살아갈 수 있게 하심을 감사드립니다.
아이들이 새로운 학기를 맞이하였으니
지혜로움 가운데서 학업을 연마하기에
부족함이 없도록 인도하여 주옵소서.
우리 자녀들이 학교생활에 성실하고
친구들과 다정다감하며
어려움이 있는 친구들에게는
따뜻한 관심과 배려로 대하게 하옵소서.
학업에 성실히 임하게 하시어
꿈을 이루어가는 발판을 준비하기에 부족함이 없게 하소서.
새로운 선생님, 새로운 친구들과
좋은 만남을 누리게 하시고 학교생활에 즐거움을 주옵소서.
공부하기에 좋은 여건들을 허락해 주셔서 감사합니다.
주님께서 새로운 학기 동안도 인도하여 주소서.
우리 주 예수 그리스도의 이름으로 기도합니다. 아멘!

우리가 존중해야 할 것은 단순한 삶이 아니라 올바른 삶이다. 소크라테스

3

2

학교생활을 통하여 바른 교육을 받게 하소서

네가 호렙 산에서 네 하나님 여호와 앞에 섰던 날에 여호와께서 내게 이르시기를 나를 위하여 백성을 모으라 내가 그들에게 내 말을 들려서 그들로 세상에 사는 날 동안 나 경외함을 배우게 하며 그 자녀에게 가르치게 하려 하노라 신명기 4:10

매순간 우리에게 삶의 지혜를 주시는 하나님!

우리 아이들이 바른 학교생활을 통하여

참다운 가르침을 받게 하소서.

올바른 지식이 바른 삶으로 이끌고

올바른 교육이 바른 인간관계와

바른 물질관을 만들어주고

올바른 사회를 만들게 되니

학교생활을 통하여 참된 지식을 배우게 하소서.

배움을 통하여 지식을 더하는 데 있어

노력하며 게으르지 않게 하소서.

젊음의 시간에서 노력하여서

결실이 있는 삶을 살아가게 하소서.

남을 이기려고만 하는 지식이 아니라

남을 세워주고 남에게 이익을 가져다주고

함께하며 나눌 수 있는 지식을 배우게 하소서.

참다운 지식을 통하여 주님의 영광을 나타내게 하소서.

우리 아이들에게 지식에 지식을 더하여 주셔서

교만하거나 자만하지 않게 하시고

배울수록 겸손하고 낮아지게 하소서

그리하여 배우고 닦은 지식이 합당하게 쓰임 받게 하소서.

우리 주 예수 그리스도의 이름으로 기도합니다. 아멘!

어떻게 죽느냐가 문제가 아니라 어떻게 사느냐가 문제다. 사뮤엘 버틀러

3 선생님의 가르침을 잘 받게 하소서

그리스도 안에서 일만 스승이 있으되 아비는 많지 아니하니 그리스도 예수 안에서 복음으로써 내가 너희를 낳았음이라 고린도전서 4:15

온 천하 만물을 주관하시는 주님!

우리 자녀들에게 아비와 같은 좋은 선생님을 만나게 하셔서

바른 가르침 속에 선생님을 존경하며 따르기 원합니다.

가정에서도 부모가 매사에 모범이 되어

자녀들을 믿음으로 주님께로 인도하고

주님만을 바라보는 신앙 안에서 살도록 돕게 하소서.

우리 자녀들이 항상 주님의 말씀을 묵상하고

쉬지 않고 기도하며 예배하는 삶을 살게 하소서.

삶에서 다가오는 모든 일들을 통하여

배우는 계기가 되게 하시고

배움이 허락되는 학교생활에서는

선생님을 통하여 바른 교육을 받게 하옵소서.

배움을 통하여 미래의 꿈을 이룰 수 있다는

확신을 갖게 하시고

지식만을 배우는 것이 아니라

지식을 활용할 수 있는

진정한 사랑의 마음을 갖게 하소서.

우리 주 예수 그리스도의 이름으로 기도합니다. 아멘!

나는 영원한 삶을 믿고 싶다. 나는 영원히 살고 싶다. 존 키츠

3 교우 관계가 잘 이루어지게 하소서

어떤 친구는 형제보다 친밀하니라 **잠언 18:24**

4

원수도 이웃도 사랑하라신 주님!
우리 자녀들의 교우관계에도 함께하소서.
친밀하게 하시고 우정과 의리가 있어서
깊은 배려 속에 교제하기를 원합니다.
선배와 후배 간에 서로 신뢰하고 믿으며
사이좋게 지내게 하옵소서.
서로 간에 신의를 지키며
날마다 주님을 가까이 하며 살게 하소서.
친구들을 위하여 기도하게 하시고
미래의 꿈을 나누며 나아가게 하소서.
그리스도인의 삶은 내적인 변화를 이루는 것이오니
겉만 보고 사람을 쉽게 판단하지 않게 하옵소서.
어떤 이도 경쟁 상대로 대하지 말게 하셔서
오랜 우정으로 삶의 동반자가 되게 하여 주소서.
평생을 서로 기도해 주는
기도의 동지가 되게 하시고
꿈을 함께 이루어가는 좋은 벗이 되게 하소서.
우리 주 예수 그리스도의 이름으로 기도합니다. 아멘!

친구란 두 신체에 깃든 하나의 영혼이다. 아리스토텔레스

공부를 열심히 하여 좋은 결과를 보게 하소서

5 여호와 하나님은 해요 방패시라 여호와께서 은혜와 영화를 주시며 정직히 행하는 자에게 좋은 것을 아끼지 아니하실 것임이니이다 시편 84:11

우리를 늘 사랑하시는 주님!
우리 자녀들의 삶이 자신이 원하는 모습이기보다
주님이 보시기에도 아름다운 삶의 모습으로
살아가기를 원합니다.
공부하는 데 흥미를 갖게 하시고
시험을 치를 때 노력하고 준비한 만큼
보람 있는 결과를 얻게 되기 원합니다.
부정한 행위로 점수를 받으려 하지 말고
노력한 결과에 만족할 수 있게 하소서.
우리 자녀들이 시험을 치르기 위한 공부를 하기보다
폭넓은 지식으로 꿈을 펼쳐 나가게 하시고
많은 독서를 통하여 폭넓은 견문을 쌓게 하소서.
전문적인 지식을 갖되
남을 이해할 수 있는 넓은 아량과
기다릴 줄 아는 인내심을 주셔서
순간의 결과에 불행하거나 조급하지 않고
일생토록 인도하시는 주님을 기대하며 살게 하소서.
언제나 땀 흘리는 노력으로 좋은 결과를 보게 하소서.
우리 주 예수 그리스도의 이름으로 기도합니다. 아멘!

친구를 갖는다는 것은 또 하나의 인생을 갖는 것이다. 그리시안

하나님의 도우심을 받게 하소서

6

사무엘이 돌을 취하여 미스바와 센 사이에 세워 가로되 여호와께서 여기까지 우리를
도우셨다 하고 그 이름을 에벤에셀이라 하니라 사무엘상 7:12

우리를 도우시고 힘을 주시는 하나님!
오늘도 수많은 사람들이 상처를 입고 방황하며
사단의 공격을 받으며 살아가고 있으니
하나님의 도우심으로 강건하게 하옵소서.
질투와 경쟁심으로 살지 않게 하시고
절망감과 패배감이 마음속에
뿌리내리지 않게 하소서.
자신의 주장을 당당하게 보이고
모든 일에 용기 있게 대처하게 하옵소서.
하나님이 주신 재능을 마음껏 발휘하며
남과 비교하기보다 자신에게 주어진 것을
잘 계발하여 완성해 가길 원합니다.
남의 것을 모방하기보다
개성을 갖게 하시고
자신의 할 일을 분명히 알게 하소서.
실수 속에 좋은 결과를 얻게 하시고
실패를 성공의 도구로 삼게 하옵소서.
우리 자녀들에게 하나님의 도우심이 필요하오니
항상 인도하여 주시기를 원합니다.
우리 주 예수 그리스도의 이름으로 기도합니다. 아멘!

진정한 우정이란 성장이 더딘 나무와 같다. 친구라고 부르기 전에 신중히 판단하고 마음을 주어야 한다. 조지 워싱턴

3 March

우리의 자녀가 낙심할 때 힘이 되어주소서

7

내 영혼아 네가 어찌하여 낙심하며 어찌하여 내 속에서 불안해 하는가 너는 하나님께 소망을 두라 그가 나타나 도우심으로 말미암아 내가 여전히 찬송하리로다 시편 42:5

우리에게 힘과 용기를 주시는 하나님!

우리 아이들이 힘이 들고 지칠 때마다

꿈과 비전을 이루는 중에 나약해지고 연약해질 때마다

하나님께서 힘과 용기를 북돋워주시기 원합니다.

그리하여 우리 아이들이

낙심을 극복하는 법을 깨닫게 하옵소서.

믿음에 믿음을 더하여 주셔서

극한 상황을 만날 때마다 믿음으로 대처하게 하소서.

하나님은 언제나 우리 자녀들에게

힘이 되어주시고 능력이 되어주시니

믿음으로 힘을 얻고 이겨내게 하옵소서.

고통을 느낄 때 자신의 연약함을 알게 되니

성령의 인도하심을 받게 하소서.

우리 자녀들이 하나님이 주시는 믿음을

선물로 받게 하사

낙심을 떨쳐버리고 언제나 꿋꿋하게

모든 역경들을 헤쳐 가게 하소서.

우리 주 예수 그리스도의 이름으로 기도합니다. 아멘!

거짓 친구란 그림자와 같다. 양지를 걸을 때는 따라다녀도 그늘로 들어가자마자 사라져버린다. 보비

학교생활이 추억으로 남게 하소서

8

또 미리 정하신 그들을 또한 부르시고 부르신 그들을 또한 의롭다 하시고 의롭다 하신 그들을 또한 영화롭게 하셨느니라 로마서 8:30

우리의 삶을 사랑으로 인도하시는 주님!
우리들은 삶을 아름답게 살아가기를 소망하오니
주여 우리를 인도하옵소서.
우리 또한 아이들의 학창시절이
선생님과 친구들과의 좋은 만남과 인격적인 교제로
즐거운 추억으로 남게 되기를 원합니다.
삶에 어두운 과거가 있으면
그 과거 속으로 자꾸만 끌려가게 되오니
그때마다 기억하면 힘이 되는
학창시절이 되게 하소서
생각만 해도 그리운 시절이 되게 하소서.
주여, 우리 자녀들에게 재미있고 신이 나는
학교생활이 이어지기를 원합니다.
수업을 받을 때나 친구들과 우정을 나눌 때도
함께 꿈을 나눌 수 있게 하시고
성취도가 높게 하옵소서.
아이들은 부모의 소유물이 아니오니
사랑의 주님께서 아이들의 선택과 판단을 도와주소서.
우리 주 예수 그리스도의 이름으로 기도합니다. 아멘!

독서는 다만 지식의 재료를 줄 뿐이다. 자신의 것을 만드는 것은 사색이다. 로크

3

친구들과 우정을 나누며 살게 하소서

9

이 복음이 이미 너희에게 이르매 너희가 듣고 참으로 하나님의 은혜를 깨달은 날부터 너희 중에서와 같이 또한 온 천하에서도 열매를 맺어 자라는 도다 **골로새서 1:6**

만물의 아름다운 조화를 이루시는 주님!
세상을 살아가는 모습들이 다양하지만
우리는 좋은 이미지를 만들며 살기를 원합니다.
그리고 우리 자녀들이 우정을 나누고
양보와 섬김 속에 끈끈한 우정을 지켜가며
성장하기를 원합니다.
사람들은 누구나 문제가 있으나
서로가 서로에게 해답이 되어주고
모자람을 채워주고
넘침을 나누어주며
깊은 우정으로 살아가기를 원합니다.
고통과 절망의 안개 속에서도
서로의 어깨를 걸고 함께 나아갈 수 있는
사랑의 마음을 갖게 하옵소서.
항상 주님의 사랑으로
열매 맺는 삶을 살기 원합니다.
친구들과 서로 등을 기대고
서로가 서로에게 힘이 되게 하소서.
아름다움으로 늘 기억되는 우정을 주소서.
우리 주 예수 그리스도의 이름으로 기도합니다. 아멘!

좀 더 빨리 끝내려면 조금 쉬어라. 허버트

3

10

언어의 능력을 허락하여 주소서

선한 말은 꿀송이 같아서 마음에 달고 뼈에 양약이 되느니라 잠언 16:24

말씀의 능력으로 천지 만물을 창조하신 하나님!
우리들의 말은 행동의 시작과
삶의 시작을 보여주게 되니
우리 자녀들에게 언어의 능력을 허락하여 주소서.
부모가 말로써 자녀들에게
잘못된 가치관을 심어주지 않게 하시고
마음에 상처를 입히지 않게 하소서.
말은 인격의 거울이오니
언어를 잘 사용하여 능력 있게 살아가게 하소서.
우리 자녀들이 바른 언어를 사용하여
자신들의 생각과 꿈을 마음껏 표현하게 하시고
정직한 언어를 통하여 필요한 말을 하게 하시고
주님이 주시는 큰 사랑을 받아 복음을 전하게 하소서.
우리 자녀들이 남에게 상처를 입히거나 정죄하는 말보다
생명을 살리는 언어를 사용하며
따뜻하고 다정다감한 말을 하게 하소서.
매사에 주님이 원하시는 언어를 사용하게 하소서.
우리 주 예수 그리스도의 이름으로 기도합니다. 아멘!

공부만 시키고 적당히 놀리지 않으면 아이들은 바보가 된다. 영국 속담

시간을 적절하게 사용하게 하소서

하나님이 말씀하시기를 말세에 내가 내 영을 모든 육체에 부어 주리니 너희의 자녀들
은 예언할 것이요 너희의 젊은이들은 환상을 보고 너희의 늙은이들은 꿈을 꾸리라
사도행전 2:17

시간을 만드시고 시간의 주인이 되시는 주님!
우리의 삶은 단 한 번뿐인 소중한 것이오니
활기차고 행복하게 살기를 원합니다.
우리 아이들이 컴퓨터나 텔레비전 등에 빠져서
살아가는 것이 아니라
적절하게 시간을 사용할 줄 알게 하소서.
시간을 쓸데없이 낭비하거나
초점도, 목적도 없는 삶을 살지 않기 원합니다.
우리 아이들에게 깨어 있는 삶을 보여주사
모든 것들을 분간할 줄 아는 지혜를 주시고
잘못된 습관에 빠져 젊은 날의 소중한 시간들을
쓸모없고 헛되게 쓰지 않게 하옵소서.
우리 아이들이 습관적으로 저지르는 잘못된 행동이나
사고방식의 문제점을 정확히 파악하여
고칠 수 있게 되길 원합니다.
우리들도 부모로서 아이들과 대화를 나누며
기도로 모든 것을 풀어가게 하여 주시고
인내하며 기다려줄 수 있는 마음의 여유를 갖기 원합니다.
우리 주 예수 그리스도의 이름으로 기도합니다. 아멘!

교육은 하늘이 내린 가치를 높이고 올바른 수련은 마음을 굳세게 한다. 호라티우스

여가를 잘 선용할 수 있는 지혜를 주소서

내가 또 내 마음에 합한 목자들을 너희에게 주리니 그들이 지식과 명철로 너희를 양육하리라 예레미야 3:15

우리를 축복하셔서 은혜를 누리며 살게 하시는 하나님!

우리 아이들이 학업을 연마하면서도 취미 생활과

여가를 잘 선용할 수 있는 지혜를 주옵소서.

시간의 활용을 방종의 기회로 삼지 않고

책을 읽고 음악을 듣고 운동을 하며

심신을 단련하고 재충전할 수 있는 기회를 주옵소서.

자신에게 주어진 시간과 공간을 잘 활용하여

자유로움 속에서 조화된 삶을 살아가게 하옵소서.

하나님께서 아이들의 목자가 되어주시니

우리 아이들이 의무만이 강조된 삶이 아니라

자신의 능력을 최대한으로 발휘하여

책임을 다할 수 있는 삶을 살게 하소서.

속도가 빠른 것도 중요하지만

마음의 여유를 잃지 않고

삶을 사색하며 살아갈 수 있는

몸과 마음의 풍요로움을 주시기 원합니다.

우리 주 예수 그리스도의 이름으로 기도합니다. 아멘!

한가로운 시간은 무엇과도 바꿀 수 없는 재산이다. 소크라테스

3

March

13

아이들이 사춘기를 아름답게 보내게 하소서

주를 향하여 이 소망을 가진 자마다 그의 깨끗하심과 같이 자기를 깨끗이 하느니라
요한일서 3:3

우리에게 소망을 주시고 이루어주시는 주님!
우리 아이들이 주님을 향하여 소망을 갖게 하셔서
사춘기를 아름답게 보내게 하옵소서.
가장 예민한 감정을 가지는 때이니
변화에 변화를 거듭하는 이 시기에
성령의 인도하심으로 몸과 영혼이 깨끗하게 하소서.
날로 타락해 가는 음란 문화 속에서
성적인 타락이 심한 이때에
몸과 마음을 정결하게 지켜낼 수 있는 믿음을 주옵소서.
우리 아이들이 순간적인 쾌락으로 이끌어가는
세속 문화에 노출되어 있으니
그곳에서 시선과 발길을 돌리게 하옵소서.
우리 아이들이 선과 악을 구별하는 신앙을 갖게 하시고
미래의 꿈을 이루어가는 친구들과의 사귐 속에
서로가 믿음으로 기도하여 주며
건강한 사춘기를 보내게 하여 주소서.
가정과 교회에서도 소통의 어려움 없이
보살핌을 받게 하소서.
우리 자녀들이 사춘기를 건강히 보낼 수 있도록
주님께서 붙잡아주시고 인도하여 주소서.
우리 주 예수 그리스도의 이름으로 기도합니다. 아멘!

지극한 즐거움 중에 책 읽는 것에 비할 것이 없고, 지극히 필요한 것 중 자식을 가르치는 일 만한 것이 없다. 명심보감

사람들을 사랑할 수 있는 마음을 주소서

하나님이 세상을 이처럼 사랑하사 독생자를 주셨으니 이는 저를 믿는 자마다 멸망하지 않고 영생을 얻게 하려 하심이라 요한복음 3:16

만물을 새롭게 하시고 새 생명을 주시는 주님!
우리 아이들이 허다한 허물을 덮어주는
사랑의 마음을 갖게 하옵소서.
주변 사람들을 편견 없이 사랑히고
용서와 이해로 감싸줄 수 있는 마음을 주소서.
말씀의 진리로 지켜주시고
성령의 신령한 은혜로 마음을 뜨겁게 하사
주님의 사랑이 항상 넘치는 삶을 살게 하소서
십자가에 달리시기까지 하여
우리를 구원하신 주님의 사랑을
우리와 우리 아이들이 본받기를 원합니다.
천하보다 귀한 영혼들을 전도하여
주님이 기뻐하시는 삶을 살게 하소서.
주님께서 남김 없이 베풀어주심과 같이
저희들도 사랑을 베풀게 하시고
귀한 사랑의 삶을 살기 원합니다.
다른 이들에게 상처를 입히지 않게 하시고
그들이 고난을 받을 때 감싸줄 수 있는
사랑의 마음과 여유를 주소서.
우리 주 예수 그리스도의 이름으로 기도합니다. 아멘!

자녀를 정직하게 기르는 것이 교육의 시작이다. 존 러스킨

마음이 유순하여 밝은 얼굴로 살아가게 하소서

모든 겸손과 온유로 하고 오래 참음으로 사랑 가운데서 서로 용납하고 에베소서 4:2

빛이 되셔서 어둠을 물리치시는 주님!

우리를 사랑하시고

은혜를 베풀어주시니 참으로 감사를 드립니다.

우리 아이들이 항상 유순한 마음과

밝은 얼굴로 살아가기를 원합니다.

올바르게 살게 하시고

항상 주님을 향한 믿음으로

밝고 환하게 빛나기를 원합니다.

교만하거나 오만하거나

자만하지 않게 하시고

겸손하게 주님을 모시고 살게 하소서.

무조건 비판하기보다 먼저 헤아리게 하시고

불의와 타협하지 않는 삶을 살기 원합니다.

주께서 우리 아이들의 가는 길을

걸음걸음 비추어주사

어둠의 세력에 넘어지지 않게 인도하옵소서.

우리 아이들이 언제나 임마누엘을 의지하여

기쁨과 즐거움으로 밝게 빛나는

복된 하나님의 자녀가 되게 하소서.

우리 주 예수 그리스도의 이름으로 기도합니다. 아멘!

지식에 투자하는 것이 가장 이윤이 높다. 벤저민 프랭클린

3

용감하고 힘 있게 살아가게 하소서

16

네가 만일 환난 날에 낙담하면 네 힘의 미약함을 보임이니라 잠언 24:10

우리를 죄악의 죽음에서 구해 주신 주님!
무지함 때문에 근심하는 우리를
생명의 근원이시며 원천이신 주님께서 인도하사
영생을 얻게 하시니 감사를 드립니다.
우리 아이들에게 어려움이 닥칠 때
두려움에 매몰되지 않고 용감하게 이겨내어
힘 있고 바르게 살아가게 하소서.
사망의 음침한 골짜기를 지날지라도
언제나 함께하시는
생명의 진리이신 주님을 믿고 따르게 하옵소서.
우리 아이들이 주님께서 펼쳐 보여주실
놀라운 소망과 비전을 기대하며
순수한 열정을 가진 믿음의 사람으로 살게 하소서.
모든 생각을 하나님 중심으로 하게 하시고
말씀 안에서 잘 성장하기를 원합니다.
우리 아이들이 자신만을 위해
비굴해지지 않게 하시고 자신의 성공만을 위해
남을 모함하거나 쓰러뜨리지 않게 하옵소서.
날마다 용기와 소망이 넘치는 삶을 살게 하소서.
우리 주 예수 그리스도의 이름으로 기도합니다. 아멘!

밭이 있어도 갈지 않으면 창고가 비고, 책이 있어도 가르치지 않으면 그 후손이 어리석다. 백거이

3
17
아이들이 성실하게 살아가게 하소서

사랑하는 자들아 만일 우리 마음이 책망할 것이 없으면 하나님 앞에서 담대함을 얻고
무엇이든지 구하는 바를 그에게 받나니 이는 우리가 그의 계명들을 지키고 그 앞에서
기뻐하시는 것을 행함이라 요한일서 3:21-22

삶의 모범을 보여주신 주님!
주님께 우리의 삶을 맡기오니 인도하시고
주님의 날개 아래 거하게 하옵소서.
우리 아이들이 성실하게 살아감으로
주님께로부터 칭찬과 사람들로부터 격려를 받으며
하나님의 행복을 누리게 하옵소서.
우리 아이들의 머리 위에 주님의 축복과 은혜와 사랑이
항상 넘치기를 원하오니 인도하소서.
우리 아이들이 피곤할 때 안식을 주시고
얽히고 복잡한 상황에 처할 때 풀어주셔서
평탄한 삶으로 인도하여 주소서.
주님 앞에 겸손하게 하시고
주님이 보시기에 기뻐하시는 삶을 살게 하소서.
매일 매일 신실하심으로 돌보시고
깨끗하고 정결하게 씻어주사
하나님의 손길을 느끼며 살게 하소서.
언제 어디서나 누가 보거나 안 보거나
모든 일에 최선을 다하게 하소서.
우리 주 예수 그리스도의 이름으로 기도합니다. 아멘!

어린이를 불행하게 하는 가장 확실한 방법은 언제든지 무엇이라도 손에 넣을 수 있게
내버려두는 것이다. 에밀 루소

3
18
주님의 말씀을 사모하게 하소서

그리스도의 말씀이 너희 속에 풍성히 거하여 모든 지혜로 피차 가르치며 권면하고 시와 찬송과 신령한 노래를 부르며 감사하는 마음으로 하나님을 찬양하고 골로새서 3:16

우리의 삶이 말씀의 반석 위에 서 있기를 원하시는 주님!
우리 아이들이 마음을 가꾸어주고 새롭게 하는
주님의 말씀을 사모하게 하소서.
길이요 진리요 생명이 되시는 주님의 말씀을 통하여
우리 아이들이 자유함을 누리기 원합니다.
늘 생활 속에서 말씀을 묵상하여
하나님의 음성을 듣게 하시고
말씀 속에서 인도하심을 받게 하소서.
하나님께서 말씀으로 천지를 창조하시고
말씀의 권세로 다스리시니
말씀을 통하여 날마다 새로움을 경험하기 원합니다.
우리 자녀들이 설교 시간에 말씀을 들을 때나
그룹으로 성경을 공부할 때나
홀로 성경을 읽을 때
언제나 마음판에 새기게 하소서.
어려움이 닥쳐 어찌할 바를 모를 때
말씀의 인도하심을 받게 하시고 힘을 얻게 하옵소서.
우리 아이들이 하나님의 말씀을 읽고, 듣고, 전함으로
주 안에서 잘 성장하여 쓰임 받게 하소서.
우리 주 예수 그리스도의 이름으로 기도합니다. 아멘!

어린애를 안고 있는 어머니처럼 보기에 아름다운 것이 없고 여러 아이들에게 에워싸인 어머니처럼 경애를 느끼게 하는 것은 없다. 프리드리히 니체

주님 주신 기쁨 속에 밝고 아름답게 살아가게 하소서

우리가 알거니와 하나님을 사랑하는 자 곧 그 뜻대로 부르심을 입은 자들에게는 모든 것이 합력하여 선을 이루느니라 로마서 8:28

우리의 삶에 날마다 기쁨이 넘치기를 원하시는 주님!

우리 아이들이 밝고 아름답게

주 안의 기쁨 속에 살게 하소서.

우리 아이들이

어떠한 환난과 고통 가운데 있다 해도

복음으로 하나 되어

주 안의 기쁨 속에 살게 하소서.

우리 아이들이 마음의 문을 열고

주 안의 기쁨 속에 살게 하소서.

우리 아이들에게 마음에 기쁨을 주사

주 안의 기쁨 속에 살게 하소서.

우리 아이들의 얼굴에 꽃이 피도록

주 안의 기쁨 속에 살게 하소서.

우리 아이들이 행복함으로 빛나도록

주 안의 기쁨 속에 살게 하소서.

우리 아이들이 주님을 만나므로

주 안의 기쁨 속에 살게 하소서.

우리 아이들이 행복한 가정 속에서 살게 하소서.

우리 아이들이 행복한 교회 속에서 살게 하소서.

우리 아이들이 행복한 시절을 보내게 하소서.

우리 주 예수 그리스도의 이름으로 기도합니다. 아멘!

일하지 않고 살아가는 사람이 너무 많지만 동시에 일만 하고 인생을 살아가지 않는 사람도 또한 너무 많다. 찰스 R. 브라운

푯대를 향하여 나아가는 삶을 살게 하소서

푯대를 향하여 그리스도 예수 안에서 하나님이 위에서 부르신 부름의 상을 위하여 좇아가노라 빌립보서 3:14

우리 삶의 푯대를 알려주시는 주님!
우리 자녀들의 삶이 주님이 원하시는
푯대를 향하여 나아가게 하소서.
결단하기 어려울 때 올바른 판단력을 주시고
은밀히 다가오는 유혹을 이겨내게 하소서.
날마다 자신을 부인하며 자신의 십자가를 지고
주님을 따르기를 원합니다.
주님이 원하시는 삶을 살기 위하여
포기할 것은 포기하고 꼭 해야 할 일은
끝까지 포기하지 않고 도전하게 하옵소서.
우리 자녀들이 빛 된 삶을 살아가게 하시고
후퇴하지 않고 전진하는 삶을 살게 하소서.
주님이 주시는 지혜와 능력으로
사랑하며 나누며 살기를 원합니다.
우리 자녀들의 결점이
도리어 장점이 되게 하시고
푯대를 정하였으면 그 푯대를 향하여
온 마음과 모든 정성을 쏟아 이루게 하소서.
주님의 능력이 함께하심을 믿고
우리 주 예수 그리스도의 이름으로 기도합니다. 아멘!

인간이 이 세상에 존재하는 것은 부자가 되기 위함이 아니라 행복하게 살기 위해서이다. 스탕달

시간을 잘 활용할 수 있는 지혜를 주소서

너의 길을 여호와께 맡기라 저를 의지하면 저가 이루시고 네 의를 빛같이 나타내시며
네 공의를 정오의 빛같이 하시리로다 시편 37:5-6

모든 계절과 시간을 창조하신 하나님!
하나밖에 없는 우리의 생명을
하나님의 사랑과 은혜로 구원하여 주시니 감사드립니다.
우리 자녀들도 단 한 번뿐인 소중한 삶을
하나님이 인도하시는 대로 시간을 잘 활용하며
살아갈 수 있는 지혜와 믿음을 주소서.
남이 대신 살아줄 수도 없고
남의 삶을 대신 살아줄 수도 없는 우리의 삶
아주 값지게 살게 하소서.
우리 자녀들이 하나님이 허락하신 시간들을
아끼며 귀하게 사용하기를 원합니다.
인생의 성공은 하루아침에 이루어지는 것이 아니오니
차근차근 믿음의 걸음을
한 계단 한 계단씩 나아가기 원합니다.
우리 자녀들이 모든 일에 열의와 확신을 갖게 하시고
재능이나 머리나 환경을 의지하기보다
하나님이 주시는 믿음과 지혜를
잘 활용하는 우리 자녀들이 되게 하옵소서.
우리 주 예수 그리스도의 이름으로 기도합니다. 아멘!

여가를 이용하지 못하는 사람은 항상 여가 시간이 없다. 서양 격언

삶의 설계도를 그려놓고 이루어가게 하소서

사람이 마음으로 자기의 길을 계획할지라도 그 걸음을 인도하는 자는 여호와시니라
잠언 16:9

믿음과 삶이 영적으로 성숙되기를 원하시는 하나님!
우리 자녀들이 창조주 하나님이 원하시는 대로
어려서부터 꿈의 설계도를 그려나가고
믿음과 은혜 속에서
그 꿈과 비전을 이루게 하소서.
우리 자녀들이
꿈을 키워 나갈 수 있는
믿음과 소망을 갖게 하소서.
우리 자녀들의 삶이 의미 있고 가치 있게
창조되었음을 깨닫게 하시고
믿음의 확신으로 미래를 향하여
도전하며 살기를 원합니다.
우리 자녀들이 하나님의 창조 목적에 따라
꿈의 설계도를 그리게 하셔서
모든 영광을 하나님께 돌리는 삶을 살게 하소서.
우리 자녀들이 삶의 기초를 믿음 안에서 세워
말씀과 기도로 든든히 세워가게 하시고
하나님의 섭리에 합당한 삶을 살게 하소서.
우리 주 예수 그리스도의 이름으로 기도합니다. 아멘!

경험은 최고의 교사이다. 다만 수업료가 지나치게 비싸다. 토머스 칼라일

3

23

아이들이 규모 있는 생활을 하게 하소서

이에 하나님이 그에게 이르시되 네가 이것을 구하도다 자기를 위하여 장수하기를 구하지 아니하며 부도 구하지 아니하며 자기 원수의 생명을 멸하기도 구하지 아니하고 오직 송사를 듣고 분별하는 지혜를 구하였으니 열왕기상 3:11

튼튼하고 건강한 믿음을 원하시는 주님!
우리 아이들이 주 안에서
죄 사함을 받은 기쁨을 누리며
규모 있는 생활을 하기를 원합니다.
믿음과 기쁨을 주셔서
귀찮고 짜증나는 생활과 불평과 원망,
허무함에서 벗어나게 하옵소서.
우리 아이들이 인생을 성령의 인도하심에 따라
잘 계획하게 하시고 해야 할 일과
그렇지 않은 일들을 구별하여 행하게 하소서.
날마다 하나님의 자녀 됨의 기쁨을 누리며 살게 하소서.
우리 아이들이 주님이 공급해 주시는 은혜 안에서
주님의 나라와 그 의를 구하기 원합니다.
우리 아이들의 삶이
합력하여 선을 이루게 하여 주시고
모든 일에 넉넉히 승리할 수 있는 믿음을 주소서.
규모 있는 삶을 살아감으로
성취감을 누리게 하옵소서.
날마다 주 안에서 자신감을 갖고 성장하게 하소서.
우리 주 예수 그리스도의 이름으로 기도합니다. 아멘!

정당하게 사는 자는 어느 곳이든 안전하다. 에픽테토스

3

24

때를 따라 주시는 은혜를 구하며 살게 하소서

대저 행악하는 자는 끊어질 것이나 여호와를 기대하는 자는 땅을 차지하리로다
시편 37:9

영혼이 메마를 때마다 촉촉이 적시는 주님!
희망이 되시는 하나님께서 우리 자녀들의 몸과 영을
깨끗하게 하셔서 굳건한 믿음으로 살게 하소서.
우리 자녀들에게 때를 따라
도우시는 하나님의 은혜를 경험하게 하소서.
우리 자녀들이 하나님께서 허락하신 은사와 재능을
충분히 펼치기를 원합니다.
하나님의 사랑을 느끼며, 체험하며,
기대하며 살아가게 하셔서
하나님의 뜻을 이루고 영광을 나타내게 하소서.
우리 자녀들로 하여금 모든 불의에서 떠난 삶을 살게 하시고
하나님을 사모하기 원합니다.
불신의 마음이 사라지게 하시고
하나님이 원하시고 기뻐하시는 일에
적극적으로 동참하며 살게 하소서.
항상 은혜의 단비를 내려주시고
고민과 위험과 슬픔을 당할 때
하나님의 도우심을 구하며 살게 하셔서
삶을 잘 이루어가게 하소서.
우리 주 예수 그리스도의 이름으로 기도합니다. 아멘!

인생의 참다운 기쁨은 가족 등 손아래 사람들과 함께 사는 것이다. 윌리엄 사커레이

긍정적인 마음으로 잘 성장하게 하소서

주 안에서 기뻐하라 내가 다시 말하노니 기뻐하라 **빌립보서 4:4**

25

인생의 참 기쁨을 주시는 주님!
우리 자녀들이 주 안에서 긍정적인 가치관과
마음을 가지고 잘 성장하게 하옵소서.
마음껏 웃어야 할 때 웃게 하시고
슬플 때에도 여유를 갖고 기쁨을 찾아내게 하소서.
주님이 주시는 소망 가운데 살게 하셔서
늘 밝은 웃음, 해맑은 웃음, 예쁜 웃음으로 살길 원합니다.
날마다 유쾌하게 살게 하시고
자신의 삶과 주변의 삶을 밝히는
복된 삶을 살기를 원합니다.
삶 속에서 아이디어가 필요할 때마다
지혜와 지식을 주셔서 좋은 아이디어가 떠오르게 하시고
좋은 생각으로 좋은 결과를 낳아 좋은 열매를 맺게 하소서.
우리 자녀들이 사랑을 주고받음으로
삶을 빛나게 하시고 자신 있게 살아가게 하소서.
우리 자녀들이 환경이나 여건을 탓하기보다
믿음으로 모든 것을 헤쳐나가게 하시고
비가 그치면 무지개가 뜨듯이
어려움이 있으면 즐거움이 찾아온다는 것을 알아
늘 맑고 고운 마음으로 살아가게 하소서.
우리 주 예수 그리스도의 이름으로 기도합니다. 아멘!

인간은 모든 컴퓨터 중에서 가장 훌륭한 컴퓨터이다. 존 F. 케네디

3

26

행실이 바른 아이가 되게 하소서

그는 정직한 자를 위하여 완전한 지혜를 예비하시며 행실이 온전한 자에게 방패가 되시나니 잠언 2:7

우리의 모든 행위를 지켜주시는 하나님!
우리는 잘못을 저질렀을 때
항상 그럴듯한 핑계로 합리화하지만
모든 것을 주님께 아뢰고 용서함 받아
참평안과 참기쁨을 얻게 하소서.
우리 아이들이 거짓과 속임수로
삶을 살아가는 것이 아니라
행실이 바른 아이가 되게 하소서.
자신의 이익을 위해 거짓말이나
가면을 쓴 거짓 행동을 하지 않게 하소서.
우리 아이들이 시간과 열정을
잘못된 방향으로 사용하지 않게 하시고
현실을 정면으로 돌파하며 정직하게 살아가게 하소서.
또한 삶의 의지를 불태우게 하시고
용기 있는 삶을 살아가게 하소서.
우리 아이들이 남에게 순간적으로 인정을 받기보다
주님의 인정하심을 갈구하며
삶에서 뚜렷한 목표를 갖고 살아가게 하소서.
주님 안에서, 복음 안에서 살아감을
최고의 가치와 의미로 여기게 하소서.
우리 주 예수 그리스도의 이름으로 기도합니다. 아멘!

젊은이는 희망에 살고 노인은 추억에 산다. 프랑스 격언

3

27

하나님께서 주시는 축복을 누리며 살게 하소서

지혜를 얻은 자와 명철을 얻은 자는 복이 있나니 이는 지혜를 얻은 것이 은을 얻는 것
보다 낫고 그 이익이 정금보다 나음이니라 잠언 3:13-14

선한 목자이신 주님!
하나님께서 주시는 은혜와 축복을 누리며
하나님의 은총 아래 살게 하시니 감사를 드립니다.
우리와 우리 아이들이 평안 속에 살게 하시고
목자가 되시는 하나님의 인도와 보호하심 속에 살게 하소서.
어려움과 고통이 도처에 있는 이 세상에서
우리 아이들이 하나님이 주시는
지혜를 얻음으로 장수와 부귀를 누리며
사랑받는 자녀로 살아가기를 원합니다.
우리 아이들을 크나큰 죄악에서 풀려나게 하시고
복된 성도의 삶을 살게 하옵소서.
요령과 핑계로 살아가는 무익한 삶이 아니라
하나님의 은혜 아래 비전에 매진함으로써
맡겨진 삶에 좋은 결과와 열매를 맺게 하옵소서.
우리 아이들이 젊은 날에 젊은이다운
패기와 용기를 가지고 하나님이 주신 축복을
삶 속에서 마음껏 누리며 살게 하소서.
근면과 열정으로
노력하는 것들이 결실을 맺게 하소서.
우리 자녀들을 축복하여 주시는
우리 주 예수 그리스도의 이름으로 기도합니다. 아멘!

눈물을 흘리면서 빵을 먹어보지 못한 사람은 인생의 참맛을 알 수 없다. 괴테

3
28

주님의 평안 속에 잠자고 깨어나게 하소서

네가 누울 때에 두려워하지 아니하겠고 네가 누운즉 네 잠이 달리로다 **잠언 3:24**

사랑하는 자에게 잠을 주시는 주님!
우리 아이들이 주님의 보호 아래
날마다 단잠을 푹 자고 일어남으로
개운하게 하루의 일과를 시작하기 원합니다.
잠들기 전에 성경을 한 장이라도 읽는 습관을 들여
하루를 하나님의 말씀으로 마무리하게 하소서.
아침에 일어나면 하루를 인도하실 주님께
감사의 기도로 시작하게 하소서.
일어나서 거울을 볼 때 제일 먼저 미소 짓게 하시고
가족들에게도 미소를 보내며 상쾌하고 명랑하게
하루를 시작하기를 원합니다.
등하교 길을 인도하여 주시고
수업이 시작하기 전에 기도 드리는
습관을 갖게 하여 주소서.
부모 된 우리들도 아이들이 잠들기 전에
아이들과 함께 기도하고 아침에도 아이들에게
평안 가운데 식사를 나눔으로
하루를 기쁨으로 시작하게 하소서.
아이들이 날마다 행복을 느끼며 감사로 살게 하소서.
우리 주 예수 그리스도의 이름으로 기도합니다. 아멘!

최고에 도달하려면 최저에서 시작하라. P. 시르스

3

March

주님의 은혜로 믿음 안에서 살게 하소서

29

영생은 곧 유일하신 참 하나님과 그의 보내신 자 예수 그리스도를 아는 것이니이다.
요한복음 17:3

모든 것을 새롭게 하시는 주님!
우리 삶이 주님의 자녀로서
부족함이 없도록 은혜와 평강과
사랑과 성령의 충만함으로
채워주시기 원합니다.
우리 아이들이 주님의 은혜로
주님을 깊이 알게 하사
예수 그리스도를 구주로 고백하고, 증거하고,
간증하는 삶을 살기 원합니다.
주님을 구주로 고백하는 삶은
주님이 구주가 되심을 인정하는 것이오니
언제나 주님이 구주이심을 담대히 고백하게 하소서.
주님을 구주로 고백하지 않고서는
주님을 증거할 수 없으니 성령께서 인도하소서.
우리 자녀들의 삶이
교회에서나, 가정에서나, 학교에서나,
사회에서나, 어디서나 그리스도인답게 하소서.
우리 아이들이 주님을 인정할 때
주님도 인정하여 주시고
주님께서 함께하여 주소서.
우리 주 예수 그리스도의 이름으로 기도합니다. 아멘!

웃으라. 그러면 이 세상도 함께 웃을 것이다. 울어라. 그러면 너 혼자 울게 되리라. 엘라 휠러 윌콕스

3
30

주님의 은혜를 나누는 삶을 살게 하소서

저는 종일토록 은혜를 베풀고 꾸어주니 그 자손이 복을 받는도다 시편 37:6

우리를 구원하여 주신 주님!
마음을 열어주셔서 은혜를 받게 하셨으니
주님의 사랑에 감사하는 마음을 갖게 하소서.
우리 아이들이 태어나고 성장하는 것이
모두 하나님의 신실한 은혜이오니
이 은혜를 나누며 살기를 원합니다.
고통이 다가와 어둠 가운데 있더라도 낙망하지 않고
굳건히 일어서게 하시고 실패 속에서도 주저앉지 않고
도전하게 하셔서 영광을 돌리게 하소서.
우리 아이들이 성공하였을 때나 승리하였을 때,
열매를 맺었을 때 주님의 사랑을 깨달아
주님께 영광을 돌리며 살게 하소서.
주님 사랑의 손길이
모든 이들에게 함께하심을 믿사오니
우리와 우리 아이들이 주님의 사랑하심에
감사하며 예배하며 살기를 원합니다.
우리를 불러주시고 의롭게 하시고
영화롭게 하시는 주님의 사랑을
우리가 평생토록 누리며 살게 하옵소서.
우리 주 예수 그리스도의 이름으로 기도합니다. 아멘!

부지런한 바보만큼 이웃을 괴롭히는 자가 없다. 프랑스 격언

뿌리 깊은 영성의 삶을 살게 하소서

31

내가 또 내 마음에 합하는 목자를 너희에게 주리니 그들이 지식과 명철로 너희를 양육하리라 예레미야 3:15

우리에게 성령 충만함을 주시기 원하는 주님!
우리 아이들이 말씀과 기도를 통하여
뿌리 깊은 영성의 삶을 살게 하소서.
아침에 일어나서 기도하게 하시고
하루를 지내는 동안 주님의 말씀을 상기함으로
성령의 인도하심에 따라 살게 하옵소서.
우리 아이들의 삶이 믿음으로
반석 위에 세워지게 하시고
세상의 빛과 소금의 직분을
감당하게 되기를 원합니다.
우리 아이들이 삶을 주님께 투명하고 진실하고
솔직하게 고백함으로 주님의 인도하심을
온전히 받아 강하고 힘 있게 살아가게 하소서.
무엇보다 영성 있는 삶을 살게 하시고
내적으로 성숙한 신앙인이 되어
하나님의 뜻을 따르게 하옵소서.
주님께서 친히 우리 아이들을 지식과
명철로 양육하여 주셔서
날마다 믿음 안에서 승리하는 삶을 살아가게 하소서.
우리 주 예수 그리스도의 이름으로 기도합니다. 아멘!

자신의 행동이 빗나간 사람일수록 맨 먼저 남을 중상한다. 몰리에르

4
April

예수 그리스도의
부활의 신앙을 갖게 하소서

주님의 약속을 기다리게 하소서

약속으로 모든 것을 이루는 주여!
주님의 약속을 기억하며
기도하며
기다릴 줄 아는 믿음을 주옵소서

세상만사가 내가 주장하는 대로
이루어지는 것이 아니라
모든 일들이 하나님의 섭리와
계획 속에서 이루어지고 있음을 믿게 하소서

죄악으로 인하여
한순간 편안함과 달콤함과
짜릿한 흥분에 도취되어
사는 것이 아니라
주님의 뜻과 약속하심을 기다릴 줄 아는
믿음을 주소서

주님의 제자들이

주님의 약속하심을 믿고 기도하여

성령 세례를 받고 강하고 담대한 믿음으로

믿음이 새롭게 변화되었듯이

우리도 그리하게 하소서

- 용혜원 -

주님이 주시는 명철을 잘 사용하게 하소서

1

사람의 마음에 있는 모략은 깊은 물 같으니라 그럴지라도 명철한 사람은 그것을 길어 내느니라 잠언 20:5

우리에게 은사와 달란트를 주시고
잘 활용하기를 원하시는 하나님!
끝이 없고 헤아릴 수 없는
하나님의 놀라우신 권능으로 우리를 인도하시고
사랑하시는 은혜에 감사드립니다.
우리와 우리 아이들에게 은사와 달란트를 주셨으니
잘 활용할 수 있도록 인도하옵소서.
우리 아이들에게 명철을 주셔서 지혜롭게 하여 주시고
시기심으로 남을 칭찬하지 못하는 일이 없게 하시며
언제나 사랑을 줄 수 있는 넉넉한 마음을 주옵소서.
자신에게 맞는 일들을 분명히 알고
우리 아이들이 하나님이 주시는
은사와 사명을 잘 깨달아
맡겨진 분깃을 지혜와 명철로 잘 감당하게 하소서.
건강한 마음으로 살게 하여 주시고
하나님께서 함께하신다는 믿음으로
모든 일들을 순조롭게 이루어가게 하옵소서.
범사에 하나님을 인정하고 순종하며 따르게 하소서.
우리 주 예수 그리스도의 이름으로 기도합니다. 아멘!

진실한 기도는 검은 구름을 헤치며 야곱의 사다리를 오르게 하며 말씀과 사랑을 훈련
하여 위로부터의 모든 축복을 가져온다. 찰스 스펄전

주님을 온전히 영접하는 그리스도인이 되게 하소서

너희를 영접하는 자는 나를 영접하는 것이요 나를 영접하는 자는 나 보내신 이를 영접하는 것이니라 마태복음 10:40

우리의 심령 속에 함께하기를 원하시는 주님!
우리가 믿음으로 주님을 바라보게 하시고
지극히 사랑하시는 것을 깨닫기 원합니다.
우리 자녀들이 온전히 죄를 회개함으로
주님을 영접하게 하옵소서.
주님을 영접하므로 과거를 벗어버리고
새로 거듭난 영성 있는 삶을 살게 하소서.
이 지상에서 영원까지 이르는 멋진 주님의
사랑에 빠지기를 원합니다.
주님이 때를 따라 주시는 은혜 가운데서
온 마음과 온 정성을 다해
우리 자녀들을 돌보고 사랑하게 하소서.
우리 자녀들이 구경꾼으로 살아가는 것이 아니라
하나님의 자녀답게, 자신감 있게
주인공으로 살아가기를 원합니다.
우리 아이들의 삶이 항상 믿음으로 새롭고
주님 안에서 모든 것이 바르게 성장하길 원하며
우리 주 예수 그리스도의 이름으로 기도합니다. 아멘!

일이 즐거우면 인생은 낙원이다. 일이 의무에 불과하면 지옥이다. 막심 고리키

주님을 배워 가르치게 하소서

3

나는 마음이 온유하고 겸손하니 나의 멍에를 메고 내게 배우라 그러면 너의 마음이 쉼을 얻으리니 이는 내 멍에는 쉽고 내 짐은 가벼움이라 하시니라 마태복음 11:29-30

예배를 받으시기에 합당하신 주님!
모든 민족과 모든 장소를 초월하여 역사하시는
전능하신 주님께서 우리 가족이 드리는
기도에 응답하시니 감사드립니다.
우리 아이들이 주님을 배워
그 모습 그대로 살아가게 하옵소서.
우리의 믿음이 결코 헛되지 않음을 믿사오니
믿음으로 기쁨의 열매를 거두기 원합니다.
주님의 온유와 겸손한 마음을 배우게 하시고
주님의 멍에를 우리도 짊어지게 하셔서
주 안에서 쉼을 얻게 하옵소서.
우리가 하나 되기를 원하시는 주님께
우리와 우리 아이들이 동일한 믿음으로
오늘을 감사하며 내일을 소망하며 살게 하옵소서.
주님 안에서 이루어지는 생활에 감사가 넘치고
주님을 닮아가는 것을 축복으로 믿으며
주님을 배워 전하는 것을 사명으로 여기게 하옵소서.
우리 아이들이 지혜와 슬기로 소망을 갖고
성령 충만하여 주님의 말씀을 전하게 하소서.
우리 주 예수 그리스도의 이름으로 기도합니다. 아멘!

기회는 어디에도 있을 것이다. 낚싯대를 던져놓고 항상 준비태세를 취하라. 없을 것같이 보이는 곳에 언제나 고기는 있으니까. 오비디우스

4

남을 이끌 수 있는 리더십을 주소서

4

내가 진실로 진실로 너희에게 이르노니 나를 믿는 자는 나의 하는 일을 저도 할 것이요 또한 이보다 큰 것도 하리니 이는 내가 아버지께로 감이니라 요한복음 14:12

우리를 주님의 백성으로 삼으신 주님!
우리 아이들이 남을 지도할 수 있는
리더십을 갖게 하소서.
지혜롭게 선한 일을 이루어가는
능력 있는 리더로 자라기를 원합니다.
어려서부터 신앙 훈련과 교육을 통하여
리더십을 배워가게 하옵소서.
삶은 비행하는 항로를 결정하는 것과 같으니
지혜로운 결단력을 갖기 원합니다.
주님의 말씀에 능력이 있듯이
주께서 주시는 입술의 권세로
사람들을 이끌어가게 하옵소서.
우리 아이들에게 지도력을 주셔서
안정감과 평안함을 주는 리더로서 매력을 뿜게 하소서.
우리 자녀들이 탁월한 리더십과 지도력으로
삶을 승리로 이끌어가길 원합니다.
함께 꿈을 이루어갈 사람들과 좋은 친구가 되게 하시고
성장을 거듭하게 하소서.
우리 주 예수 그리스도의 이름으로 기도합니다. 아멘!

기회는 새와 같은 것, 날아가기 전에 꼭 잡아라. 프리드리히 실러

불행한 이들을 구제하게 하소서

5 자녀들아 우리가 말과 혀로만 사랑하지 말고 오직 행함과 진실함으로 하자 이로써 우리가 진리에 속한 줄 알고 또 우리 마음을 주 앞에서 굳세게 하리로다 요한일서 3:18-19

간절히 찾는 자를 만나주시는 주님!

우리가 하는 일 속에서

하나님의 섭리를 발견하게 하시고

그로 인하여 기쁨으로 활기찬

삶을 살게 하시니 감사드립니다.

믿음이 굳건한 성도로 만들어주시고

시련과 역경을 통하여 하나님의 자녀임을 알게 하소서.

우리 아이들이 삶 속에서 이웃의 아픔과 고통을 함께 나누며

불행한 이들을 구제하기에 부족함이 없게 하소서.

불행한 사람들을 위하여

봉사하고 섬길 줄 알게 하소서.

우리를 죄에서 구하기 위해 독생자를 내주신

하나님의 사랑을 깨닫게 하옵소서.

사랑은 움켜쥐면 점점 더 작아지고

나누면 나눌수록 커지는 것을 알게 하소서.

우리 아이들이 정신적 육체적으로

불행한 이들을 위하여 기도하며

마음과 물질로 주님의 사랑을 나누게 하소서.

우리 아이들이 사랑을 전하는 삶을 살게 하소서.

우리 주 예수 그리스도의 이름으로 기도합니다. 아멘!

누구든지 좋은 기회가 없는 것은 아니다. 다만 그것을 적시에 포착할 수 없었을 뿐이다. 앤드루 카네기

4

맡겨진 일을 할 때 부지런함을 주소서

6

부지런한 자의 경영은 풍부함에 이를 것이나 조급한 자는 궁핍함에 이를 따름이니라
잠언 21:5

지금도 하나님 보좌 우편에서 기도하시는 주님!
좋은 시계와 좋은 사람은 닮았다고 합니다.
부지런한 삶을 살아가는 사람은
언제나 시간을 정확하게 지키기 때문입니다.
사랑의 주님께서 우리 아이들을 인도하셔서
모든 일에 게으르지 않고 부지런하게 하옵소서.
시간에 쫓겨서 행동하지 않게 하시고
계획성 있게 미리미리 준비하게 하소서.
약속한 것은 지키며 땀 흘리며 공부하고 일하면서
부지런히 살게 하옵소서.
필요한 것을 손쉽게 얻으려는 기회주의를 없애주시고
한탕주의나 찰나주의의 환상에 빠지지 않게 하소서.
쓸데없이 시간을 허비하지 않게 하시고
다른 사람들의 시간도 함부로 낭비하지 않게 하소서.
주님의 보혈로 얻은 소중한 삶을
귀히 여기고 아끼며 살게 하옵소서.
지금 이 순간에도 모든 일에 최선을 다하여
주어진 시간을 보람되게 사용하게 하소서.
우리 주 예수 그리스도의 이름으로 기도합니다. 아멘!

모든 일은 거기 사랑에 있을 때를 제외하고는 공허하다. 칼릴 지브란

남을 긍휼히 여길 수 있는 마음을 주소서

7

서로 인자하게 하며 불쌍히 여기며 서로 용서하기를 하나님이 그리스도 안에서 너희를 용서하심과 같이 하라 에베소서 4:32

우리의 마음이 옥토가 되기를 원하시는 주님!

우리의 마음을 바르게 사용하게 하시고

인간관계를 통하여 사랑으로 사람들을 만나게 하소서.

우리 자녀들이 남을 긍휼히 여길 수 있는

사랑의 마음으로 살아가게 하소서.

마음에 상처를 받을 때 주님의 사랑을 떠올리게 하시고

주님이 주신 축복들을 함께 나누며 살게 하소서.

우리 아이들의 마음이 황폐하지 않고

성숙된 마음으로 이해하고 용서하며 살게 하소서.

주님의 사랑으로 큰 행복을 누리게 하시고

사랑함으로 넉넉한 마음이 되게 하소서.

우리와 우리 아이들의 마음을 비우셔서

심령이 가난하게 하소서.

우리의 외모가 아닌 중심을 보시는 하나님

교만한 마음과 불순종과 완악한 마음을 없애시고

겸손과 순종과 온유한 마음을 주셔서

남을 긍휼히 여기는 주님의 제자가 되게 하옵소서.

우리 주 예수 그리스도의 이름으로 기도합니다. 아멘!

속을 먹으려는 자는 껍질을 깨야 한다. 마르쿠스 아우렐리우스

지혜의 말씀으로 함께하여 주소서

8
모든 성경은 하나님의 감동으로 된 것으로 교훈과 책망과 바르게 함과 의로 교육하기
에 유익하니 이는 하나님의 사람으로 온전케 하며 모든 선한 일을 행하기에 온전케
하려 함이니라 디모데후서 3:16-17

우리가 주님의 제자로 살기 원하시는 주님!

주님을 기쁘시게 하는 것이 우리의 힘이오니

우리에게 믿음을 주셔서 내일을 소망으로 바라보게 하소서.

우리 아이들이 주님을 기쁘시게 하는 자녀가 되게 하시고

성령으로 말미암아 의로운 교육을 받기 원합니다.

하나님의 위대한 일에 동참할 수 있도록 지혜를 주시고

믿음의 훈련으로 몸과 마음을 연단하게 하소서.

우리 아이들이 주님께서 주시는 지혜를 받아

세상 초등학문에도 능하게 하옵소서.

진리를 깨닫게 하여 주시고

주님의 선한 일에 동참시켜 주옵소서.

봉사를 통하여 기쁨을 누리게 하시고

주님께 헌신하는 제자가 되어

면류관을 기대하며 순종하는 삶을 살게 하소서.

학업을 연마할 때 지혜를 주시고

꿈과 비전을 이루어갈 때도 지혜를 주시고

신앙생활을 할 때도 지혜를 주시고

대인관계를 만들어갈 때도 지혜를 주시기 원합니다.

주신 지혜로 모든 선한 일에 동참하게 하소서.

우리 주 예수 그리스도의 이름으로 기도합니다. 아멘!

유능한 사람은 언제나 배우는 사람이다. 대니얼 디포

주님의 약속하신 소망을 기다리게 하소서

9 우리가 소망으로 구원을 얻었으매 보이는 소망이 소망이 아니니 보는 것을 누가 바라리요 만일 우리가 보지 못하는 것을 바라면 참음으로 기다릴지니라 로마서 8:24-25

우리에게 믿음을 주시고 영생에 이르게 하신 주님!

우리를 주님의 전적인 은혜 가운데

자녀 삼아주셔서 무한 감사를 드립니다.

주님의 부르심에 항상 응답하여서

제자로 바르게 살아가게 하소서.

가장 좋은 인도자이신 주님께서 약속하신 소망을

기다리고 이루며 살게 하소서.

주님께서 이 땅에 오셔서 제자들을 택하시고

기도하시고 땀 흘리시고 우시고 함께하심으로

사랑을 몸소 보이시고 실천하셨듯이

우리들도 주님의 그 사랑을 본받게 하소서.

주님의 인도하심에 늑장부리지 않게 하시고

예수 그리스도를 알아가는 말씀의 지식이

날로 새로워지게 하소서.

성경에서 만난 주님을 소망 중에 체험하게 하소서.

주님을 만나 주님을 영접한 사람들이 놀라운 변화를 받아

쓰임 받은 것처럼 성령님께 철저히 순복해 쓰임 받게 하소서.

우리와 우리 아이들이

온전히 행하지 못할 때가 많사오니

주님의 도우심으로 주님의 일을 하게 하소서.

우리 주 예수 그리스도의 이름으로 기도합니다. 아멘!

대화에서 침묵은 위대한 화술이다. 자기 입을 다물 때를 아는 사람은 바보가 아니다.
윌리엄 하즈리트

4

10

믿음 안에서 평안을 누리게 하소서

평안을 너희에게 끼치노니 곧 나의 평안을 너희에게 주노라 내가 너희에게 주는 것은 세상이 주는 것 같지 아니하니라 너희는 마음에 근심도 말고 두려워하지도 말라
요한복음 14:27

우리에게 참평안을 주시는 주님!

우리 아이들이 미래를 위해

자신을 가꾸어가기 원합니다.

맹목적으로 열심만 내는 것이 아니라

지혜롭게 마음을 가꾸어 평안을 누리게 하소서.

예수 그리스도의 풍성한 말씀 안에 거하면

구원의 확신으로 참평안을 누릴 수 있음을 믿습니다.

구원의 주님을 믿음으로 우리 아이들의

마음속에 천국이 있기를 원합니다.

두 마음을 품지 않고 오직 한 마음으로

주님을 섬기게 하소서.

공부에도 최선을 다하고

온전한 신앙생활로 삶의 기틀을 잡아가게 하소서.

마음이 습관을 만들어내오니

불행을 생각하는 것이 아니라

기도함으로 복음 안에서 평안을 누리며 살게 하소서.

세상의 거짓된 풍조가 아닌

주님의 복음을 생활화하여 바르게 살게 하소서.

평안은 하나님의 최고의 축복이오니

죄를 떠난 청결한 마음으로 평안을 누리게 하소서.

우리 주 예수 그리스도의 이름으로 기도합니다. 아멘!

마음에 없는 말을 하는 것보다는 오히려 침묵을 지키는 쪽이 더 유리하다. 몽테뉴

주님의 사랑과 희망을 주소서

누구든지 그의 말씀을 지키는 자는 하나님의 사랑이 참으로 그 속에서 온전케 되었나니 이로써 우리가 저 안에 있는 줄을 아노라 저 안에 거한다 하는 자는 그의 행하시는 대로 자기도 행할지니라 요한일서 2:5-6

구원의 자리에 우리를 초청하신 주님!
우리 자녀들이 주님께 기도함으로
주님이 주시는 기쁨과 평안을 누리기 원합니다.
지상의 어떤 것과도 비교할 수 없는
주님의 사랑과 희망을 우리 자녀들에게 주소서.
말씀 안에서 말씀을 지키며 살아
하나님의 사랑 안에 거하게 하셔서
주님의 뜻을 이루어가기 원합니다.
주님께서 주시는 사랑과 희망 속에서
우리 자녀들이 잘 성장하게 하옵소서.
두려움 속에서 약해지지 않고
믿음으로 모든 것을 극복하게 하소서.
폭력과 범죄로부터 보호하여 주시고
악한 환경에 수시로 노출되는 아이들을 인도하옵소서.
주님께서 아이들에게 가지신 선하신 목적을 이루어주소서.
기도를 통하여 소원을 이루게 하시고
주님의 도우심과 위로를 받게 하소서.
우리 아이들이 주님을 높이게 하셔서
주님께 존귀하게 쓰임 받게 하소서.
우리 주 예수 그리스도의 이름으로 기도합니다. 아멘!

조심성 있는 혀는 최대의 보물이며 사리 판단할 줄 아는 혀는 최대의 기쁨이다. 헤시오도스

믿음으로 주님의 일을 분별하게 하소서

어떤 이들에게는 영들 분별함을 고린도전서 12:10

우리를 구원하사 산 소망을 주신 주님!
진리와 거짓, 가치와 무의미함이 혼동된
오늘을 살아가는 우리 자녀들에게
믿음 안에서 분별할 수 있는 지혜를 주소서.
거짓 영들이 활동하는 이 시대에
자신만을 위한 쾌락적이고 즉흥적이고
순간적인 것들을 따라가지 않게 하소서.
하나님께로부터 온 성령의 도우심을 따라
산 소망을 갖고 살아가게 하소서.
주님께서 항상 말씀을 주시고
행복한 천국을 소망 가운데 두며
진리의 영으로 생명의 눈을 뜨게 하소서.
언제나 주님 중심으로 삶을 이어나가
모든 것을 깨닫고 분별하기를 원합니다.
주님이 원하시는 삶이면 고통과 절망이 다가와도
당당하게 이겨내며 멋진 믿음으로 살게 하옵소서.
헛된 것들은 먼지를 털 듯이 훌훌 털어버리게 하시고
우리 자녀들이 주님이 주시는 은혜 속에서
의롭다 하시는 믿음 속에서 살아가게 하소서.
우리 주 예수 그리스도의 이름으로 기도합니다. 아멘!

지혜는 샘물이다. 그 물은 마시면 마실수록 강해지고 끊임없이 샘솟아 오른다. 앙겔스
지레지우스

4

13

기도함으로 삶의 열매가 익어가게 하소서

아무 것도 염려하지 말고 오직 모든 일에 기도와 간구로 너희 구할 것을 하나님께 아뢰라 그리하면 모든 지각에 뛰어난 하나님의 평강이 그리스도 예수 안에서 너희 마음과 생각을 지키시리라 빌립보서 4:6-7

우리가 간절히 찾으면 만나주시겠다고 하신 주님!

늘 신실하심으로 인도하시는 주님께

우리의 모든 것을 기도로 아뢰기 원합니다.

우리 자녀들이 굳건한 믿음의 기도로

삶의 열매가 맺히는 그리스도인이 되게 하소서.

주님의 은혜 안에서 죄를 떠나고

죄로부터의 승리와 자신감 속에

강하고 담대한 믿음으로 살게 하소서.

주님께 우리 속에 있는 모든 것을 정직히 드러내어

주님의 인도하심을 받게 하소서.

우리 자녀들이 기도로

마음속에 얽혀 있던 것들을 잘 풀어감으로

응답받고 변화받기를 원합니다.

죄의 더러운 것과 괴로운 것,

쓰레기와 같은 모든 것들을 다 털어놓게 하소서.

우리와 우리 자녀들의 마음이 진실하고 정직하게 하시고

기도함으로 죄에서 벗어나 주님이 주시는 사랑으로

날마다 열매 맺게 하소서.

우리 주 예수 그리스도의 이름으로 기도합니다. 아멘!

지혜로운 자는 천 번의 생각 중에 반드시 한 번의 실수가 있고, 어리석은 자는 천 번의 생각 중에 반드시 한 번의 이득이 있다. 사마천

4

부활의 신앙을 갖게 하소서

14

예수께서 가라사대 나는 부활이요 생명이니 나를 믿는 자는 죽어도 살겠고 무릇 살아서 나를 믿는 자는 영원히 죽지 아니하리니 이것을 네가 믿느냐 요한복음 11:25-26

생명의 부활이 되시는 주님!
우리가 죄악 가운데 머물러 있음을 아시고
이 땅에 우리의 모습으로 오셔서
십자가의 사랑으로 구속하여 주심을 감사드립니다.
우리 아이들이 주님 안에서 부활의 신앙을 갖게 하소서.
주님의 부활하심을 믿을 때 온전한 믿음을 갖게 되오니
주님의 말씀대로 믿게 하시고
말씀대로 고백하게 하옵소서.
우리를 사망의 권세와 죄의 세력으로부터
구원하시고 해방하셨으니
자유함을 누리며 살게 하소서.
우리 아이들이 진리의 자유함 속에
세계를 가슴에 품고 큰 비전을 갖고
주님을 마음껏 찬양하며 살게 되기를 원합니다.
마음을 넓게 열고 눈을 크게 떠
부활하신 주님을 온 마음과 온 영혼으로
받아들여 찬양하게 하옵소서.
우리 아이들이 주님의 역사하심을 보도록
세계를 가슴에 품고 기도하게 하소서.
우리 주 예수 그리스도의 이름으로 기도합니다. 아멘!

사랑은 생명의 꽃이다. 프리드리히 보덴슈테트

4

April

어떤 어려움이 닥쳐도 흔들리지 않는 믿음을 주소서

15

내가 여호와를 항상 내 앞에 모심이여 그가 내 우편에 계시므로 내가 요동치 아니하리로다 시편 16:8

삶의 모든 문제를 해결해 주시는 하나님!

우리 자녀들이 성장할수록 믿음도 자라나

어떤 어려움이 닥쳐도 좌로나 우로나 흔들리지 않는

반석 위에 세워진 믿음을 갖게 하소서.

위험에 처했을 때에도 기도로 이겨내게 하시고

두려움과 걱정과 초조함에서 벗어나

하나님을 신뢰하므로 요동치지 않기를 원합니다.

시련과 역경에 대처할 수 있는 여유를 주시고

삶이란 전쟁터에서 늘 승리함으로

하나님께 영광을 돌리게 하옵소서.

언제나 하나님께 도움을 청하게 하시고

우리를 도우시는 하나님을 삶에서 체험하게 하소서.

아이들의 마음과 삶의 중심에

항상 하나님을 모시기 원합니다.

괴로울 때나 슬플 때나 언제 어디서나

함께하여 주시는 하나님을 따르게 하소서.

학업에 열중하다가 힘이 들 때에도

친구들과 사귀면서 어려울 때에도

꿈을 이루어가다 지칠 때에도

언제나 도우시는 하나님만을 바라보게 하소서.

우리 주 예수 그리스도의 이름으로 기도합니다. 아멘!

사랑을 방해하는 것은 아무것도 없다. 사랑은 모든 것의 내부를 파고든다. 영원히 날개를 파닥거린다. 마티어스 크라우디우스

눈동자같이 보호받는 하나님의 자녀가 되게 하소서

나를 눈동자같이 지켜주시고 주의 날개 그늘 아래 감추사 시편 17:8

날마다 변화와 성숙으로 이끄시는 하나님!
우리를 사랑하시는 하나님께서
우리들의 삶이 기도를 통하여 무르익게 하시고
열매를 풍성하게 맺게 하시니 감사드립니다.
우리 자녀들이 눈동자같이 보호받는
하나님의 자녀가 되게 하옵소서.
기도는 하나님의 자녀가 가진 가장 중요한 무기이오니
하나님과 대화를 통하여 믿음을 얻고
굳건히 서서 앞으로 나아가게 하소서.
우리 자녀들이 근심으로 매몰되지 않고
하나님의 뜻을 이루기 위한
도구로 쓰임 받기를 원합니다.
살아가면서 얼마나 부유해지는가
얼마나 오래 사는가가 중요한 것이 아니라
하나님과 세상 앞에 부끄럼이 없게 하소서.
언제 어디서나 보호하여 주시고
사랑으로 감싸주셔서 항상 새롭게 하소서.
어려서부터 하나님을 의탁하며
주님의 보호하심 속에 살아가므로
새 소망과 지혜와 용기 속에 주님의 뜻을 이루게 하소서.
우리 주 예수 그리스도의 이름으로 기도합니다. 아멘!

사랑을 얻는다는 것은 모든 것을 얻는 것이다. 안톤 체호프

죄악과 구별된 성도의 삶을 살게 하소서

너희는 내게 거룩할지어다 이는 나 여호와가 거룩하고 내가 또 너희로 나의 소유를
삼으려고 너희를 만민 중에서 구별하였음이니라 레위기 20:26

우리를 죄악에서 건져내
거룩한 백성이라 칭하신 하나님!
하나님께서 우리를 세상과 구별하여 부르시고
구원하심을 감사드립니다.
우리는 하나님이 부르신 사람들이오니
하나님이 원하시는 일을 행하게 하소서.
우리 자녀들이 새롭게 태어난 그리스도인답게
어둠이 아닌 빛 가운데 거하여서
주님의 선한 일에 동참하기를 원합니다.
믿음의 결단으로 헌신된 그리스도인이 되게 하셔서
말씀과 일치하는 삶을 살게 하옵소서.
우리 자녀들이 말씀에 따라 행동하고 생각하고 말하고
묵상하게 하사 주님의 은혜 안에 거하게 하소서.
하나님께서 거룩하시니 거룩한 삶을 살게 하시고
영원히 썩지 않는 생명의 말씀 속에 자라는 믿음이 되게 하소서.
우리 자녀들의 믿음이 흔들림 없이
하나님의 역사에 동참하기를 원합니다.
하나님을 향한 믿음은 무한한 열매를 맺게 되오니
하나님의 사랑 속에서 살게 하소서.
우리 주 예수 그리스도의 이름으로 기도합니다. 아멘!

누구에게도 사랑을 받지 못하는 것은 큰 고통이며, 누구도 사랑할 수 없다는 것은 죽음을 의미한다. 오트 그룬베르그

날마다 기도로 시작하고 기도로 마치게 하소서

나는 의로운 중에 주의 얼굴을 보리니 깰 때에 주의 형상으로 만족하리이다 시편 17:15

우리의 기도를 들으시고 응답하시는 하나님!
우리 자녀들이 아침에 깨어나서
가장 먼저 편안한 휴식을 주신 하나님께
감사의 기도로 하루를 시작하게 하소서.
기도를 통하여
어떻게 행할 것인가 인도하심을 받게 하소서.
우리 자녀들의 기도가 자기 연민이나
이기심에 사로잡혀서 헛된 것을 구하지 않고
어떤 어려운 일이 있더라도 주님께서 함께하시고
인도하심을 확신하며 따르기 원합니다.
우리 자녀들이 아침과 저녁으로 드리는 기도가
하나님의 뜻에 합당하길 원하며
매일 더욱 깊은 기도를 경험케 하옵소서.
하루 동안의 삶에도 하나님의 뜻을 따를 수 있는
지혜를 구하게 하시고 죄와 허물이 있으면
용서와 긍휼을 간구하게 하소서.
나라와 민족과 교회와 가족과 친구들을 위하여
날마다 기도하게 하소서.
우리 주 예수 그리스도의 이름으로 기도합니다. 아멘!

사랑을 하고 또 사랑을 잃는 것은 한 번도 사랑을 하지 않은 것보다 낫다. 앨프리드 테니슨

주님의 성품을 닮아가게 하소서

이로써 그 보배롭고 지극히 큰 약속을 우리에게 주사 이 약속으로 말미암아 너희로 정욕을 인하여 세상에서 썩어질 것을 피하여 신의 성품에 참예하는 자가 되게 하려 하셨으니 베드로후서 1:4

마음이 온유하고 겸손하신 주님!
우리의 몸과 영혼이 주님을 찬양하며
살아갈 수 있도록 성령께서 함께하심에 감사드립니다.
우리의 생명을 다하여 주님을 찬양하고 경배할 수 있는
믿음에 믿음을 더하여 주시기 원합니다.
우리 자녀들이 주님의 성품을 닮은
삶을 살기 원합니다.
아울러 삶의 현장에서 날마다 주님이 함께하심을
몸소 체험하게 하옵소서.
하나님의 은혜 안에서
축복을 누리며 살아가오니 늘 감사하게 하소서.
성령 충만함으로 또한
감사하는 마음이 충만하기를 원합니다.
우리 자녀들의 삶을 날마다
주님께서 순적하게 인도하여 주소서.
세상의 썩어질 것을 구하지 않고
영원한 생명을 구하며
소원을 만족시켜 주시는 주님을 따르게 하소서.
우리 주 예수 그리스도의 이름으로 기도합니다. 아멘!

사람은 사랑을 이야기하는 것에 의해 사랑하게 된다. 파스칼

4
20

예수 그리스도를 온전히 섬기게 하소서

하나님의 나라는 먹는 것과 마시는 것이 아니요 오직 성령 안에서 의와 평강과 희락이라 이로써 그리스도를 섬기는 자는 하나님께 기뻐하심을 받으며 사람에게도 칭찬을 받느니라 로마서 14:17-18

세상의 많은 길 중에서 우리의 생명이 되시는 주님!
우리에게 참된 것과 선한 것이 무엇이며
생명이 무엇인지를 깨닫게 하여 주시고
늘 함께하시는 주님께 찬양과 감사를 드립니다.
우리 자녀들이 진실한 마음으로
예수 그리스도를 온전히 섬기게 하옵소서.
세상에 참이라 말하는 소리들이 많지만
진리는 오직 주님뿐이오니
주님을 섬기므로 하나님의 칭찬을 받게 하시고
사람에게도 칭찬받을 수 있는 삶을 살게 하소서.
참된 길이 되시는 주님께서
모든 죄를 용서하여 주시고
생명의 길로 가게 하심은
축복 중의 축복이오니 홀로 영광을 받으소서.
우리 자녀들이 복된 길로 인도해 주신 주님을
날마다 온전히 섬기며 살게 하옵소서.
생명의 길과 사망의 길을 구별하며
주님만을 소망하며 살게 하소서.
날마다 복음의 기쁨을 체험하며 누리게 하옵소서.
우리 주 예수 그리스도의 이름으로 기도합니다. 아멘!

긍지는 겸허함에 싸여 있을 때 더욱 성공을 거둔다. 멜레

범사에 감사하며 살게 하소서

이는 잠잠치 아니하고 내 영광으로 주를 찬송케 하심이니 여호와 나의 하나님이여 내가 주께 영영히 감사하리이다 시편 30:12

지극히 작은 자에게 행한 일도 기억하시는 주님!
우리 마음속 감사의 시작은
모두가 주님의 사랑입니다.
우리 아이들에게 어려서부터
모든 일에 감사하는 믿음을 주시기 원합니다.
어린 시절에 사용하는 언어와 행동이
평생토록 습관이 되오니
범사에 주님께 감사하며 살게 하소서.
부모와 형제자매, 친구들과 모든 사람들에게
감사할 수 있는 마음이 열리기를 원합니다.
어려서부터 주님의 이름을 높이게 하시고
하나님의 뜻에 순복하며 살게 하옵소서.
우리 아이들이 주님의 사랑을 흠뻑 받았으니
용서하고 또 용서함을 받게 하여 주시고
악으로부터 보호하여 주시기를 원합니다.
우리 아이들의 신앙이
늘 아멘으로 화답하는 신앙이 되게 하소서.
우리 아이들을 있는 모습 그대로
사랑하여 주시니 감사를 드리며
우리 주 예수 그리스도의 이름으로 기도합니다. 아멘!

고통은 짧고 기쁨은 영원하다. 프리드리히 실러

거짓과 우상을 숭배하지 않게 하소서

내가 허탄한 거짓을 숭상하는 자를 미워하고 여호와를 의지하나이다 시편 31:6

참되시고 거짓이 없으신 하나님!
하나님께서 우리의 거룩한 아버지가 되어주셔서
우리와 우리 아이들을 사랑하시니 감사를 드립니다.
우리 아이들이 거짓과 우상을 숭배하지 않고
바른 성도의 삶을 살아가기 원합니다.
아이들이 어려서부터 영적인 훈련을 바르게 받아서
하나님은 오직 한 분뿐이심을 믿고
헛된 이단 사설과 거짓된 말에 현혹되지 않게 하소서.
아이들이 믿음을 통하여
선악에 대한 분별력을 갖게 하소서.
또한 전능하신 하나님의 창조하심과
구원하심과 천국까지 인도하여 주심을
우리 아이들이 믿도록 은혜를 내려주소서.
어린 시절의 신앙이 중요하오니
교회의 교사들에게도 은혜를 주셔서 잘 가르치게 하소서.
교회 생활에 순적하게 적응하여서
예배드리는 기쁨을 알게 하소서.
우리 아이들이 거룩한 생활을 사모하며
하나님만 바라보는 삶을 살게 하소서.
우리 주 예수 그리스도의 이름으로 기도합니다. 아멘!

기쁨은 인생의 요소이고 인생의 욕구며 인생의 활력이고 인생의 가치다. 사람은 누구나 기쁨에 대한 욕구를 가지고 있고 기쁨을 요구할 수 있는 권리를 가지고 있다. 요하네스 케플러

어떠한 환경에 처해도 두려움이 없게 하소서

23

주를 두려워하는 자를 위하여 쌓아 두신 은혜 곧 인생 앞에서 주께 피하는 자를 위하여 베푸신 은혜가 어찌 그리 큰지요 시편 31:19

우리를 은혜로 인도하시는 하나님!
구원은 모든 이들에게 열린 생명의 길이오니
우리 아이들이 어떠한 환경에 처해도 두려워하지 않고
주님을 따르기 원합니다.
하나님의 창조 섭리는 참으로 오묘하오니
우리 아이들의 삶 속에 고장나거나
부족한 부분이 있으면 고쳐주시고 채워주소서.
하나님께서 우리와 우리 자녀들을 위하여
쌓아두신 은혜를 마음껏 누리며 살게 하소서.
완벽할 수 없고 완전할 수 없는 우리가
크고 작은 시련 앞에서
하나님을 피난처로 삼아 영혼과 몸이
평안과 안식을 누리기 원합니다.
우리 아이들이 언제나 하나님을 의탁하므로
어떠한 처지와 환경과 조건에서도
두려움 없이 살기를 원합니다.
언제나 미쁘시고 의로우신
주님을 신뢰하며 살게 하소서.
우리 아이들에게 긍정적인 태도를 주셔서
날마다 기뻐하며 감사하는 삶을 살게 하소서.
우리 주 예수 그리스도의 이름으로 기도합니다. 아멘!

어떤 경우에도 기쁨이 크면 클수록 그에 앞서서 큰 고통이 따른다. 아우구스티누스

4 / 24

우리의 자녀에게 적극적인 믿음을 주소서

너의 하나님 여호와가 너의 가운데 계시니 그는 구원을 베푸실 전능자시라 그가 너로 인하여 기쁨을 이기지 못하여 하시며 너를 잠잠히 사랑하시며 너로 인하여 즐거이 부르며 기뻐하시리라 하리라 스바냐 3:17

비전을 주시는 하나님!
우리에게 귀한 자녀를 허락하시고
사랑으로 기르게 하심을 감사드립니다.
우리 아이들이 어려서부터 주님을 사랑하고
주님과 동행하며 주님만을 섬기는
적극적인 믿음으로 살기를 원합니다.
주님께서 허락하신 재능을 알게 하시고
주님의 인도하심에 따라 살게 하옵소서.
주님의 부드러운 손길로 인도하여 주시고
연약할 때 손을 잡아 붙들어주옵소서.
힘들어 지칠 때 어깨를 붙잡아주셔서 힘을 주시고
실수할 때에도 따뜻한 사랑으로 감싸주시기를 원합니다.
어려서부터 세계를 향한 비전을 품고
그 비전을 이루어갈 수 있는
지혜와 믿음을 주시기 원합니다.
우리 아이들의 믿음의 시야를 넓혀주시고
주님께서 주시는 영적인 능력을 잘 발휘하게 하소서.
부모인 우리들도 적극적인 믿음으로
아이들을 주님 앞으로 인도하게 하소서.
우리 주 예수 그리스도의 이름으로 기도합니다. 아멘!

이 세상의 기쁨은 완전한 것이 아니다. 기쁨에는 고통의 맛이 섞여야 하고 벌꿀에는 땀방울이 섞여야 한다. 롤랭하겐

4
25
하나님이 주시는 복의 근원이 되게 하소서

내가 너로 큰 민족을 이루고 네게 복을 주어 네 이름을 창대케 하리니 너는 복의 근원이 될지라 창세기 12:2

우리에게 축복을 누리게 하시는 하나님!
우리의 삶에 열매 맺기를 원하시는
하나님의 인도하심을 바라봅니다.
나무들이 열매를 맺을 때 풍성함이 있고
다시 새롭게 태어나기 위한 씨앗을 남길 수 있음을 압니다.
나무에 열매가 맺히면 가꾸는 농부도 기뻐하오니
우리와 우리 아이들도 주님께서 주시는 복을 따라
열매 맺는 삶을 살게 하소서.
우리 자녀들의 삶이 하나님 안에서
만복의 근원이 되게 하시고
그 축복을 누리며 살게 하소서.
아이들이 삶에서 합당한 열매를 맺어 축복을 누리게 하소서.
우리 아이들이 받은 축복을 이웃과 나누게 하시고
주님이 보시기에 아름다운 삶을 살게 하소서.
육체적인 욕심에 이끌린 삶이 아니라
성령의 열매를 맺으며 살게 하소서.
우리 아이들이 하나님이 주시는 축복을
크고 넓고 깊게 마음껏 누리며 영광을 돌리기 원합니다.
우리 주 예수 그리스도의 이름으로 기도합니다. 아멘!

하늘이 치유할 수 없는 슬픔은 이 세상에 존재하지 않는다. 토머스 모어

아이들이 건강하게 자라게 하소서

아기가 자라며 강하여지고 지혜가 충족하며 하나님의 은혜가 그 위에 있더라
누가복음 2:40

자비로우신 손길로 우리를 죄악의 수렁에서 건져주신 주님!
세상을 살아가는 여러 가지 방법 중에서
우리에게 생명의 길을 안내하시는 이는 오직
주님뿐임을 알게 하시니 감사드립니다.
우리 아이들이 하나님의 손길 속에
건강하게 자라나기를 원합니다.
살아가면서 꿈과 비전이 잘 이루어지지 않을 때에도
괴롭고 외로울 때에도
비참해지고 침울한 마음이 될 때에도
빛으로 인도하는 주님의 손길을 붙잡게 하옵소서.
우리 아이들이 성장해가며 만나는
갖가지 상황과 형편과 환경에도 잘 적응하게 하소서.
무조건 편하고 안전하게
자라는 것이 꼭 좋은 것은 아니오니
어떠한 환경에서도 잘 견딜 수 있는
바르고 건강한 믿음을 주시기 원합니다.
우리 아이들이 폭풍우가 몰아치고
사나운 물결 힘겨운 고통의 순간에도
주님의 손길을 붙잡고 의지하게 하소서.
우리 주 예수 그리스도의 이름으로 기도합니다. 아멘!

아름다운 장미는 가시 위에서 피고, 슬픔 뒤에는 반드시 기쁨이 있다. 윌리엄 스미스

4 아이들이 자라가며 하나님께 영광을 돌리게 하소서

아이가 자라매 젖을 떼고 이삭의 젖을 떼는 날에 아브라함이 대연을 배설하였더라
창세기 21:8

우리에게 자녀를 주시고 믿음으로 양육하게 하시는 주님!
생명을 천하보다 귀하게 여기시고 사랑하여 주시는
주님의 무한하신 사랑에 감사를 드립니다.
부모인 우리가 먼저 하나님께 기도함으로
기도하는 법을 자연스럽게 배우고
자라가며 하나님께 영광을 돌리는 일들이
점점 더 많아지게 하소서.
집에서 기도 시간과 예배 시간을 갖게 하시고
늘 자녀들을 위하여 기도하고 사랑하므로
아이들이 믿음 안에서 자라게 하소서.
항상 주님 앞에 무릎 꿇는 삶을 살게 하시고
아이들을 올바르게 가르쳐 바르게 인도하도록
부모인 우리에게 믿음과 지혜를 주옵소서.
주님이 사랑이 많으신 분임을
우리 아이들이 경험하게 하시고
무한하신 능력 속에 자라게 하소서.
어려서부터 순수하고 정직하며 고운 마음으로
하나님을 알고 하나님을 온전히 신뢰하며 살게 하소서.
우리 주 예수 그리스도의 이름으로 기도합니다. 아멘!

슬픔은 가장 좋은 친구이며 사람에게 엄청난 기쁨을 안겨다준다. 로맹 롤랑

예수 그리스도의 흔적을 갖게 하소서

이후로 누구든지 나를 괴롭게 말라 내가 내 몸에 예수의 흔적을 가졌노라
갈라디아서 6:17

십자가 구속의 사랑으로 함께하시는 주님!
주님께서 사람의 모습으로 오셔서
말구유에 태어나시고 십자가의 사랑으로
구원하심을 감사드립니다.
자녀들에게 주님을 믿음이 평생의 자랑이 되게 하시고
저들의 삶에 예수 그리스도의 흔적을 갖게 하소서.
우리 아이들이 기도함으로
주님의 흔적을 갖게 하소서.
우리 아이들이 꿈과 비전을 이루어가며
주님의 흔적을 갖게 하소서.
우리 아이들이 주님을 사랑하고 섬김으로
주님의 흔적을 갖게 하소서.
우리 아이들이 빛과 소금의 직분을 다하므로
주님의 흔적을 갖게 하소서.
우리 아이들의 모든 삶에
예수님의 흔적을 갖게 하소서.
우리의 주 예수 그리스도의 이름으로 기도합니다. 아멘!

즐거움을 기대하는 것은 또한 하나의 즐거움이다. 고트홀트 레싱

예수 그리스도로 옷 입게 하소서

누구든지 그리스도와 합하여 세례를 받은 자는 그리스도로 옷 입었느니라
갈라디아서 3:27

우리들의 삶에 필요한 것들을 채워주시는 주님!
환경과 처지와 형편에 따라
입는 옷의 모양이 달라지듯
우리 아이들도 믿음 안에서 예수 그리스도로 옷 입어
구원받은 삶을 살게 하소서.
예수 그리스도로 옷 입은 우리 모두가
의인의 축복을 누리며 살게 하옵소서.
우리 아이들이 온 힘을 다하여
주님을 사랑하며 경배하기를 원합니다.
죄를 자백함으로써 모든 죄에서 벗어나게 하시고
감사하는 삶으로 주님의 임재하심을 깨닫게 하소서.
등이요 빛이 되시는 주님의 말씀에 따라
우리 아이들이 인도함을 받게 하소서.
말씀으로 살 때 힘을 얻게 하시고
말씀 속에서 삶의 해답을 얻게 하소서.
우리 아이들이 기도하는 삶의 모본을 보이신
주님을 닮아가며 기도하게 하소서.
항상 주님을 바라보며 사는 아이들이 되기를 원하며
우리 주 예수 그리스도의 이름으로 기도합니다. 아멘!

고통은 사람의 위대한 교사다. 영혼은 고통의 입김을 통해서 자란다. 에센바흐

주 안에서 배우고 듣고 본 바대로 행하게 하소서

너희는 내게 배우고 받고 듣고 본 바를 행하라 그리하면 평강의 하나님이 너희와 함께 계시리라 빌립보서 4:9

놀라우신 사랑이 충만한 주님!
우리 자녀들이 주 안에서
배우고 듣고 본 바대로 행하게 하소서.
주님의 말씀에 가슴이 뛰는 감격이 있게 하시고
주님의 행하심에 감동이 넘치기를 원합니다.
우리 자녀들이 세상의 일로 주님을 멀리하는
어리석고 미련한 일이 없게 하옵소서.
주님이 천지 만물을 창조하시고
새롭게 하신 일들을 알고 믿어
주님을 온전히 찬양하며 살게 하옵소서.
삶 속에서 항상 주님의 말씀에
귀를 기울이게 하시고
매 순간마다 주님의 음성을 듣기 원합니다.
주님의 임재하심을 믿고
모든 일을 행하게 하소서.
우리와 우리 자녀들이 가정에서 기도함으로
주님과 늘 가까이 살게 하시고
우리들을 축복하여 주시는
은혜 안에서 살게 하옵소서.
우리 주 예수 그리스도의 이름으로 기도합니다. 아멘!

고통스러울 때는 자기보다 더욱 불행한 사람이 있다는 것을 생각하라. 폴 고갱

5
May

사랑과 축복이 넘치는
가정이 되게 하소서

한 가족의 꾸밈없는 웃음은

한 가족의 꾸밈없는 웃음은
작은 천국을 이루어주고
서로의 마음속에 기쁨의 꽃을 피워줍니다

하나님의 은혜 속에 받는
아버지와 어머니의 사랑은
자녀들의 삶의 뜰 안에
내일의 소망을 하나씩하나씩 열매 맺게 해줍니다

세월이 흐를수록
나이가 드실수록 더 간절해지시는
부모님의 간절한 기도 속에
온 가족의 삶에 하나님의 응답이 가득합니다

하나님의 은총 속에
사랑으로 기도로 이루어진
한 가족의 평안과 소망과 사랑은
아무도 빼앗아갈 수가 없습니다

하나님의 자녀들의 모든 삶은
성령께서 인도하여 주시고
언제나 구원의 기쁨 속에
하나님의 영광을 나타냅니다

- 용혜원 -

주님의 사랑이 넘치는 가정이 되게 하소서

주 예수를 믿으라 그리하면 너와 네 집이 구원을 얻으리라 사도행전 16:31

사랑의 공동체인 가정을 허락하신 주님!
우리 가정에 사랑과 화목과 기쁨이 넘치게 하여 주시고
주님의 은혜로 인도하여 주옵소서.
가족 한 사람 한 사람 모두가 소중하오니
주님께서 사랑으로 축복하옵소서.
우리 가족 모두가 주님 앞에 예배 드리기를 기뻐하며
서로 믿고 사랑하며 살아가길 원합니다.
우리 아이들이
항상 주님의 사랑 속에 자라게 하옵소서.
우리 가정이 사랑의 공동체, 믿음의 공동체,
섬김의 공동체가 되게 하시고
주님을 향한 믿음에 열심을 더하게 하옵소서.
가족들이 맡은 일에 최선을 다해 노력하며
건실한 가족 구성원이 되게 하소서.
부모는 자녀를 사랑하고 자녀는 부모를 사랑하여
주님과 이웃들 보기에 아름답고
복된 가정이 되게 하옵소서.
언제나 주님만을 바라보며
주님의 인도하심을 받는 믿음의 가정이 되게 하소서.
우리 주 예수 그리스도의 이름으로 기도합니다. 아멘!

눈물은 우리가 갈망하는 모든 것을 바친다. 호메로스

5

아이들이 부지런하게 하소서

부지런하여 게으르지 말고 열심을 품고 주를 섬기라 **로마서 12:11**

2

믿음의 주요 우리를 온전하게 하시는 주님!
우리 아이들이 땀 흘림을 기뻐하게 하시고
땀 흘린 소득을 감사해 하며 살게 하소서.
아이들이 모든 일에 부지런하여서
나태하거나 게으르지 않도록 인도하소서.
베짱이와 개미의 이야기처럼
놀기만 하는 베짱이가 아니라
열심히 일하는 개미처럼 미래를 준비하게 하소서.
불로소득으로 살려고 하는
허황된 마음을 없애주시고
삶의 밭을 열심히 개간하여 얻은 열매로
기뻐하며 살아가게 하옵소서.
우리 아이들의 마음에 공짜의식이나
한탕주의적 사고방식이 사라지게 하셔서
학업을 연마할 때나 직업을 갖거나
어떠한 일을 하더라도 최선을 다하고
주님께도 충성하며 살아가게 하소서.
우리 자녀들이 온 마음과 온 정성을 다하여
믿음으로 열매를 맺으며 살게 하소서.
우리 주 예수 그리스도의 이름으로 기도합니다. 아멘!

많이 웃는 사람은 행복하고 많이 우는 사람은 불행하다. 아르투르 쇼펜하우어

모든 사람들을 사랑할 수 있는 마음을 주소서

할 수 있거든 너희로서는 모든 사람으로 더불어 평화하라 **로마서 12:18**

3

사랑이 언제나 충만하신 주님!
이 세상에 사랑의 힘보다 더 놀라운 힘은 없으니
우리 아이들에게 모든 사람들을
사랑할 수 있는 마음을 주소서.
주님을 가장 먼저 사랑함으로
주님의 사랑에 빠져 사랑을 배우게 하시고
그 배운 사랑을 실천하며 살게 하소서.
주님이 가장 기뻐하는 삶이
영혼을 사랑하는 삶이오니
한 영혼 한 영혼 귀한 영혼들을
사랑하며 살게 하소서.
주님께서 사랑으로 우리를 구속하신 것처럼
우리 아이들도 주님의 십자가의 사랑을 알아
사랑을 나누며 살게 하옵소서.
사랑은 모든 것을 가능하게 하는
힘과 능력을 주오니
주님께 사랑하는 은사를 구하여
사랑 속에 살게 하소서.
사랑의 축복이 늘 충만함을 믿으며
우리 주 예수 그리스도의 이름으로 기도합니다. 아멘!

사람은 웃을 수 있는 능력을 부여받은 유일한 동물이다. 풀크 그레빌

5 May

참고 기다릴 줄 아는 인내심을 주소서

4 사랑은 오래 참고 사랑은 온유하며 고린도전서 13:4

처음과 나중이 되시는 주님!

우리가 주님께로 돌아올 때까지 기다려주셔서

거듭나게 하시고 은혜를 체험케 하시고

주 안에서 살아갈 수 있도록 인도하시니 감사드립니다.

길이 참으시는 주님의 마음처럼

자녀들에게도 참고 기다릴 줄 아는 인내심을 주소서.

모든 계단도 첫 계단에서 시작하며

단추도 첫 단추부터 꿰어야 하듯이

한 걸음 한 걸음씩 주님과 동행하며 살게 하소서.

모든 일들을 순차적으로 진행하여

좋은 결과로 좋은 열매를 맺게 하옵소서.

큰 나무가 한순간에 다 자랄 수가 없듯이

성장해 가면서 주님께 더욱더 쓰임 받게 되기를 원합니다.

모든 일에 조급해 하지 않고 순서를 기다리게 하시고

학업과 맡은 일을 끈기 있게 이루어가게 하셔서

좋은 결과를 얻게 하옵소서.

사랑의 마음으로 오래 참고 온유하여서

주님의 뜻을 기다리며 이루어가기를 원합니다.

우리 주 예수 그리스도의 이름으로 기도합니다. 아멘!

웃음은 마치 음악 같은 것이다. 웃음이 마음속에 깃들어 그 멜로디가 들리는 장소에서는 인생의 여러 가지 재앙은 사라져버린다. 다니엘 샌더스

5

질투심으로 죄를 짓지 않게 하소서

투기하는 자가 되지 아니하며 고린도전서 13:4

어린이들이 주님께로 오는 것을 기뻐하시는 주님!

우리 아이들의 영혼이

푸른 하늘처럼 맑고 푸르게 자라기를 원합니다.

아이들의 마음이 시냇물처럼

곱고 깨끗하게 흐르기를 원합니다.

다른 친구들을 미워하고 시기함으로

죄를 짓지 않게 하옵소서.

다툼을 일으키면 서로에게 상처를 주고

상처를 받음으로 아픔이 가득해지오니

주님의 마음을 닮아 곱고

아름답게 자라기를 원합니다.

주님께서 아이들과 같지 않으면

천국에 갈 수 없다고 하셨으니 순수하고 깨끗하게

거짓 없는 사랑으로 잘 성장하게 하옵소서.

악해야 잘 산다는 잘못된 생각을

부모들이 먼저 버리게 하시고

남을 무너뜨리고, 꺾고, 깎아내려야 잘 될 수 있다는

생각을 버리고 서로가 격려하며 사랑하므로

주님의 사랑 안에서 하나가 되게 하소서.

우리 아이들을 주님의 사랑으로 키워주심을 믿고

우리 주 예수 그리스도의 이름으로 기도합니다. 아멘!

웃음을 모르는 사람은 항상 오만하고 자만심에 가득 차 있는 사람이다. 윌리엄 사커레이

5

6

주님께 삶의 길을 지도받게 하소서

너는 범사에 그를 인정하라 그리하면 네 길을 지도하시리라 잠언 3:6

우리에게 믿음을 주시는 주님!
주님의 말씀을 듣게 하셔서 모든 일들이
주님으로부터 이루어짐을 알게 하시니 감사드립니다.
부모로서 자녀들을 교육함에 부족함이 많으니
주님께서 우리 아이들의 삶을 인도하옵소서.
주님의 말씀이 가르치는 바를 확실히 깨달아
삶에서 행함으로 분명히 정한 바를 향하여 나아가게 하소서.
주님께서 선장 되시는 복음의 배에 올랐으니
모든 것을 맡기고 의지하게 하소서.
우리 아이들이 의롭게 살기를 원합니다.
우리 아이들이 말씀 속에서
하나님과 동행하는 은혜를 입게 하시고
맡겨진 사명을 잘 감당하게 하소서.
주님 안에서 말씀을 통하여
깊은 사랑을 나누게 하시고
주님의 약속하심을 믿고 살아가게 하소서.
우리 아이들의 삶을 주께서 인도하여 주시니
형통함이 있을 줄 믿습니다.
우리 주 예수 그리스도의 이름으로 기도합니다. 아멘!

용기 있는 곳에 희망이 있다. 코르넬리우스 타키투스

인격이 바르게 자라게 하소서

7

복 있는 사람은 악인의 꾀를 좇지 아니하며 죄인의 길에 서지 아니하며 오만한 자의
자리에 앉지 아니하고 오직 여호와의 율법을 즐거워하며 그 율법을 주야로 묵상하는
자로다 시편 1:1-2

우리와 늘 동행하시는 하나님!
아이들이 주님의 인격을 닮아
겸손하게 자라게 하소서.
아이들이 순수하게 자라게 하소서.
아이들이 온유하게 자라게 하소서.
아이들이 진실하게 자라게 하소서.
아이들이 아름답게 자라게 하소서.
아이들이 정결하게 자라게 하소서.
아이들이 정직하게 자라게 하소서.
아이들이 사랑으로 자라게 하소서.
아이들이 책임을 다하며 자라게 하소서.
하나님께서 말씀으로 임하여 강건하게 하시고
날마다 영광을 돌리기를 원합니다.
우리 아이들이 신실한 마음으로 살아갈 수 있도록
성령의 은혜를 허락하소서.
하나님께서 용서하신 것같이
용서하며 살기를 원합니다.
하나님께서 은혜를 베푸셔서 구원함을 받았으니
그 사랑과 그 은혜 속에서 바른 삶을 살아가게 하소서.
우리 주 예수 그리스도의 이름으로 기도합니다. 아멘!

겁쟁이는 죽음을 두려워하지만, 용기 있는 사람은 촛불처럼 미약하게 사는 것보다 사
라지는 쪽을 선택한다. 월터 로리

5

지혜롭게 자라는 자녀가 되게 하소서

8

예수는 그 지혜와 그 키가 자라가며 하나님과 사람에게 더 사랑스러워 가시더라
누가복음 2:52

모든 만물을 새롭게 하시는 주님!

우리를 사랑하여 주시고 함께하여 주셔서

솔로몬에게 지혜를 주신 것처럼

우리 아이들에게도 지혜를 주옵소서.

우리 아이들이 주님의 사랑으로 성장하게 하시고

주님 보시기에 아름다운 삶을 살아가기 원합니다.

우리 아이들이 감정에 따라 살지 않게 하시고

말씀의 인도하심을 받아 살게 하옵소서.

개인적인 생각에 따라 살지 않게 하시고

성령의 인도하심 따라 지혜롭게 살게 하소서.

우리 아이들이 해야 할 말과

해서는 안 되는 말을 구별하고

해야 할 일과 해서는 안 되는 일을 구별하게 하소서.

우리 아이들이 기다릴 때와

달려갈 때를 구별하게 하소서.

모든 일을 성난 마음, 원망하는 마음,

급한 마음으로 결정하지 않기를 원합니다.

안정된 마음으로 기도하며 주님의 뜻을 이루게 하여 주소서.

우리 자녀들에게 지혜를 주시는

우리 주 예수 그리스도의 이름으로 기도합니다. 아멘!

직업에는 귀천이 없다. 불성실한 것은 게으름이다. 헤시오도스

5 May

믿음 속에 건강하게 성장하게 하소서

9

그것(지혜)은 얻는 자에게 생명이 되며 그 온 육체의 건강이 됨이니라 잠언 4:22

우리의 믿음과 소망과 사랑이 되시는 하나님!
아무리 아름다운 나무일지라도
바위 위에서는 결코 자라날 수 없습니다.
아무리 아름다운 꽃도 사막에서는
마음껏 찬란하게 꽃을 피울 수 없습니다.
살아 있는 물고기도 물 없는 곳에서는 살 수 없습니다.
사랑이 되시는 주님 안에서
우리 아이들이 믿음으로 건강하게 자라게 하소서.
주님이 함께하시면 씩씩하고 튼튼하게 성장하오니
언제나 어느 때나 주님이 함께하셔서
능력과 권능으로 붙들어주시기를 원합니다.
아이들의 믿음이 강해져서 주님을 잘 알게 하시고
하나님의 섭리에 관심을 가지고 살게 하소서.
믿음의 결단을 통하여 주님께 헌신하게 하시고
잘 섬기는 아이들이 되게 하옵소서.
영육이 강건하여야 주님께 쓰임 받을 수 있으니
우리 아이들이 주님의 손길 안에서
더욱더 건강하게 자라나기를 원합니다.
주님을 아는 지혜와 사랑 속에
몸도 영도 정서도 건강하게 자랄 줄을 믿으며
우리 주 예수 그리스도의 이름으로 기도합니다. 아멘!

사람이 여행을 떠나는 것은 도착하기 위해서가 아니라 떠나기 위해서이다. 괴테

교만하거나 거만한 마음을 갖지 않게 하소서

교만은 패망의 선봉이요 거만한 마음은 넘어짐의 앞잡이니라 잠언 16:18

모든 만물을 아름답게 창조하신 하나님!
성령이 인도하시는 대로 마음을 잘 경영하게 하시고
선하고 넉넉한 마음으로 살아가기를 원합니다.
우리 아이들의 마음이 주님을 닮아 선하게 하셔서
교만하거나 거만한 마음을 갖지 않게 하소서.
우리 자녀들이 겸손한 마음으로
사람들과 친구들을 대하게 하시고
몸과 마음이 하나님이 원하시는
모습으로 변화되기를 원합니다.
아이들의 마음을 견고하게 하여 주시고
아이들의 몸을 건강하게 하여 주시고
아이들의 영혼이 날마다 새로워지기를 원합니다.
불건전한 것들의 유혹에 빠지지 않게 하시고
쓸데없는 체면치레 때문에 헛된 것을 바라지 않게 하소서.
아이들의 마음이 성령의 역사와 사랑으로
변화되어서 교만하거나 거만함으로
쓰러짐을 당하지 않게 하옵소서.
하나님의 축복하심으로 아이들의 마음이
따뜻하고 정결하기를 원하며
우리 주 예수 그리스도의 이름으로 기도합니다. 아멘!

사람은 먹기 위해서 사는 것이 아니라 살기 위해서 먹는 것이다. 소크라테스

결혼할 때 배우자를 잘 만나게 하소서

11

선악을 알게 하는 나무의 실과는 먹지 말라 네가 먹는 날에는 정녕 죽으리라 하시니
라 여호와 하나님이 가라사대 사람의 독처하는 것이 좋지 못하니 내가 그를 위하여
돕는 배필을 지으리라 하시니라 창세기 2:17-18

남자와 여자를 창조하시고 가정을 이루게 하신 하나님!

우리 자녀들이 성장하여 결혼할 때

좋은 배우자를 잘 만나기 원합니다.

서로 사랑하는 자들이 하나님의 축복을 받아

가정을 만드는 것이오니 주님 홀로 인도하소서.

서로 사랑하여 만난 두 사람이

믿음이 통하고 성격이 맞게 하시고

하나님을 온전히 섬기는 사람이 되게 하소서.

우리 자녀들이 만나는 배우자가

몸과 영혼이 건강하게 하시고

가정이 화목하게 하시고

마음도 건강하며 영혼도 매일매일 새롭게 하소서.

두 사람이 일평생 동안 하나님의 축복을 받으며

열심히 일한 보람으로 살게 하시고

축복하여 주셔서 자녀를 낳게 하시고

축복된 물질과 온전한 직업을 주시기 원합니다.

사랑으로 만나 가정을 이루어 하나님 보시기에

아름다운 삶을 살게 하시고 믿음의 본을 보이고

항상 기도와 말씀 묵상이 함께하는 가정이 되게 하소서.

우리 주 예수 그리스도의 이름으로 기도합니다. 아멘!

어떤 책은 맛을 음미하고 어떤 책은 그것을 삼켜야 하고 어떤 책은 반드시 소화시켜야
한다. 프랜시스 베이컨

5

May

고난당할 때 기도하게 하소서

12

너의 중에 고난당하는 자가 있느냐 저는 기도할 것이요 즐거워하는 자가 있느냐 저는
찬송할지니라 야고보서 5:13

우리의 영적인 속성을 회복하시는 주님!

주님의 뜻을 이루어갈 수 있는

믿음과 용기를 주시니 감사드립니다.

누구에게나 하늘에서 비가 내리듯이

고난과 역경이 그냥 비켜가는 사람은 한 명도 없으니

우리 아이들이 어려움을 당할 때

기도함으로 이겨내게 하소서.

욕심만 내는 심술궂은 마음을 없애주시고

하나님의 축복을 받았음에도 감사하지 않아

고난을 불러들이지 않기를 원합니다.

조금만 손해를 보고 상처를 입어도

분한 마음으로 상대를 괴롭힘으로

자신의 마음도 상하는 일이 없게 하소서.

우리 아이들이 남의 실수나 결점만 보거나

남을 모함하는 입술이 되거나

불평 불만이 가득하여 도리어 화를 당하지 않게 하소서.

고난당할 때는 기도하게 하시고

기쁠 때는 찬양하는 지혜로운 자가 되어

항상 주님과 동행하기를 바라며

우리 주 예수 그리스도의 이름으로 기도합니다. 아멘!

인생에서 무엇보다도 어려운 일은 거짓말을 하지 않고 사는 것이다. 그리고 자기 자신의 거짓말을 믿지 않는 것이다. 표도르 도스토예프스키

말씀으로 가르치게 하소서

13

그러나 너는 배우고 확신한 일에 거하라 네가 뉘게서 배운 것을 알며 또 네가 어려서 부터 성경을 알았나니 성경은 능히 너로 하여금 그리스도 예수 안에 있는 믿음으로 말미암아 구원에 이르는 지혜가 있게 하느니라 디모데후서 3:14-15

지식과 지혜의 근본이 되시는 하나님!
우리 자녀들을 믿음 가운데
잘 자라도록 인도하여 주시기 원합니다.
우리 자녀들에게 하나님의 유일하심을 가르쳐
창조주 하나님이심을 믿게 하소서.
우리 자녀들을 주님의 말씀 안에서 훈육시켜 주시고
모든 현실과 상황에 맞추어 잘 적응하게 하소서.
자녀들에게 기도하므로 분별력을 가르치게 하소서.
우리 자녀들에게 책임감을 가르쳐
맡겨진 일들을 잘 감당할 수 있게 하소서.
절제와 겸손을 가르치게 하시고
잘못에 대하여 책임을 지는 아이로 가르치게 하소서.
우리 아이들이 나이에 걸맞게 성장하게 하소서.
과잉보호하지 않게 하시고
아이들을 편애하지 않고
기를 꺾지 않고 인정해 주며
주님의 사랑을 가르치게 하소서.
우리 주 예수 그리스도의 이름으로 기도합니다. 아멘!

가장 나쁜 거짓말은 가장 진실에 가까운 거짓말이다. 앙드레 지드

5 May

14 저축하는 삶을 살게 하소서

중한 변리로 자기 재산을 많아지게 하는 것은 가난한 사람. 불쌍히 여기는 자를 위하여 그 재산을 저축하는 것이니라 잠언 28:8

모든 물질의 주인이 되시는 하나님!
우리 자녀들이 하나님으로부터
물질의 축복을 받아 살기를 원합니다.
먼저 심령부터 변화되어 옥토가 되게 하시고
하나님의 말씀을 받아 30배 60배 100배의
결실을 맺게 하옵소서.
삶이란 밭을 잘 개간하여 얻은 소득을
무조건 쓰고 보자는 식의 낭비벽을 없게 하시고
저축하는 습관을 갖게 하옵소서.
우리 자녀들이 지나치게 물질을 아끼다가
어려움을 당하지 않게 하시고
물질로 인하여 이웃과 불화하거나 고리대금을 하여
이웃에게 어려움과 상처를 주지 않게 하소서.
우리 자녀들이 주신 물질을 통하여
하나님의 영광을 드러내게 하시고
이웃을 사랑하므로 더 큰 축복과 사랑을 받게 하소서.
물질이 있는 곳에 마음이 있다고 하셨으니
인색함 없이 사랑을 나누며 살게 하소서.
우리를 날마다 축복하여 주시는
우리 주 예수 그리스도의 이름으로 기도합니다. 아멘!

모든 인간의 일생은 하나님의 손으로 그려진 동화다. 안데르센

하나님을 찬양하는 삶을 살게 하소서

여호와께 노래하라 너희는 여호와를 찬양하라 가난한 자의 생명을 행악자의 손에서
구원하셨음이니라 예레미야 20:13

우리의 찬양을 받으시기를 원하시는 하나님!
생명의 빛 가운데로 우리를 인도하옵소서.
구원받은 기쁨을 주셔서 그 감격과 그 감동으로
하나님을 예배하며 찬양하게 하심을 감사드립니다.
우리 아이들이 하나님을 찬양하는 삶을 살게 하소서.
성령 충만함으로 범사에 감사하며
하나님을 더욱더 찬양하게 하소서.
찬양은 사단을 잠잠하게 할 뿐 아니라
그리스도인들의 신앙의 표현이오니
날마다 찬양하며 살게 되기를 원합니다.
찬양과 기도가 우리의 입술로부터 시작되오니
우리 자녀들도 입술로 하나님을 찬양하게 하소서.
찬양은 승리하는 삶으로 이끄오니
하나님께 힘 있는 찬양을 드리게 하셔서
날마다 함께하심을 우리와 느끼기 원합니다.
우리 자녀들이 예배로 영광을 돌리고
은혜 가운데 찬양함으로
날마다 주님께 나아가게 하소서.
우리 주 예수 그리스도의 이름으로 기도합니다. 아멘!

인생이란 만남이고, 그 초대는 두 번 다시 되풀이되는 일이 없다. 한스 카로사

5

May

16

헌금을 바르게 드리게 하소서

만군의 여호와가 이르노라 너희의 온전한 십일조를 창고에 들여 나의 집에 양식이 있게 하고 그것으로 나를 시험하여 내가 하늘 문을 열고 너희에게 복을 쌓을 곳이 없도록 붓지 아니하나 보라 말라기 3:10

사랑과 자비가 풍성하신 하나님!
우리 자녀들이 어려서부터 예배를 드릴 때
하나님께 헌금을 바르게 드리게 하소서.
용돈이나 수입이 있을 때 가장 먼저
하나님의 것을 구별하여 드리게 하소서.
감사헌금이나 주일헌금이나 어떤 헌금도
쓰고 남은 것을 드리는 것이 아니라
언제나 정성껏 준비하여 드림으로
하나님께 물질로서 온전한 영광을 돌리게 하소서.
우리 자녀들이 어려서부터 헌금을 바르게 드림으로써
성장하여서도 아낌없이, 인색함이 없이 기쁘게 드리고
하나님의 일에 헌신할 수 있도록 축복하여 주소서.
성령으로 인도하여 주셔서
언제나 하나님 앞에 바로 선 믿음을 갖게 하소서.
우리를 구속하기 위해 목숨을 내놓으신
주님 앞에 물질로도 헌신된 삶을 살아가게 하사
하나님이 보시기에 아름답게 하소서.
우리 자녀들의 헌금을 받아주시고 축복하여 주심을 믿습니다.
우리 주 예수 그리스도의 이름으로 기도합니다. 아멘!

기회는 모든 노력의 최상의 선장이다. 소포클레스

하나님을 의지하여 사람을 두려워하지 않게 하소서

사람을 두려워하면 올무에 걸리게 되거니와 여호와를 의지하는 자는 안전하리라
잠언 29:25

우리의 방패가 되시며 힘이 되시는 하나님!
우리 자녀들이 하나님을 의지하므로
사람을 두려워하지 않게 하소서.
우리 자녀들이 살아가는 모든 길에서
만나는 사람들을 두려움 없이
믿음과 사랑으로 대하게 하소서.
우리 자녀들이 사람들을 만나고 함께하면서
아무런 부족함이 없기를 원합니다.
어려서부터 대인관계를 할 때
무엇이 옳고 그른가를 알게 하셔서
사람의 중심을 볼 수 있는 안목과 지혜를 주옵소서.
아울러 사람들을 만날 때 비전을 가지고
만날 수 있도록 인도하옵소서.
헛된 말로 실수하거나 이룰 수 없는 계획으로
실망시키거나 실효성이 없는 일로 사람들과의 관계가
어그러지는 일들이 일어나지 않게 하소서.
언제나 신뢰와 믿음과 우정과 기도로
꿈을 이루어가기 원합니다.
우리 자녀들이 하나님 안에서 의롭게 살게 하소서.
우리 주 예수 그리스도의 이름으로 기도합니다. 아멘!

성공에는 어떤 속임수도 없다. 나는 나에겐 주어진 일에 전력을 다했을 뿐이다. 앤드루 카네기

아이들에게 도전정신과 개척정신을 주소서

형제들아 너희는 선을 행하다가 낙심치 말라 데살로니가후서 3:13

우리의 심령을 새롭게 하시는 주님!

우리 아이들의 생각이

선하고 의롭게 꽃피워 열매를 맺게 하소서.

친구들과 잘 어울리며

인간관계 속에 기쁨을 누리게 하소서.

우리 아이들이 꿈과 비전을 갖고

도전정신, 개척정신으로 주님의 일을 하게 하소서.

우리 아이들이 이성에 대한 마음을 잘 다스리게 하시고

죄책감에 시달리는 일을 하지 않게 하소서.

아이들이 바른 대화로

사람들과 사귐에 부족함이 없게 하소서.

우리 아이들이 다양한 경험으로

미래를 향하여 나가게 하시고 실패하지 않게 하소서.

어떠한 상황에서도 불분명하고 혼란스러움에서

벗어나게 하시고

맡겨진 임무에서 성취하게 하소서.

올바른 신앙으로 믿음 안에서

하나님의 자녀답게 살게 하소서.

우리 주 예수 그리스도의 이름으로 기도합니다. 아멘!

성공의 가장 빠른 지름길은 일을 사랑하는 것이다. 츄크

참마음과 온전한 믿음으로 나아가게 하소서

우리가 마음에 뿌림을 받아 양심의 악을 깨닫고 몸을 맑은 물로 씻었으니 참 마음과
온전한 믿음으로 하나님께 나아가자 히브리서 10:22

우리의 삶을 살펴주시는 주님!
우리로 하여금 주님을 바라보게 하시고
주님을 의지하게 하시고 믿게 하심을 감사드립니다.
우리 자녀들이 주님 보시기에
합당하고 아름다운 삶을 살기 원합니다.
항상 주님과 동행하는 삶을 살게 하셔서
주님의 음성을 듣게 하시고
말씀을 통하여 진리를 깨닫게 되기 원합니다.
우리 자녀들이 주님의 사랑을 많이 받고 있으니
참마음과 온전한 믿음으로 나아가게 하소서.
주님의 보혈로 깨끗이 씻음 받은 성도답게
삶의 계획표만을 이루려 하는 욕심을 내거나
불의와 타협하여 헛된 것을 도모하지 않게 하시고
날마다 기도함으로 우리를 인도하여 주시는
세미한 주님의 음성을 듣게 하옵소서.
우리 자녀들이 주님의 말씀대로 살아
바른 길, 생명의 길에서 벗어나지 않게 하시고
온 마음과 온 생명을 다 바쳐서 주님의 뜻을 이루며
주님의 영광을 드러내게 하소서.
오늘도 함께하시는 주님께 영광을 돌리기를 바라며
우리 주 예수 그리스도의 이름으로 기도합니다. 아멘!

어느 누구든 무한한 열정을 품고 그 일에 매달리면 성공한다. 찰스 슈와프

선교사님을 위해 기도하는 자녀가 되게 하소서

20

누구든지 자기 목숨을 구원하고자 하면 잃을 것이요 누구든지 나와 복음을 위하여 자기 목숨을 잃으면 구원하리라 마가복음 8:35

온 나라 온 땅 모든 민족에게 복음이 전파되기를 원하시는 주님!
우리 아이들이 어려서부터
오대양 육대주를 가슴에 품고
각 나라 각 민족뿐만 아니라 오지의 종족에 이르기까지
복음을 전파하는 선교사님들을 위하여 기도하게 하소서.
선교하는 나라와 교회와 그곳 사람들을 위하여
선교사님 가족과 선교사님들을 돕는 이들을 위하여
날마다 기도하게 하소서.
선교 지역에 날마다 성령 충만하여
강한 능력의 역사가 일어나기를 원합니다.
전도에 의해 구원을 받은 우리들 이제는
선교사님을 위하여 중보 기도하기를 원합니다.
복음이 온 땅에 전파되어야 이 땅에 오신다고 하셨던
그날을 사모하며 우리도 선교사님들을 위하여
기도하며 전도에 동참하게 하소서.
물질로써 선교 사역에 동참하기를 원합니다.
복음을 온 세계에 전하는 선교사님들과 같이
우리도 기도와 헌금으로 주님의 사역에 동참하게 하소서.
아울러 살고 있는 지역의 복음 선교사가 되기를 원하며
우리 주 예수 그리스도의 이름으로 기도합니다. 아멘!

씨를 뿌리면 거둬들이게 마련이다. 남을 때리면 당신도 고통을 겪어야 한다. 남을 도우면 도움을 받을 것이다. 랠프 W. 에머슨

아이들이 태어난 날을 축복하여 주소서

이스라엘은 자기를 지으신 자로 인하여 즐거워하며 시온의 자민은 저희의 왕으로 인하여 즐거워할지어다 시편 149:2

아이들의 마음에 꿈과 소망을 주시는 하나님!
천지 만물을 다스리시고 생명력을 주시는 하나님께서
우리에게 귀한 자녀를 주심을 감사드립니다.
우리의 가정을 복된 가정, 사랑의 가정
믿음의 가정으로 인도하옵소서.
은혜로 이 땅에 태어난 아이들
항상 주님의 사랑 안에서 자라게 하시고
보살펴주시고 인도하여 주시기를 원합니다.
주님이 자라가며 지혜도 함께 자라신 것처럼
우리 아이들도 지혜가 무럭무럭 자라기를 기도합니다.
하나님께 영광을 돌리는 삶을 살게 하시고
부모에게, 사람들에게 기쁨이 되게 하소서.
우리 아이들이 삶의 목적을
하나님의 뜻을 이루어감에 두게 하시고
하나님이 원하시는 사역에
꼭 필요한 인물이 되게 하소서.
우리 아이들이 하나님의 은혜 안에서
믿음으로 성장하여 복된 자녀가 되게 하시며
영적인 축복을 주소서.
우리 주 예수 그리스도의 이름으로 기도합니다. 아멘!

악인은 자기의 결점을 변명하나 선인은 자기의 결점을 덮어둔다. 벤 존슨

5

22

삶의 길을 방해하는 것들에서 벗어나게 하소서

대저 여호와는 너의 의지할 자이시라 네 발을 지켜 걸리지 않게 하시리라 잠언 3:26

길이요 진리요 생명이신 주님!
우리 아이들이 주님 안에서 자라나며
주님의 말씀에 귀를 기울이게 하옵소서.
주님 안에서 사랑받는
복된 자녀가 되기를 원합니다.
삶을 살아갈 때 방해하며
걸림돌이 되는 모든 것들에서 벗어나게 하소서.
모든 어려움을 이겨낼 수 있는 믿음을 주시고
주님과 항상 동행하는 지혜로운 자가 되게 하소서.
우리 자녀들에게 삶의 길을 가르쳐주시고
힘을 주셔서 주님이 원하시는 삶을 살게 하소서.
우리와 우리 자녀들에게 생명의 길
복된 길을 걷게 하셨으니 막을 자 아무도 없습니다.
오직 성령께서 함께하셔서
우리 자녀들이 어둠 속에서 헤맬 때 빛이 되어주시고
힘이 들고 지칠 때 좋은 기억력도 주셔서
삶의 길을 잘 찾아나가게 하소서.
우리 자녀들에게 갈 길을 밝혀
보여주시고 인도하여 주시길 원하며
우리 주 예수 그리스도의 이름으로 기도합니다. 아멘!

성공의 비결은 단호한 결의에 있다. 리즈 테일러

하나님을 향한 마음을 잘 지키게 하소서

무릇 지킬 만한 것보다 더욱 네 마음을 지키라 생명의 근원이 이에서 남이니라
잠언 4:23

경건한 성도들의 기도와 찬양을 즐겨 받으시는 하나님!
우리 아이들이 믿음으로 훈련을 받아
정결한 마음을 잘 지켜나가게 하옵소서.
하나님을 기쁘시게 하는 것은
오직 말씀과 기도, 믿음뿐이오니
말씀과 기도를 게을리하지 않게 하소서.
우리 아이들의 신앙이 주님의 제자들처럼
죽음이 다가오더라도 변절하지 않고 지킬 수 있는
강한 지조가 있는 믿음이 되게 하옵소서.
그리고 하나님을 향한 마음을 잘 지키기 위하여
어려서부터 예배드리는 습관, 찬송 부르는 습관,
선교하고 전도하며 봉사하는 습관이
자연스럽게 생활 속에 스며들어 한몸이 되기를 원합니다.
우리 아이들이 하나님의 말씀을 믿고 온전하게 받아들여
믿음이 반석 위에 굳건히 서기를 원합니다.
하나님의 말씀을 믿고 말씀을 사랑하며 순종하여
순결한 마음으로 하나님의 뜻을 이루어가게 하소서.
우리 주 예수 그리스도의 이름으로 기도합니다. 아멘!

성공적인 사람은 어떤 좋은 아이디어가 떠오르면 바로 행동에 임한다. 프리드리히 실러

순수하고 깨끗한 마음으로 살게 하소서

아들들아 이제 내게 들으라 내 도를 지키는 자가 복이 있느니라 훈계를 들어서 지혜를 얻으라 그것을 버리지 말라 잠언 8:32-33

우리에게 순수한 사랑을 쏟으시는 하나님!
우리 자녀들이 어떠한 모양새의 악이라도 버리게 하시고
주님을 닮아 순수한 마음으로 살아가게 하소서.
하나님을 입으로 시인하고
생활 속에서 온전히 고백하므로
하나님의 은혜와 축복을 누리게 하소서.
어떠한 상황에서든 악은 버리고 선을 택하게 하시고
유혹을 뿌리치는 삶을 살게 하소서.
비 온 뒤에 하늘이 더욱 맑은 것처럼
하나님의 은혜로 마음과 영혼이 맑게 하옵소서.
우리 아이들이 실수하거나 범죄한 사람들을 탓하기보다는
그들을 위하여 기도하게 하시고
남이 잘못할 때 성토하기보다는
자신부터 먼저 살펴보게 하소서.
우리 삶의 모든 죄를 씻어주셔서
순수한 마음과 순수한 영혼이 되게 하소서.
우리 자녀들이 순결하고 지혜롭게 자라나
하나님이 원하시는 대로 쓰이게 하소서.
우리 주 예수 그리스도의 이름으로 기도합니다. 아멘!

성공은 가장 끈기 있는 사람에게 돌아간다. 나폴레옹

게으르지 않고 성실하게 살게 하소서

25

게으른 자여 네가 어느 때까지 눕겠느냐 네가 어느 때에 잠이 깨어 일어나겠느냐 좀
더 자자, 좀 더 졸자, 손을 모으고 좀 더 눕자 하면 네 빈궁이 강도같이 오며 네 곤핍이
군사같이 이르리라 잠언 6:9-11

권능으로 천지만물을 주관하시는 하나님!

우리 자녀들이 모든 일에 게으르지 않고

성실하여 부지런하게 할 일을 하며 살아가게 하소서.

게으르면 미련해지고 원망이 많아지며

소득이 없으므로 불평과 짜증만 늘게 되니

먼저 지혜롭게 일하는 자가 되어

그 소득과 열매로 행복한 삶을 누리게 하소서.

늘 깨어 있는 심령이 되게 하시고

풀어져버린 실패처럼 나태하지 않게 하소서.

한순간에 일확천금이나 노려

복권이나 경마나 노름에 빠지는 일이 없게 하시고

늘 건강하게 맡겨진 일에 최선을 다하여

보람 있는 삶을 살아가게 하소서.

또한 주의 자녀로서 이웃과 나누는 삶을 살게 하소서.

우리 자녀들이 게으르지 않을 때 얼굴 표정도 밝고

마음이 건강해지오니 어떠한 핑계나 조건이나

이유를 대지 않고 모든 일에 하나님의 인도하심을 받게 하소서.

우리 자녀들이 날마다 맡은 일에 최선을 다하며 살게 하소서.

우리 주 예수 그리스도의 이름으로 기도합니다. 아멘!

나는 항상 젊은이의 실패를 흥미 있게 바라본다. 실패 후에 물러서는가, 아니면 다시
일어나는가 하는 행동을 보여주는 순간 성공의 여부는 결정된다. 헬무트 폰 몰트게

5 May

세상 유혹에 빠지지 않게 하소서

마귀를 궤계를 능히 대적하기 위하여 하나님의 전신갑주를 입으라 에베소서 6:11

26

거룩하시고 자비로우신 하나님!
사단은 지금도 두루 삼킬 자를 찾아다니니
우리 자녀들이 믿음으로 깨어 있게 하시고
성령의 인도하심 따라 기도하며 살게 하셔서
세상의 유혹에 빠지지 않게 하소서.
거리에 나가 한 걸음 옮길 때마다
사단은 달콤한 유혹으로 현혹시키며
우리 자녀들을 쓰러뜨리려고 노리고 있습니다.
그 순간마다 부모의 기도를 듣게 하시고
심령 속에 들려주시는
주님의 음성을 따라 미혹되지 않게 하소서.
우리 자녀들이 말씀을 묵상하고 기도함으로
성령의 충만함을 받아 하나님의 전신갑주를 입게 하소서.
언제나 하나님이 원하시는 길을 가게 하시고
자신이 하나님의 그릇으로 쓰임 받을 것이라는
확신을 갖고 준비하게 하소서.
우리 자녀들이 깨끗한 영혼과 마음으로
하나님의 사랑 속에 머물기를 원합니다.
우리 주 예수 그리스도의 이름으로 기도합니다. 아멘!

잘못과 실패는 우리들이 전진하기 위한 훈련이다. W. E. 차닝

부모를 기쁘게 하는 자녀가 되게 하소서

지혜로운 아들은 아비로 기쁘게 하거니와 미련한 아들은 어미의 근심이니라
잠언 10:1

부모에게 효도하고 사랑하며 공경하라신 하나님!
우리 자녀들이 하나님을 경외하고
부모에게 기쁨이 되는 자녀가 되게 하소서.
부모의 사랑 속에 자람을 알게 하시고
부모의 수고 속에 자람을 알게 하시고
부모의 기도 속에 자람을 알게 하셔서
곧고 바르게 성장하여 복된 삶을 살기 원합니다.
하나님이 명하신 계명 가운데 "네 부모를 공경하라"고 하신
그 명령에 순복하게 하옵소서.
우리 부모는 자녀들을 바르게 키우고
자녀들은 주 안에서 순종하여
부모의 즐거움이 되게 하소서.
부모들이 땀 흘리며 가르친 것을 알아
효도하는 자녀로 성장하기를 원합니다.
부모와 가정의 고귀함을 알게 하시고
가족들과 화목하며 사랑을 나누게 하소서.
부모와 자녀들이 믿음으로 하나가 되어
주님께 영광을 돌리게 하여 주시고
주님 보시기에 아름다운 가정과 가족이 되게 하소서.
우리 주 예수 그리스도의 이름으로 기도합니다. 아멘!

비겁한 자는 안전할 때 고자세가 된다. 괴테

강하고 담대하여 용기 있게 하소서

내가 네게 명한 것이 아니냐 마음을 강하게 하고 담대히 하라 두려워 말며 놀라지 말라 네가 어디로 가든지 네 하나님 여호와가 너와 함께 하느니라 하시니라 여호수아 1:9

우리와 언제나 함께하시는 하나님!
우리가 어디에 있든지 어디로 가든지
언제나 함께하시는 하나님을 신뢰합니다.
우리 자녀들이 강하고 담대하게
용기 있는 삶을 살게 하소서.
확실한 주님의 인도하심에 따라
좌절하지 않고 모든 일을 이루어가기 원합니다.
우리 자녀들에게 통찰력을 주시고
인내할 수 있게 하시며 갖가지 유혹에 맞서서
이겨낼 수 있는 용기와 믿음을 주시기 원합니다.
우리 자녀들이 죄에 빠지지 않게 하시고
죄로 인하여 믿음의 삶과 학교 생활과
가정 생활이 흔들리지 않게 하시며
미래를 향한 꿈과 비전을 이루어가게 하소서.
우리 자녀들에게 주님의 평안을 주셔서
하나님을 전적으로 의지하므로 하나님을 알게 하시고
성령의 은혜와 축복으로 용기 있는 삶을 살게 하소서.
하나님께서 항상 우리 자녀들과 동행하심을 믿으며
우리 주 예수 그리스도의 이름으로 기도합니다. 아멘!

리더십이란 모범을 보이는 것이다. 리 아이아코카

자녀들에게 일하는 기쁨을 주소서

주 우리 하나님의 은총을 우리에게 임하게 하사 우리 손의 행사를 우리에게 견고케
하소서 우리 손의 행사를 견고케 하소서 시편 90:17

모든 씨앗을 심고 거두시는 하나님!
우리 자녀들이 자신들에게 맡겨진 일들을
어려서부터 잘 감당하며 살게 하소서.
일하는 노동과 수고의 기쁨을 주시기 원합니다.
일을 할 때 노력하지 않거나 게으르지 않게 하시고
결과만을 원하지 않게 하소서.
너무 서둘러 해치우려는 마음이 없게 하시고
차근차근 최선을 다한 보람으로
기쁨을 누리게 하시기를 원합니다.
우리 자녀들이 하나님이 지켜보시고 계시다는 것을 알아
언제나 성의를 다하여 일하게 하옵소서.
하나님께서 정직하고 진실한 자들을 사랑하시고
돌보시며 축복하신다는 것을 믿습니다.
우리 자녀들이 모든 일에 열심을 다하여서
하나님 앞에 좋은 일꾼, 좋은 봉사자로
그리스도인답게 어디서든 인정을 받게 하소서.
일하는 것이 부끄러움이 되지 않게 하시고
자랑이 되게 하셔서 일한 결과가 빛을 발하고
열매를 맺게 되기 원합니다.
모든 일에 최선을 다하고 진실하게 하소서.
우리 주 예수 그리스도의 이름으로 기도합니다. 아멘!

많은 시간을 가진 사람이라도 헛되이 낭비하면 좋은 시간은 조금도 없게 된다. 영국
속담

하나님의 자녀라 일컬음을 받게 하소서

30

보라 아버지께서 어떠한 사랑을 우리에게 주사 하나님의 자녀라 일컬음을 얻게 하셨
는고, 우리가 그러하도다 그러므로 세상이 우리를 알지 못함은 그를 알지 못함이니라
요한일서 3:1

우리들의 삶을 축복하시는 하나님!
생명이 되시고 힘이 되시는 하나님께서
우리 자녀들을 품안에 안아주셔서
구원받게 하시고 하나님의 자녀라
일컬음을 받게 하시니 감사합니다.
예수 그리스도를 영접하는 자마다
자녀가 되는 권세를 주셨으니
우리의 심령을 새롭게 하옵소서.
우리 자녀들이
하나님의 자녀답게 살게 하소서.
우리 자녀들이
구원받은 성도답게 살게 하소서.
우리 자녀들이 말씀 속에서.
기도로 성장하게 하소서.
하나님의 자녀답게 항상
옳은 것을 선택하게 하시고
오직 믿음 안에서 선하고 착하게 살게 하소서.
하나님의 말씀과 법칙을 따라 살게 하시고
하나님의 복을 누리며
사명을 잘 감당하게 하소서.
우리 주 예수 그리스도의 이름으로 기도합니다. 아멘!

시간은 인간이 소비하는 것 중 가장 가치 있는 것이다. 테오프라토스

사람을 통하여 이루시는 축복을 받게 하소서

의인의 열매는 생명나무라 지혜로운 자는 사람을 얻느니라 잠언 11:30

우리의 아버지가 되시는 전능하신 하나님!
세상은 하나님의 섭리 속에서 이루어지오니
우리 자녀들이 사람들을 통하여 이루시는
하나님의 축복을 받게 되기 원합니다.
우리 자녀들이 좋은 사람을 만나게 하시고
사람들과 잘 사귀게 하시고
서로 서로가 신뢰하며 약속을 잘 지키며
하나님의 섭리를 깨닫게 하옵소서.
사람을 이용하지 않고
선한 양심으로 한 사람 한 사람이
하나님이 사랑하시는 귀한 영혼임을 깨닫고
사랑을 나누며 살기를 원합니다.
항상 사람이 필요할 때나 그렇지 않을 때나
주변에서 좋은 사람들을 만나게 하시고
사람을 얻게 하사 하나님의 섭리를 이루게 하소서.
사람을 통하여 역사하시는 하나님 통로가 되어
우리 자녀들이 하나님의 쓰임을 받게 하소서.
우리 주 예수 그리스도의 이름으로 기도합니다. 아멘!

시간이 말하는 것을 잘 들어라. 가장 현명한 시간에 규칙 있게 일하는 것이다. C. 힐티

6 June

성령 충만으로 시절을 좇아
열매를 맺게 하소서

내게 바람이 있다면

내게 바람이 있다면
한 목숨이 다하는 날까지
주님이 원하시는
삶을 살아가는 것입니다

나의 마음 전부에 주님의 말씀을
나의 마음 전부에 주님의 사랑을
가득가득 넘치도록 담고자 합니다

모든 일 속에서
주님의 뜻을 이루소서

내게 바람이 있다면
내 삶의 모습을 바라보시는
주님이 환하게 웃으시도록
살아가는 것입니다

나의 마음 전부에 주님의 은혜를
나의 마음 전부에 주님의 평안을
가득가득 넘치도록 담고자 합니다
가득가득 넘치도록 담고자 합니다

모든 일 속에서
주님의 뜻을 이루소서

- 용혜원 -

성령의 열매를 맺는 삶을 살게 하소서

1

오직 성령의 열매는 사랑과 희락과 화평과 오래 참음과 자비와 양선과 충성과 온유와 절제니 이 같은 것을 금지할 법이 없느니라 갈라디아서 5:22-23

주님은 포도나무요 우리는 가지라고 하신 주님!
우리 자녀들의 삶이
성령의 열매를 맺는 삶이 되게 하소서.
포도나무도 잎이 없고 열매가 없을 때에는
보잘것없이 보이다가
열매 맺는 계절이 오면
가지가지마다 열매가 주렁주렁 매달려 있듯이
우리 자녀들도 성장해 가면서
성령의 열매를 맺게 하소서.
자녀들의 삶이 주님이 보시기에 아름답게 하시고
주님께 잘했다 칭찬을 받는 삶이 되게 하소서.
자녀들의 삶에서 성령의 아홉 가지 열매를 맺게 하소서.
사랑의 열매, 희락의 열매,
화평의 열매, 오래 참음의 열매, 자비의 열매,
양선의 열매, 충성의 열매, 온유의 열매,
절제의 열매를 맺게 도와주시기 원합니다.
열매가 없는 나무는 주님이 기뻐하시지 아니하시니
성장함에 따라 성령의 열매를 맺게 하소서.
우리 자녀들을 주님 안에서 잘 성장하게 도와주심을 믿습니다.
우리 주 예수 그리스도의 이름으로 기도합니다. 아멘!

세월은 누구에게나 평등하게 주어진 자본금이다. 이것을 잘 이용한 사람에겐 승리가 온다. 아뷰난드

사랑의 열매를 풍성히 맺게 하소서

2

오직 성령의 열매는 사랑과…… 갈라디아서 5:22

성령의 은혜로 깊은 뜻을 알게 하시는 주님!

사랑은 그리스도인들의 믿음의 가장 본질적인 산물이며

그리스도인의 아름다운 삶의 모습이오니

우리 자녀들이 성령의 인도하심으로

사랑의 열매를 풍성하게 맺으면서 살게 하소서.

하나님은 사랑이시니 우리 자녀들에게

이성 간의 사랑인 에로스의 사랑에도 함께하여 주시고

필리아의 사랑인 친구와 친한 사람들의

사랑에도 함께하여 주시기를 원합니다.

스토르게의 사랑인 부모와 자식 간의 사랑에도 함께하시고

아가페의 사랑인 하나님의 자비로우신 사랑으로

우리 자녀들을 사랑하여 주시기를 원합니다.

사랑은 감정적이며 의지적이오니

오직 하나님의 도우심으로 진실한 사랑을 하게 하옵소서.

사랑을 받은 사람만이 사랑을 할 수 있으니

우리 자녀들이 부모의 사랑과 하나님의 사랑을 흠뻑 받아

하나님과 가족과 친구와 이웃을 사랑하며 나누며

주 안에서 함께 살아가게 하소서.

우리와 우리 자녀들의 마음에 사랑이 없으면

아무것도 할 수 없으니 사랑으로 함께하여 주소서.

우리 주 예수 그리스도의 이름으로 기도합니다. 아멘!

때를 놓치지 말라! 이 말은 인간에게 주어진 영원한 교훈이다. 그러나 인간은 이것을 그리 대단치 않게 여기기 때문에 좋은 기회가 와도 그것을 잡을 줄 모르고 때가 오지 않는다고 불평만 한다. 하지만 때는 누구에게나 오는 것이다. 앤드루 카네기

희락의 열매를 맺게 하소서

오직 성령의 열매는 사랑과 희락과······ 갈라디아서 5:22

우리에게 기쁨을 주시고 몸소 기쁨이 되시는 주님!
기쁨은 그리스도인에게 비추는 빛과 같으니
우리 자녀들이 하나님의 은혜 안에서
희락의 열매를 맺게 하옵소서.
하나님이 주시는 기쁨을 마음껏 누리고
신앙의 밑바탕이 된 그 기쁨을
다른 이들에게도 나누게 하소서.
하나님께서 주시는 기쁨이 우리 자녀들의 마음에 흘러넘쳐
날마다 기쁨 가운데 살아가게 하소서.
기쁨으로 일을 하면 힘들지 않사오니
우리 자녀들이 학업을 연마하거나 생활할 때
기쁨이 넘치게 하소서.
그리하여 하나님이 주시는 축복으로
늘 밝은 얼굴과 맑은 영혼으로 살게 하옵소서.
무엇보다 우리가 누려야 할 가장 큰 기쁨은
구원받은 기쁨이오니
이 놀라운 구원의 기쁨을 온 마음으로 느끼며
날마다 감사하며 맡겨진 일에 최선을 다하며 살게 하소서.
우리 주 예수 그리스도의 이름으로 기도합니다. 아멘!

시간은 지나가면 두 번 다시 오지 않는다. 시간은 매일 찾아오긴 하지만 얻기는 매우
어렵고 반대로 잃기는 쉽다. 사마천

6

화평의 열매를 맺게 하소서

오직 성령의 열매는 사랑과 희락과 화평과…… 갈라디아서 5:22

4

우리의 삶에 화평을 주시는 주님!
우리 자녀들이 주님의 품안에서
주시는 화평과 축복 속에서 살아가게 하시며
화평의 열매를 맺게 되기를 원합니다.
하나님이 원하시는 최고의 선한 삶을 살게 하시고
늘 주님이 주시는 평온함과 안온함 속에 살게 하옵소서.
주님이 주시는 이 놀라운 화평의 복음을 전하여
가족과 이웃과 함께 나누며 살게 하소서.
우리 자녀들이 가족과 친구와 이웃의 마음을
헤아릴 줄 알아서 화평을 전하게 하소서.
다른 사람들의 마음에 상처를 입혀
기분을 망치게 하거나
당황하게 만드는 일이 없게 하소서.
주님이 주시는 평안의 복음을 온전히 믿게 하시고
주님의 사랑을 함께 나누며 살게 하소서.
우리 자녀들이 주님 안에서 쉼을 얻으므로
주님이 주시는 참평안을 누리게 하소서.
우리 주 예수 그리스도의 이름으로 기도합니다. 아멘!

시간의 흐름이 빠르다고 생각하는 것은 인생을 알게 되었기 때문이다. 기싱

6

5

자비의 열매를 맺게 하소서

오직 성령의 열매는 사랑과 희락과 화평과 오래 참음과 자비와…… 갈라디아서 5:22

우리에게 항상 인자하시고 자비로우신 주님!
우리 자녀들이 주님의 마음을 닮아
자비의 열매를 풍성히 맺으면서 살아가게 하소서.
우리 자녀들의 삶이 주님의 사랑으로
맛깔나고 풍성하기를 원합니다.
그래서 우리 아이들이 허황된 삶이 아니라
진실하고 선하며 정감이 있는
따뜻한 삶을 살게 하소서.
남을 이해하고 용서하며 사랑을 베풀어서
자기에게 있는 것을 남에게 흘려 보내게 하소서.
너무나 성급하여 화를 내기보다는
차분한 마음으로 남의 마음을 읽을 수 있도록 하소서.
우리 자녀들이 오래 참고 기다리며 끝내 구원까지 하시는
주님의 마음을 닮게 하소서.
어떤 일 앞에서건 근심과 걱정부터 하기보다는
모든 것을 주님께 맡기므로 은혜 속에 살게 하소서.
유순한 마음으로 살아 주님의 자비하심을
체험하며 나타내기를 원합니다.
남이 필요한 것을 잘 알아 도움을 줄 수 있는
주님의 자비의 마음을 주옵소서.
우리 주 예수 그리스도의 이름으로 기도합니다. 아멘!

시간을 얻는 자는 흥하고 시간을 놓치는 자는 망한다. 열자

양선의 열매를 맺게 하소서

오직 성령의 열매는 사랑과 희락과 오래 참음과 자비와 양선과······ 갈라디아서 5:22

6

양떼를 인도하시는 선하신 목자, 주님!

주님의 선하심을 본받아

선을 행하며 살기를 원합니다.

사랑하는 사람들을 염려하게 하거나

걱정과 근심하게 만드는 일로

재미를 느끼지 않게 하시고

사랑하는 사람들을 실망시키지 않게 하소서.

남을 넘어뜨리고, 모함하고, 비판하며,

악을 행하여도 성공만 하면 된다는 사고를 버리게 하소서.

우리 자녀들이 악을 버리게 하시고

주님이 원하시는 양선의 삶을 살게 하소서.

슬픈 사람을 위로하게 하시고

절망에 빠진 사람들을 격려하게 하시며

연약한 사람들을 도와주게 하소서.

잃어버린 양떼를 찾으시는 선한 목자가 되시는

주님처럼 사랑을 베풀기 원합니다.

늘 선하신 주님을 갈망하며 살아가게 하시고

선하신 주님의 모습을 닮아

삶 속에서 우리 자녀들이 양선의 열매를 맺게 하소서.

우리 주 예수 그리스도의 이름으로 기도합니다. 아멘!

오늘 할 수 있는 일을 내일로 미루지 말라. 자기가 할 수 있는 일을 남에게 미루지 말라. 싸다고 해서 필요치 않은 물건을 사지 말라. 지나침 없이 알맞게 행동하면 후회하는 일이 없다. 토머스 제퍼슨

충성의 열매를 맺게 하소서

오직 성령의 열매는 사랑과 희락과 화평과 오래 참음과 자비와 양선과 충성과……
갈라디아서 5:22

죽도록 충성하면 생명의 면류관을 주신다고 하신 주님!
우리 자녀들이 주님을 온전히 신뢰하므로
충성의 열매를 맺게 하여 주옵소서.
맡은 바 사명을 잘 감당하게 하시고
공부할 때는 공부를, 일할 때는 일을,
꿈을 이루어갈 때는 꿈을, 봉사할 때는 봉사를
온 마음과 온 정성을 다함으로써
최선의 결과를 갖게 하소서.
먼저 해야 할 일이 무엇인가를 알게 하시고
항상 주님의 나라와 그의 의를 구하게 하옵소서.
자신들에게 맡겨진 일을 잘 감당할 수 있도록
통찰력과 용기와 지혜와 인내와
강한 믿음을 주시기 원합니다.
우리 자녀들의 생각과 모든 것을 아시는 주님께서
이끄시는 대로 우리 자녀들이 맡겨주신 일들을
즐겁게 감당하여 충성의 열매를 맺게 하여 주소서.
학교에서, 가정에서, 교회에서, 사회에서, 직장에서
그 어느 곳에서나 맡은 일에 최선을 다하여
주님께 칭찬받는 자녀가 되게 하소서.
우리 주 예수 그리스도의 이름으로 기도합니다. 아멘!

당신이 생명을 사랑한다면 시간을 낭비하지 말라! 시간이야말로 생명을 만드는 재료이다. 벤저민 프랭클린

온유의 열매를 맺게 하소서

오직 성령의 열매는 사랑과 희락과 오래 참음과 자비와 양선과 충성과 온유와……
갈라디아서 5:22

기도로 열매 맺는 삶을 허락하시는 주님!
살아가는 동안 주님과 항상 동행하게 하소서.
우리 아이들이 삶 속에서
온유의 열매를 맺어 주님의 뜻을 따라 순종하게 하소서.
주님의 가르침을 배워 교만하지 않게 하시며
주님의 말씀을 따라 사려 깊은 삶을 살게 하소서.
사랑의 주님께서 우리 자녀들에게
온유의 열매를 맺을 수 있도록
말씀의 지혜를 주시고
충만한 사랑을 받게 하소서.
우리 아이들을 능력의 손길 아래 붙드셔서
마음이 온유하고 겸손하신
주님의 성품을 닮아가게 인도하소서.
온유한 마음으로 사람들을 대하게 하사
정겨움을 주는 사람, 따스함을 주는 사람으로
삶을 살아가기 원합니다.
오늘도 절망에 빠진 사람들을 인도하는 일에
우리와 우리 자녀들도 동참하게 하옵소서.
우리 주 예수 그리스도의 이름으로 기도합니다. 아멘!

시간은 잠시도 쉬지 않는다. 때문에 설혹 늦었다고 주춤하거나 시간을 흘려보내지 말라. 그럴수록 시간은 자꾸만 흘러간다. M. 레니에

절제의 열매를 맺게 하소서

오직 성령의 열매는 사랑과 희락과 화평과 오래 참음과 자비와 양선과 충성과 온유와 절제니······ 갈라디아서 5:22

오늘도 새롭게 하루를 시작하게 하시는 주님!

주님이 함께하여 주셔서

절제의 열매를 맺으며 살아가길 원합니다.

육체적 정신적 욕망을 절제하며

극복할 수 있는 믿음을 주시기 원합니다.

기도와 말씀으로 몸과 마음을 단련하게 하시고

날마다 새로운 태도를 다짐하게 하소서.

우리 자녀들이 예수님을 구주로 믿어

주님과 함께 죽고 함께 살아

새롭고 변화된 심령이 되게 하옵소서.

옛 성품이 좋아하던 악한 일들에서 벗어나

성령의 인도하심을 따라

성령의 아름다운 열매를 맺으며 살아가게 하소서.

탐스럽고 알찬 열매를 맺어

풍성함으로 주님께 영광을 돌리게 하소서.

우리 자녀들에게 주님께서 능력을 베풀어주셔서

삶 속에서 절제의 열매가 맺히게 하시고

주님이 보시기에 아름다운 삶을 살아가게 하옵소서.

우리 주 예수 그리스도의 이름으로 기도합니다. 아멘!

만일 하루를 헛되이 보냈다면 그것은 커다란 손실이다. 하루를 유익하게 보낸 사람은 하루의 보물을 파낸 것이다. 하루를 헛되어 소모함은 내 몸을 소모하고 있다는 것을 알아야 한다. 앙리 프레데리크 아미엘

주님의 길을 배우게 하소서

너의 행사를 여호와께 맡기라 그리하면 너의 경영하는 것이 이루리라 잠언 16:3

말씀의 울타리 안에서 자유하게 하시는 주님!
어느 시대든지 주님의 영광을 나타내기 위해
기도하는 사람들을 보내주신 것 감사드립니다.
우리 자녀들도 기도하므로
주님의 길을 배우게 하소서.
기도는 하나님과 만나는 도구요, 통로이오니
주님께서 우리 자녀들에게 길이 되어주소서.
기도하지 않으면 하나님의 뜻을 알지 못하고
기도하지 않으면 하나님의 인도하심을 알지 못하오니
기도를 통하여 지혜와 능력을 주시고
기도를 통하여 응답받는 삶을 살게 하소서.
우리 자녀들이 죄악에서 벗어나
주님의 길을 가게 하시고
우리 자녀들이 기도에만은 욕심쟁이가 되게 하소서.
주님을 사랑함에는 욕심쟁이가 되게 하소서.
주 안에서 열심히 살아가므로 행복하게 하시고
주님께서 인도하여 주시기를 원합니다.
주님이 원하시는 복된 삶을 살아
모든 일을 주님이 원하시는 대로 이뤄주소서.
우리 주 예수 그리스도의 이름으로 기도합니다. 아멘!

오늘은 분명 우리에게 허락된 단 하나의 확실한 소유물이다. 토머스

June

6

11

감사의 열매를 맺게 하소서

여호와께서 저희를 도와 건지시되 악인에게서 건져 구원하심은 그를 의지한 연고로
다 시편 37:40

기도를 통하여 기쁨을 주시는 주님!

우리 자녀들이 살아가며 주님의 행복 안에서

감사의 열매를 맺게 하소서.

마음이 성결하고 깨끗하여

하나님이 베푸신 은혜와 사랑을 깨닫게 하소서.

우리 자녀들이

주님이 힘이 되어주심을 감사하게 하소서.

우리 자녀들이

힘이 되어주는 사람들이 곁에 있음을 감사하게 하소서.

우리 자녀들이

구원받았음을 감사하게 하소서.

우리 자녀들이

할 일을 허락하여 주심을 감사하게 하소서.

우리 자녀들이

꿈과 비전을 주심을 감사하게 하소서.

우리 자녀들이

참된 사랑을 보여주신 주님께 감사드리게 하소서.

우리 자녀들이

모든 삶을 인도하여 주신 주님께 영광 돌리게 하소서.

우리 주 예수 그리스도의 이름으로 기도합니다. 아멘!

최후의 승리는 출발점의 비약이 아니라 결승점에 이르기까지의 끈기와 노력이다. 존
워너메이커

6

12

찬양의 열매를 맺게 하소서

내가 노래로 하나님의 이름을 찬송하며 감사하므로 하나님을 광대하시다 하리니 이
것이 소 곧 뿔과 굽이 있는 황소를 드림보다 여호와를 더욱 기쁘시게 함이 될 것이라
시편 69:30-31

찬송과 감사를 받아주시는 하나님!
하나님은 우리의 찬송을 귀히 여기시니
우리의 마음이 진정 하나님께 감사하며
찬송드리기에 힘쓰기 원합니다.
하나님은 어떤 제물보다도 찬송을 기쁘게 받으시니
우리 자녀들이 입술로 삶으로 하나님을 찬양하며
찬양의 열매를 맺게 하옵소서.
가정에서 자녀들과 예배를 드릴 때에도
찬송으로 하나님께 영광을 돌리게 하소서.
찬송이 우리 자녀들에게
하늘의 기쁨과 소망이 되게 하소서.
찬송의 능력으로
두려움과 어려움에서 벗어나게 하소서.
찬송을 통해 우리 자녀들의
영혼을 깨우고 위로해 주시며
온갖 병에서 벗어나 건강하게 해주소서.
날마다 기쁨과 은혜가 충만하게 하시며
날마다 강한 믿음으로 승리하게 하소서.
우리 주 예수 그리스도의 이름으로 기도합니다. 아멘!

성공을 하려거든 남을 밀어젖히지 말고 또 자기 힘을 측량해서 무리하지 말며 자기가
뜻한 일에는 한 눈 팔지 말고 묵묵히 해나가야 한다. 평범하나마 이것이 곧 성공의 지
름길이다. 벤저민 프랭클린

소망의 열매를 맺게 하소서

보좌에 앉으신 이가 가라사대 보라 내가 만물을 새롭게 하노라 요한계시록 21:5

소망을 주시고 기쁨을 주시는 주님!
새 하늘과 새 땅을 소유할 수 있는 사람은
오직 심령으로 새롭게 되어 하나님을 따라
의와 진리의 거룩함으로 지으심을 입은
새 사람인 것에 감사드립니다.
우리 자녀들을 새롭게 하셔서
믿음과 생활이 조화되게 하시고
행복을 주시는 주님 안에서 소망의 열매를 맺게 하옵소서.
소망이 분명하면 희망이 생기고
기쁨이 충만해지고 감사가 넘치게 되오니
소망 중에 주님의 뜻을 깨달아 행하게 하옵소서.
자녀들이 이 땅의 소망이 아닌
하늘의 소망이 되기를 원합니다.
예수 그리스도를 이 땅에 보내주셔서 십자가에 죽으심으로
영원한 생명을 얻을 수 있는 길을 열어놓으신
구원의 소망으로 가득하게 하소서.
천국에 소망을 갖게 하소서.
날마다 하나님의 의와 진리와 거룩함으로
지으심을 받은 새 사람으로 살게 하소서.
우리 주 예수 그리스도의 이름으로 기도합니다. 아멘!

사람은 성실할수록 자신을 얻게 된다. 성실해질수록 태도가 안정되기 때문이다. 성실하면 할수록 자신을 자각하게 된다. 하늘과 땅 앞에 자기가 엄연히 존재한다는 관념은 성실할 때 비로소 얻어지는 자각이다. 아우구스티누스

자녀들의 소원을 이루게 하소서

또 여호와를 기뻐하라 그가 네 마음의 소원을 네게 이루어주시리로다 시편 37:4

우리를 보호하시는 주님!

우리와 우리 자녀들에게 온전한 믿음을 주셔서

이 세상을 살아갈 때 희망을 갖고 용기 있게 살게 하옵소서.

믿음은 참으로 놀라운 힘을 발휘하오니

우리 자녀들이 주님 안에서 소망을 품고 살아가며

소원을 이루어가기 원합니다.

겨자씨 만한 믿음만 있어도

이 산을 들어 저리로 옮긴다고 하셨으니

믿음에 믿음을 주셔서

능력 있는 그리스도인으로 살아가게 하옵소서.

아브라함이 모든 것을 버리고 갈대아 우르를 떠나

믿음의 조상이 된 것도 믿음으로 이루어졌으니

우리 자녀들도 믿음으로 주님이 허락하신

소망을 성취하게 하소서.

하나님과 화목하게 하시고

삶 속에서 하나님을 체험하며 살게 하옵소서.

오병이어로 오천 명이 먹고 남은 것처럼

우리와 우리 자녀들이 나약하고 연약하지만

우리의 믿음을 주님께 온전히 드림으로

하나님의 큰 역사를 이루기 원합니다.

우리 주 예수 그리스도의 이름으로 기도합니다. 아멘!

자신에게 성의만 있으면 상대방에게 허위가 있을 리 없고, 자기에게 허위가 있으면 상대방에게 성의가 있을 리 없다. 토마스 만

선으로 악을 이겨가는 삶을 살게 하소서

악에게 지지 말고 선으로 악을 이기라 로마서 12:21

15

이 세상에는 빛의 사람들과 어둠의 사람들이 있습니다.
빛의 사람들은 빛의 열매를
어둠의 사람들은 어둠의 열매를 맺게 되오니
우리 자녀들은 빛의 열매를 맺으며 살아가게 하소서.
자녀들의 삶을 주께서 인도하셔서
선으로 악을 이기며 살기를 원합니다.
착함과 의로움과 진실함으로 살게 하시고
음행과 온갖 더러운 것들을 멀리하고
떨쳐버리게 하소서.
주님께서 생명의 빛을 비추시어
어둠의 세력과 악의 세력을 몰아내주소서.
주님이 원하시는 선한 양심을 가지고
착한 삶을 살아가기 원합니다.
우리 자녀들이 참되고 진실한 마음으로
먼저 주님께 드림이 되게 하시고
하나님이 주시는 은혜 안에서 살게 하소서.
성령으로 속사람과 겉사람이 새롭게 되어
깨끗하고 정직하고 진실하기를 원합니다.
우리 주 예수 그리스도의 이름으로 기도합니다. 아멘!

할 수 있다고 생각하면 할 수 있다. 할 수 없다고 생각하면 할 수 없는 것이다. 메리 케이 애쉬

6
16

주님의 은혜와 평강 속에 살게 하소서

하나님 우리 아버지와 주 예수 그리스도에게로서 은혜와 평강이 너희에게 있을지어다 빌립보서 1:2

절망하는 이들의 피난처가 되시는 주님!
우리의 삶이 주님의 성품을 닮아가는
귀하고 복된 삶이 되기를 원합니다.
주님의 말씀대로 이웃도 원수도 사랑할 수 있는
믿음으로 살게 하옵소서.
주님은 우리를 선하게 하시고
삶의 시간을 잘 활용하도록 인도하시니
하나님께 모든 것을 맡기며 살게 하옵소서.
주님을 통하여 체험한 구원의 사랑을
시기하고 미워하고 질투하는 사람들에게까지
나누어주는 온전한 사랑을 소유하기 진정 원합니다.
우리 자녀들이 자신을 이유 없이
괴롭히고 미워하는 사람들까지 용서할 수 있어야
온전한 인격, 온전한 사랑에 이를 수 있으니
믿음으로 이루어가게 하시기를 원합니다.
도움을 원하는 사람들에게 베풀 수 있는
믿음과 용기를 주옵소서.
남을 도와줌으로 하나님의 은혜와 평강 속에 거하게 하소서.
우리 주 예수 그리스도의 이름으로 기도합니다. 아멘!

사람은 어떤 높은 곳이라도 오를 수 있다. 그렇지만 거기에는 결의와 자신이 필요하다. 앙드레 지드

창조주 하나님을 기억하며 살게 하소서

너는 청년의 때 곧 곤고한 날이 이르기 전, 나는 아무 낙이 없다고 할 해가 가깝기 전에 너의 창조자를 기억하라 전도서 12:1

가장 완벽한 사랑을 주시는 하나님!
참으로 위대하신 하나님께서
날마다 인도하시고 함께하시니 감사드립니다.
눈동자같이 우리를 보호하여 주시는 하나님
모든 고난을 이기고
넉넉한 감사를 배우게 하시는 하나님
우리 아이들의 하나님은
가장 좋은 것을 주시는 사랑이십니다.
어려서부터 믿음 안에서
창조주 하나님을 기억하며 살게 하소서.
하나님을 온전히 신뢰하며 믿게 하소서.
우리 아이들이 범죄하여서 맘이 상하여
죄를 아뢸 때 용서하여 주시기 원합니다.
우리 아이들은 하나님의 백성이오니
하나님의 손길 속에서 살게 하옵소서.
우리 자녀들을 새롭게 하시고
가장 좋은 생명의 삶, 가장 의미 있는 삶을 살게 하소서.
하나님께서 풍성하고 넉넉한 삶으로 인도하소서.
우리 주 예수 그리스도의 이름으로 기도합니다. 아멘!

고통 없이 승리 없고, 가시밭길 없이 성공 없다. W. 펜

6

18

물질 때문에 믿음의 길에서 떠나지 않게 하소서

돈을 사랑함이 일만 악의 뿌리가 되나니 이것을 사모하는 자들이 미혹을 받아 믿음에
서 떠나 많은 근심으로써 자기를 찔렀도다 디모데전서 6:10

영성이 성장되기를 원하시는 주님!
우리 자녀들이 주님의 음성을 듣기 원합니다.
예수 그리스도를 온전히 영접하여
하나님의 자녀가 되게 하소서.
위로부터 내려주시는 하나님의 은혜를
충만히 받기 원합니다.
주님을 믿음으로 영접하여
하나님의 자녀로 신분이 새롭게 변화되게 하소서.
우리 자녀들이 예수 그리스도를 영접하므로
약속하신 유업을 이어가기 원합니다.
믿음의 길에서 벗어나거나 떠나지 않게 하시고
다른 길로 미혹되거나 유혹당하지 않게 하소서.
천국의 시민으로서 하나님의 자녀답게 살게 하소서.
믿음으로 풍성한 열매를 맺으며
하나님을 아바 아버지라 부르기를 원합니다.
오직 주님 안에서 믿음으로 살게 하시고
하나님의 은혜와 진리를 충만히 받아
강하고 능력 있는 그리스도인이 되게 하소서.
하나님이라는 참된 복을 소유하게 하소서.
우리 주 예수 그리스도의 이름으로 기도합니다. 아멘!

지금 '밑바닥이다' 라고 말할 수 있는 동안은 아직 진짜 밑바닥이 아니다. 윌리엄 셰익
스피어

환난 중에서도 기뻐할 수 있는 믿음을 주소서

다만 이뿐 아니라 우리가 환난 중에도 즐거워하나니 이는 환난은 인내를 인내는 연단을 연단은 소망을 이루는 줄 앎이로다 로마서 5:3-4

믿음 안에서 자신감 있게 살아가게 하시는 주님!
우리들의 삶에는 어려움도 있사오니
고통 속에서 고통만을 생각하면 괴롭고 슬프나
주님이 주시는 소망과 기쁨으로
넉넉히 이기기를 원합니다.
사랑의 주님!
우리 자녀들이 환난 중에서도 즐거워할 수 있는
절대적인 믿음을 주시기 원합니다.
어떠한 환난과 고통도 극복하고
기뻐하며 건강한 삶을 살아가게 하소서.
다가오는 시련을 극복하고 이겨낼 때
주변 사람들도 기꺼이 기뻐하며 함께 있기를 원할 테니
믿음 안에서 날마다 날마다 승리하게 하소서.
아무리 어려운 일이 있더라도
하나하나 기도하며 해결하게 하소서.
삶의 어려운 문제들을 은혜로 풀어가게 하시고
아쉽고 고달픈 일이 있더라도
늘 함께하시는 주님 안에서 기도하며 인도함 받게 하소서.
우리 주 예수 그리스도의 이름으로 기도합니다. 아멘!

용기는 무척 중요하다. 용기는 근육처럼 사용할수록 발달한다. 루스 고든

6
20

모든 염려를 주님께 맡기게 하소서

너희 염려를 다 주께 맡겨 버리라 이는 저가 너희를 권고하심이니라 베드로전서 5:7

하나님의 뜻에 따라 살기를 원하시는 주님!
삶에서 일어나는 모든 문제와 염려를
주님께 온전히 맡기며 살아가게 하옵소서.
우리가 살면서 행복을 느끼지 못하는 것은
삶에 문제가 있음이니 회개하게 하시고
어려움이 있을수록 주님만 의지하게 하소서.
삶이라는 바다가 항상 잔잔한 것만은 아니니
폭풍우가 몰아치고 거센 파도가 몰려오더라도
원망하거나 실망하지 말고 헤쳐나가며
주님을 더욱더 소망하게 하옵소서.
우리 자녀들이 항상 기뻐하는 마음으로
"나는 정말 행복하다"고 외칠 수 있는
하나님의 은혜를 신뢰하는 믿음의 사람이 되게 하소서.
우리 자녀들이 삶에서 불평만 찾아내는
어리석음에 빠지지 않게 하시고
행복을 찾아내 누리며 사는
지혜로운 자들이 되기를 원합니다.
우리 자녀들이 의욕을 갖고 모든 일들을
주님께 맡기며 기쁨으로 살아가게 하소서.
우리 주 예수 그리스도의 이름으로 기도합니다. 아멘!

가장 큰 행복은 한 해를 마무리하면서 지난해의 처음보다 훨씬 나아진 자신을 발견하는 것이다. 레프 톨스토이

6 21

우리 자녀들의 모든 행실이 거룩하게 하소서

오직 너희를 부르신 거룩한 자처럼 너희도 모든 행실에 거룩한 자가 되라
베드로전서 1:15

거룩하신 사랑의 주님!
거룩하기를 힘쓰는 자녀들이 되게 하소서.
주님은 정결함을 기뻐하시니
주님의 보배로운 피로 구속함을 받아
모든 죄악에서 구원을 받은 자로
깨끗하고 순결한 삶을 살게 하소서.
우리 자녀들이 죄악에서 떠나
다시는 악에 물들지 않게 하소서.
늘 선을 도모하는 삶이 되게 하시고
주님의 자녀로서 모든 생활을 온전하게 하소서.
우리의 마음속까지 아시는 주님께
우리의 입술로 진실하게 고백하게 하소서.
우리의 입술에 거짓말, 포악한 말,
다른 사람들을 괴롭히는 말들을 없애주시고
행동 속에서도 죄를 짓지 않기 원합니다.
기도와 말씀으로 경건한 삶을 살게 하시고
예배를 통하여 주님의 깊은 사랑을 깨닫게 하시며
우리 자녀들을 부르신 주님 안에서
모든 행실이 거룩하게 하소서.
우리 주 예수 그리스도의 이름으로 기도합니다. 아멘!

성공을 바라는 자는 마음의 안정, 자기 자신 및 타인에 대한 정신의 평화, 그리고 또 대개는 자존심까지도 포기해야 할 것이다. 칼 힐티

주님이 주시는 면류관을 바라보며 살게 하소서

내가 속히 임하리니 네가 가진 것을 굳게 잡아 아무나 네 면류관을 빼앗지 못하게 하라 요한계시록 3:11

우리의 영혼을 죽음에서 구원하신 주님!

우리 인생을 빛으로 인도하사

쓰러지거나 넘어지지 않게 하소서.

우리 자녀들이 믿음을 지켜서

주님이 주시는 면류관을 바라보며 살게 하시고

슬픔을 당할 때 위로하시며

모든 어려움 속에 흘리는 눈물을 닦아주소서.

주님이 주시는 참평안을 잃지 않고

하늘의 소망을 바라보며

하늘 사랑을 체험하며 살게 하소서.

우리 자녀들이 주님이 원하시는 삶의 길을 가게 하시고

복된 생명의 길을 바라볼 수 있는 믿음을 주소서.

주님의 나라에 이를 때까지

믿음과 용기와 인내심을 가지고

승리하는 삶을 살게 하셔서

주님 앞에 설 때 칭찬받게 하소서.

주님을 알 수 있는 믿음을 주시고

주님의 뜻을 이룰 수 있도록

기도하며 순종하는 복된 삶을 살게 하소서.

우리 주 예수 그리스도의 이름으로 기도합니다. 아멘!

인생에서 행복이나 성공은 우리들의 환경에 의존하는 것이 아니다. 우리들 자신에 의존한다. 그러므로 폭풍우나 지진이 파괴한 가옥이나 도시보다도 사람의 손으로 파괴된 도시나 가옥이 많다. 레포크

자녀들을 각종 재난으로부터 보호해 주소서

하나님은 우리의 피난처시요 힘이시니 환난 중에 만날 큰 도움이시라 시편 46:1

피난처가 되시는 하나님!
우리 자녀들이 이 땅을 살아갈 때에
순간순간마다 닥쳐오는 위험에서 건져주시고
각종 재난으로부터 보호해 주시기를 원합니다.
질병과 교통사고와 안전사고와
인간관계에서 일어날 수 모든 어려움에
대처할 수 있는 믿음과 지혜를 주소서.
우리 자녀들이 분별된 삶을 살아
사고를 미연에 방지하게 하시고
위험을 자처하거나 일으키는 일들을 행치 않게 하소서.
악의 무리와 섞여 사고와 재난을 일으켜
사람들을 불행하게 만들고 자신도 불행해지는
일들이 일어나지 않도록
믿음의 주님 안에서 성장하게 하소서.
착하고 씩씩하게 자라가게 하시고
생각이 건전하여 모든 일들을 합력하여 선을 이루는
축복된 삶을 살게 하소서.
남에게 손해가 되는 삶이 아니라
남김이 있고 보람이 있는 삶을 살게 하소서.
우리 주 예수 그리스도의 이름으로 기도합니다. 아멘!

많은 일을 하는 것은 쉽지만 한 가지 일을 연속시키는 것은 어렵다. 벤 존슨

소외된 사람들을 돌볼 수 있는 믿음을 주소서

너희 속에 착한 일을 시작하신 이가 그리스도 예수의 날까지 이루실 줄을 우리가 확신하노라 빌립보서 1:6

사랑을 풍성하게 베푸시는 주님!
우리 자녀들이 외로운 사람들을
돌보는 따뜻한 마음을 갖게 하소서.
우리 자녀들이 병든 사람들을
위로할 수 있는 믿음을 주소서.
우리 자녀들이 소외된 사람들에게
사랑을 나눠줄 수 있는 여유를 주소서.
우리 자녀들이 고통을 겪는 사람들의
고통을 함께 나눠 지게 하소서.
우리 자녀들이 절망하는 사람들에게
소망의 복음을 전하게 하소서.
사랑이 필요한 사람들에게
주님의 사랑을 전하게 하소서.
우리가 죄악 속에서 소외되어 있을 때
찾아와 주시고 구원하여 주신 것처럼
우리 자녀들도 소외된 불행한 이들에게
사랑의 손길을 펴며
주님의 자녀로 복된 삶을 살게 하소서.
우리 주 예수 그리스도의 이름으로 기도합니다. 아멘!

당신의 마음의 정원에 인내를 심어라. 그 뿌리는 써도 열매는 달다. J. 오스틴

6
25

주님께 온전히 예배드리는 삶을 살게 하소서

아버지께 참되게 예배하는 자들은 영과 진리로 예배할 때가 오나니 곧 이 때라 아버지께서는 자기에게 이렇게 예배하는 자들을 찾으시느니라 요한복음 4:23

예배를 통하여 우리와 하나가 되어주시는 주님!
우리 자녀들이 주님께 바르게 예배드리는
복음적인 예배자의 삶을 살기를 축복합니다.
하나님이 우리의 주인이 되시니
경배와 찬양을 통하여 영광을 돌리고
우리와 우리 자녀들의 마음 중심에
주님을 모시고 기뻐하며 살아가게 하소서.
언제나 주님께 신령과 진정으로 예배드리며
생동감 있고 바르게 살게 하소서.
예배는 우리의 삶과 모든 것을 거룩하게 하오니
예배를 통하여 우리와 우리 자녀들이
거룩한 삶을 살게 하소서.
삶의 소득을 기쁨으로 온전하게 봉헌하게 하시고
우리의 죄악을 고백함으로
용서함을 받게 하소서.
우리와 우리 자녀들의 삶이 곧 예배가 되게 하시고
모든 삶을 통하여 영광을 돌리게 하소서.
우리가 드리는 예배를
기쁘게 받아주시기를 원합니다.
우리 주 예수 그리스도의 이름으로 기도합니다. 아멘!

가장 잘 견디는 사람은 가장 잘 성취할 수 있다. 존 밀턴

어른이 되어서는 장성한 어른답게 살게 하소서

6

26

내가 어렸을 때에는 말하는 것이 어린 아이와 같고 깨닫는 것이 어린 아이와 같고 생각하는 것이 어린 아이와 같다가 장성한 사람이 되어서는 어린 아이의 일을 버렸노라
고린도전서 13:11

사랑과 기쁨으로 온전히 섬기기를 원하시는 주님!
주님의 사랑을 체험한 사람은 잘 성장하게 되는 줄 아오니
우리 자녀들이 어른이 되어서도
장성한 어른답게 부족함 없이 살아가도록
주님의 사랑을 듬뿍 경험하게 하옵소서.
자기의 책임을 다하고 주님의 모든 사역에 동참하게 하셔서
많은 사람들을 돕고 주님께로 이끌며 살기를 원합니다.
우리 자녀들이 성장할수록 어른이 되어서도
주님을 섬기는 일에 부족함이 없게 하시고
가정에서도 교회에서도 사회에서도
꼭 필요한 사람이 되게 하옵소서.
복음 가운데서 살게 하시고
기도함으로 하나님의 뜻과 섭리를 묻는
믿는 자의 본이 되게 하소서.
가족과 지체들과 주변 사람들을 온전히 사랑하게 하소서.
우리 자녀들이 잘 성장하여서
물질에도 축복을 받게 하시고
풍성히 나누며 영육이 건강하여 온전히 쓰임 받게 하소서.
우리 주 예수 그리스도의 이름으로 기도합니다. 아멘!

언제까지나 계속되는 불행은 없다. 눌러서 참느냐, 용기를 내어 쫓아버리느냐 어느 한쪽이다. 로맹 롤랑

하나님의 은혜로 쓰임 받게 하소서

내 영혼을 지켜 나를 구원하소서 내가 주께 피하오니 수치를 당치 말게 하소서 내가 주를 바라오니 성실과 정직으로 나를 보호하소서 시편 25:20-21

모든 지혜의 근본이 되시는 하나님!
우리 자녀들이 하나님을 의지하므로
세상에서 뛰어난 자가 되기를 원합니다.
큰 믿음을 가진 믿음의 자녀가 되게 하시고
기도하므로 응답을 받아
그 은혜와 축복으로 주님의 일을 하게 하셔서
전도와 구제하는 일에 온전히 동참케 하소서.
자녀들의 모든 삶이 구원의 은혜로
하나님을 찬송하는 기쁨이 넘치기를 원합니다.
하나님이 강권하실 때
순종함으로 온전히 쓰임 받게 하소서.
하나님이 주시는 축복은 참으로 놀라우니
그 축복을 다시 하나님의 뜻을 이루어가는 데 사용하여
하나님의 영광을 더욱더 드러내게 하옵소서.
우리 자녀들이 하나님께 쓰임 받을 때
교만하지 않게 하시고
순수한 마음으로 행하게 하소서.
어려서부터 기도와 눈물과 노력과 땀을 뿌리므로
성장해 가며 큰 열매를 많이 맺게 하소서.
우리 자녀들이 주님을 온전히 찬양하게 하소서.
우리 주 예수 그리스도의 이름으로 기도합니다. 아멘!

절망하지 말라. 그러나 설령 절망해도 계속 일하라. 에드먼드 버크

6

28

좋은 습관을 많이 갖게 하소서

우리가 선을 행하되 낙심하지 말지니 피곤하지 아니하면 때가 이르매 거두리라
갈라디아서 6:9

날마다 때마다 순간마다 우리를 인도하시는 주님!

우리 아이들이 어려서부터 성경을 읽게 하소서.

우리 아이들이 어려서부터 예배를 드리게 하소서.

우리 아이들이 어려서부터 약속을 잘 지키게 하소서.

우리 아이들이 어려서부터 기도를 잘 드리게 하소서.

우리 아이들이 어려서부터 준비를 잘하게 하소서.

우리 아이들이 어려서부터 선행을 잘하게 하소서.

우리 아이들이 어려서부터 화목하게 하소서.

우리 아이들이 어려서부터 순종하는 마음이 있게 하소서.

우리 아이들이 어려서부터 사귐을 잘 갖게 하소서.

우리 아이들이 어려서부터 꿈과 비전을 갖게 하소서.

우리 아이들이 어려서부터 믿음을 잘 갖게 하소서.

우리 아이들이 어려서부터 소망을 잘 갖게 하소서.

우리 아이들이 어려서부터 사랑을 잘 갖게 하소서.

우리 아이들이 어려서부터 주님을 가까이 느끼게 하소서.

우리 아이들이 삶 속에 좋은 습관이 많고 많아서

하나님과 부모와 사람들의 사랑을

듬뿍 받으며 자라나게 하소서.

우리 주 예수 그리스도의 이름으로 기도합니다. 아멘!

나는 재난이 일어날 때마다 이것을 좋은 기회로 바꾸려고 노력해 왔다. 존 D. 록펠러

어디서나 하나님의 사역에 필요한 사람이 되게 하소서

대저 의인의 길은 여호와께서 인정하시나 악인의 길은 망하리로다 시편 1:6

하나님의 일을 하기 위하여 일꾼을 찾으시는 하나님!
우리들을 사랑하셔서 하나님께 쓰임 받는
의인의 삶으로 초청하신 은혜의 주님!
우리 자녀들이 하나님의 사역에
쓰임 받는 인물이 되기 위하여
낙망치 않고 지속적으로 기도하게 하소서.
분명한 목적을 가지고 간절히 기도하게 하소서.
구체적으로 기도함으로 응답받게 하소서.
하나님께 쓰임 받기 전에 먼저
말씀과 기도로 준비하기를 원합니다.
기도는 하나님과 만나는 도구요 통로이오니
하나님을 먼저 만나게 하시고
훈련받기를 원합니다.
주님의 순전한 기도를 본받게 하셔서
모든 삶을 예수 그리스도의 이름으로 살아가게 하소서.
믿음의 기도를 통하여
하나님의 능력 가운데 거하기를 원합니다.
하나님께 쓰임 받기 위하여 지혜를 구하게 하시고
하나님께서 원하는 곳에 온전히 쓰임 받게 하소서.
우리 주 예수 그리스도의 이름으로 기도합니다. 아멘!

기회는 머리 앞에만 털이 있지 뒷머리에는 털이 없다. 만일 기회를 만나거든 그 앞 머리털을 꼭 잡도록 하라. F. 라블레

하나님과 친밀한 삶을 살게 하소서

여호와의 친밀함이 경외하는 자에게 있음이여 그 언약을 저희에게 보이시리로다
시편 25:14

우리를 부르셔서 동행하여 도우시는 하나님!
하나님과 친밀한 삶을 살게 하소서.
하나님께서 우리의 마음을 받으시기 원하오니
우리의 마음을 남김 없이 드려서
하나님의 마음을 알게 하시기를 원합니다.
하나님께서는 우리의 죄를 씻어주시고
죄에서 떠난 삶을 기뻐하시니
우리 자녀들이
하나님이 원하시는 삶을 살게 하소서.
하나님께서 찬양을 기쁘게 받으시니
찬양함으로 하나님과 교제하게 하소서.
하나님을 경외함으로
하나님과 친밀하게 살기를 원합니다.
하나님이 원하는 인물로 만들어가소서.
그리하셔서 쓰시옵소서.
희망과 사랑으로 격려를 아끼지 아니하시니
날마다 하나님을 경외하게 하옵소서.
우리 주 예수 그리스도의 이름으로 기도합니다. 아멘!

만일 좋은 기회가 찾아오지 않는다면 스스로 좋은 기회를 만들어라. 스마일스

7
July

건강하고 튼튼하게
자라게 하소서

두 손 모아 주님께 기도를

두 손 모아 주님께 기도를 드립니다
나약한 저에게
강하고 담대한 믿음 주시기를
마음속의 간절한
소망을 이루어주시기를

두 손 모아 주님께 기도드리면
앞으로의 삶에 주님께서
얼마나 놀라운 일들을 펼쳐 보이실까
기대를 하며 살아갑니다

늘 주님 안에서

갑자기 찾아온 난관과 어려움 속에서도

그늘 없이 웃고 살아가는 사람들

거짓 없고 꾸밈없는 마음들

모두가 주님의 일에

최선을 다하는 삶이 아름답습니다

두 손 모아 기도를 드립니다

앞으로 날마다 때마다 순간마다

주님의 은총이 가득하기를

주님의 사랑이 가득하기를

주님의 이름으로 축복하고만 싶습니다

- 용혜원 -

고넬료의 경건한 신앙을 본받게 하소서

그가 경건하여 온 집으로 더불어 하나님을 경외하며 백성을 많이 구제하고 하나님께
항상 기도하더니 사도행전 10:2

우리에게 한없는 사랑을 베풀어주시는 하나님!
우리의 삶이 강건하기를 원하셔서
날마다 은혜를 베푸시고
함께하심을 믿고 감사드립니다.
우리 자녀들이 고넬료의 경건한 신앙을 본받아
온 집으로 더불어 하나님을 경외하며
백성을 구제하고 기도하는 삶을 살게 하소서.
믿음의 사람 고넬료가 기도하여 응답받은 것처럼
우리 자녀들도 기도하는 삶, 응답받는 삶을 살기 원합니다.
고넬료가 온 집으로 하나님을 경외한 것처럼
우리와 우리 자녀들도 하나님을 경외하게 하소서.
고넬료가 많은 백성을 구제한 것처럼
우리와 우리 자녀들도 구제하며 살게 하소서.
고넬료가 하나님을 사랑하고 사람들을 사랑한 것처럼
우리와 우리 자녀들도 하나님과 사람들을 사랑하게 하소서.
고넬료가 경건한 생활로 하나님께 영광을 돌린 것처럼
우리와 우리 자녀들도 경건한 생활로 영광을 돌리게 하소서.
고넬료가 하나님의 명령에 순종하며 살았던 것처럼
우리와 우리 자녀들도 하나님의 뜻에 합당하게 하소서.
오직 예수님만 섬기는 절대 신앙을 갖게 하소서.
우리 주 예수 그리스도의 이름으로 기도합니다. 아멘!

인간의 가치는 그 사람이 가지고 있는 진리에 의해 측정할 수 없으며, 그 진리의 파악
을 위해 그 사람이 기울인 노력과 고통에 의해 측정된다. 레싱

에스라처럼 하나님의 말씀에 익숙하게 하소서

2

이 에스라가 바벨론에서 올라왔으니 저는 이스라엘 하나님 여호와께서 주신 바 모세의 율법에 익숙한 학사로서 그 하나님 여호와의 도우심을 입으므로 왕에게 구하는 것은 다 받는 자더니 에스라 7:6

말씀으로 천지 만물을 창조하시고 운행하시는 하나님!
하나님의 말씀은 생명력이 있고 운동력이 있으니
우리 자녀들도 에스라처럼
하나님 말씀에 익숙하게 하소서.
말씀을 가까이 하는 삶이
하나님을 가까이 하는 삶이오니
하나님의 도우심으로 말씀을 깊이 깨달아
하나님의 뜻을 이루어가게 하옵소서.
우리를 사랑하시고 인도하시는 주님!
우리 자녀들이 살아 있는
하나님의 말씀을 날마다 묵상하게 하소서.
우리 자녀들이 말씀의 진리를 깨달아
자유함을 누리게 하소서.
말씀 속에서 꿈과 비전을 이루게 하소서.
말씀을 통하여 놀라운 역사를 일으켜
하나님의 영광을 높이 드러내게 하소서.
우리 주 예수 그리스도의 이름으로 기도합니다. 아멘!

인간은 생각하기 위해서 태어났다. 그러므로 사람은 한시도 생각하지 않고는 살 수 없다. 세르반테스

7

세례 요한처럼 지조 있는 믿음을 갖게 하소서

그는 흥하여야 하겠고 나는 쇠하여야 하리라 하니라 요한복음 3:30

3

길이요 진리요 생명이 되시는 하나님!
주님이 오시는 길을 예비하며
주님은 흥하고 자신은 쇠하여야 한다고
목청껏 외쳤던 하나님의 사람 세례 요한의 지조 있는
믿음의 모습을 말씀으로 보여주심을 감사드립니다.
우리 자녀들도 세례 요한처럼
주님께서 맡겨주신 사명을 잘 감당하여
결코 주님을 부인하지 않는 반석 위의 믿음이 되게 하소서.
어제나 오늘이나 내일이나 언제나 변함없이
우리를 사랑해 주시는 하나님의 사랑을 깨달아
변치 않는 신앙을 갖게 하소서.
우리 자녀들이 세례 요한처럼
철저한 믿음으로 사명을 감당하게 하시고
주님이 원하시는 삶을 살기를 원합니다.
주님께 쓰임 받음을 축복으로 알게 하시고
맡은 자의 구할 것은 충성이라 하셨으니
주님의 귀한 사역에 충성되이 동참하게 하소서.
철저한 회개와 철저한 믿음으로 언제나 변치 않고
주님과 동행하는 삶을 살게 하소서.
우리 주 예수 그리스도의 이름으로 기도합니다. 아멘!

당신이 훌륭한 사람을 만났을 때 그 훌륭한 사람의 덕을 자기 자신도 가지고 있는가
생각해 보라. 그리고 나쁜 사람을 만났을 때는 그 나쁜 사람이 지은 죄가 자신에게도
있지 않은가 생각해 보라. 세르반테스

갈렙처럼 믿음의 눈으로 보게 하소서

오직 여분네의 아들 갈렙은 온전히 여호와를 순종하였은즉 그는 그것을 볼 것이요 그가 밟은 땅을 내가 그와 그의 자손에게 주리라 하시고 신명기 1:36

우리 눈을 밝히셔서 진리를 보게 하시는 하나님!
우리 자녀들이 믿음의 눈으로
확신을 가지고 바라보게 하소서.
가나안 땅을 정탐한 열두 명 중에
여호수아와 갈렙만이
하나님이 허락하신 땅을 믿음의 눈으로 보고
"저들은 우리의 밥이다"라고 외친 것처럼
우리 자녀들도 세상을 바라보며 외칠 수 있는
성숙되고 바른 믿음을 주시기 원합니다.
갈렙을 하나님의 강한 손으로 붙드신 것처럼
우리 자녀들도 하나님께서 붙드셔서
강하고 담대한 믿음으로 세상을 보게 하소서.
두려움과 걱정을 물리쳐주시고
확신을 가지고 하나님의 섭리를 이루어가게 하옵소서.
우리 자녀들에게 갈렙 같은 믿음을 주시기 원합니다.
우리 자녀들에게 갈렙 같은 확신을 주시기 원합니다.
자녀들의 삶이 하나님의 말씀에 뿌리를 두고
확실한 믿음 속에 세상을 바라보며
주님의 영광을 나타내게 하옵소서.
우리 주 예수 그리스도의 이름으로 기도합니다. 아멘!

하루만 행복하려면 이발을 해라. 일주일 동안 행복하려면 결혼을 해라. 한 달 동안 행복하려면 말을 사라. 한 해를 행복하게 지내려면 새 집을 지어라. 그러나 평생을 행복하게 지내려면 정직하여라. 하늘은 정직한 자를 지킨다. 영국 속담

7 July

디모데처럼 사랑받는 믿음의 자녀가 되게 하소서

5

사랑하는 아들 디모데에게 편지하노니 하나님 아버지와 그리스도 예수 우리 주께로
부터 은혜와 긍휼과 평강이 네게 있을지어다 디모데후서 1:2

우리를 사랑하셔서 항상 지키시는 주님!

바울이 디모데를 동역자로 삼아

아름다운 사역을 했던 것을 봅니다.

우리 자녀들도 디모데처럼

주님의 사랑을 받는 자녀가 되게 하소서.

우리 자녀들도 디모데처럼

아름답게 주님의 사역에 동참하게 하소서.

우리 자녀들도 디모데처럼

복음 안에서 공동체를 이루며 살게 하소서.

우리 자녀들도 디모데처럼

맡겨진 사명에 최선을 다하게 하소서.

우리 자녀들도 디모데처럼

주님이 원하시는 삶을 살게 하소서.

우리 자녀들도 디모데의 이름이 성경에 나온 것처럼

하늘나라 생명책에 기록되게 하소서.

우리와 우리 자녀들이 하나님의 사역에 동참하는

기쁨을 누림은 놀라운 은혜와 축복입니다.

날마다 주님을 가까이 하며 믿음을 배워 나가

하나님의 뜻을 따르게 하소서.

우리 주 예수 그리스도의 이름으로 기도합니다. 아멘!

남에게 베푼 이익을 기억하지 말라. 남에게 입은 은혜를 잊지 말라. 조지 고든 바이런

J u l y

엘리야처럼 믿음의 기도를 드리게 하소서

6

여호와여 내게 응답하옵소서 내게 응답하옵소서 이 백성으로 주 여호와는 하나님이신 것과 주는 저희의 마음으로 돌이키게 하시는 것을 알게 하옵소서 하매 이에 여호와의 불이 내려서 번제물과 나무와 돌과 흙을 태우고 또 도랑의 물을 핥은지라 **열왕기상 18:37-38**

이 땅에 하나님의 사람을 세우시고 쓰시는 하나님!
하나님과 동행하다가 승천한 엘리야의
놀라운 신앙을 바라보게 하심을 감사드립니다.
우리 자녀들 역시 고난과 역경 속에서도
오직 하나님만 바라볼 수 있는 믿음을 주소서.
엘리야처럼 극한 상황에서도 절대로 굴하지 않고
기도함으로 사단의 세력을 이겨내게 하시고
오직 예수, 오직 말씀, 오직 기도의 신앙으로
주님을 바라보며 승리하게 하소서.
세상을 살아가노라면 높은 벽과 같고
깊은 웅덩이와 같은 많고 많은
고통과 시련이 도사리고 있으니
언제 어느 곳에서 그러한 일들을 당하더라도
두려움 없이 대처할 수 있는 믿음의 장부가 되게 하소서.
우리 자녀들이 세상의 부귀와 영화만을
탐내지 말게 하소서.
믿는 자에게 복을 주시고 세워주시니
우리 자녀들이 하나님만을 소망하며
날마다 승리하는 삶을 살게 되기 원합니다.
우리 주 예수 그리스도의 이름으로 기도합니다. 아멘!

사람은 타인 속에 자기를 비추는 거울을 가지고 있다. 아르투르 쇼펜하우어

7 사마리아 여인처럼 변화된 삶을 살게 하소서

여자가 물동이를 버려두고 동네에 들어가서 사람들에게 이르되 나의 행한 모든 일을 내게 말한 사람을 와 보라 이는 그리스도가 아니냐 하니 저희가 동네에서 나와 예수께로 오더라 요한복음 4:28-30

우리를 구원하시고 사랑하시는 주님!

사마리아 여인이 우물가에서 주님을 만나 변화된 것처럼

우리와 우리 자녀들도 삶 속에서

기도를 통하여, 말씀을 통하여

주님을 만나게 하시고 변화받는 새로운 삶을 살게 하소서.

사마리아 여인이 주님과의 대화를 통하여

자신의 삶의 모습을 드러내 보인 것처럼

우리와 우리 자녀들도

기도를 통하여 우리 삶의 모습을

있는 그대로 거짓 없이 내어드리게 하소서.

우리들의 삶은 늘 연약하고 부족하오니

주님께서 붙잡아주시고 새롭게 하여 주소서.

주님께서 사마리아 여인의 삶을 보살피신 것처럼

우리와 우리 자녀들의 삶을 살펴주셔서

우리도 사마리아 여인처럼 "와보라!"고

주님을 힘차게 전하며 살기를 원합니다.

우리와 우리 자녀들이

지난 세월에 얽매인 모습들을 떨쳐버리고

새롭게 변화를 받아 주님의 복음을 전하기 원합니다.

우리 주 예수 그리스도의 이름으로 기도합니다. 아멘!

대화의 주된 목적은 가르치는 것, 배우는 것, 즐기게 하는 것 등이니 사람을 불쾌하게 하거나 반발을 일으키게 해서는 본래의 목적이 없어지고 만다. 벤저민 프랭클린

마르다와 마리아처럼 주님을 섬기게 하소서

8 거기서 예수를 위하여 잔치할새 마르다는 일을 보고 나사로는 예수와 함께 앉은 자 중에 있더라 마리아는 지극히 비싼 향유 곧 순전한 나드 한 근을 가져다가 예수의 발에 붓고 자기 머리털로 그의 발을 씻으니 요한복음 12:2-3

믿는 자의 기쁨이 되시는 주님!
성령으로 거듭난 사람들이
주님을 섬기는 모습은 참으로 아름답습니다.
마르다와 마리아가 주님을
온 마음과 온 정성을 다하여 섬긴 것처럼
우리 자녀들도 주님을 온전히
온 마음과 온 정성을 다하여
평생토록 섬기게 하옵소서.
주님을 섬길 때 주님보다 서두르거나
앞서지 않고 겸손히 섬기게 하소서.
우리 자녀들이 주님을 아는 것에 끝나지 않고
주님을 사랑하고 따르게 하소서.
주님을 섬김도 주님의 도우심이 없이는
할 수 없으니 도와주시고 함께하옵소서.
우리 자녀들이 주님의 말씀을 묵상하게 하시고
주님의 마음을 닮게 하시며
주님의 모습을 본받아 주님 가신 길을 따라가게 하소서.
우리의 마음을 전부 드려
마르다와 마리아처럼 섬기게 하소서.
우리 주 예수 그리스도의 이름으로 기도합니다. 아멘!

올바르게 칭찬해 주는 것이 비난하는 것보다 어렵다. 영국 속담

주님께 오병이어를 드린 아이의 마음을 닮게 하소서

여기 한 아이가 있어 보리떡 다섯 개와 물고기 두 마리를 가졌나이다 요한복음 6:9

우리에게 참기쁨과 참소망을 주시는 하나님!
우리가 주님을 만나 구원받은 것은
기적 중의 기적이요
은혜 중에 은혜이오니 감사드립니다.
그때에 주님 곁에 수많은 사람들이 있었는데
오직 한 어린 아이만이
주님께 오병이어를 드렸고
그 드림을 통하여 오천 명이 넘게 먹이시고도 남는
놀라운 기적을 일으키신 주님을 찬양합니다.
우리와 우리 자녀들도 드릴 수 있도록 도우소서.
믿음은 참으로 놀라운 변화를 일으키고
믿음은 놀라운 축복을 만드니
살아 있는 믿음으로 기적을 체험하게 하옵소서.
하나님을 향한 믿음은
살아 있는 믿음임을 알게 하셨으니
주님을 향한 믿음이 끝없이 나타나게 하소서.
주님 안에서 우리 아이들이 잘 성장하게 하시고
주님 안에서 주님의 뜻을 이루기 위한
온전한 삶을 살도록 축복합니다.
우리 주 예수 그리스도의 이름으로 기도합니다. 아멘!

가장 훌륭한 대화는 언쟁을 회피하는 것이다. 앤드루 카네기

도르가처럼 선행과 구제를 하게 하소서

10

욥바에 다비다라 하는 여제자가 있으니 그 이름을 번역하면 도르가라 선행과 구제하
는 일이 심히 많더니 사도행전 9:36

우리에게 믿음과 사랑과 소망을 주시는 주님!
주님의 사랑을 받고 주님을 사랑하니
날마다 저희의 삶에 기쁨이 넘침을 고백합니다.
우리와 우리 자녀들도
도르가처럼 선행과 구제를 하게 하시고
주님의 사역에 동참하게 하소서.
주님이 주시는 은혜와 사랑과 축복을
혼자만의 행복을 위하여 낭비하지 않고
소외되고 불행하게 사는 이들을 위하여
나누는 삶을 살기 원합니다.
하나님의 축복만을 받으려는
잘못된 헌신을 하지 않게 하시고
오직 주님 안에서 주님께 받은 사랑을
온전히 나누는 일에 동참하게 하소서.
자녀들의 마음을 주님께서 붙잡아주시고
마음 중심에 주님을 모심으로 말미암아
주님처럼 온유하고 겸손하여서
주님의 사랑을 실천하며 살게 하소서.
선한 일에 동참하게 하시고
선한 일에 쓰임 받기를 원합니다.
우리 주 예수 그리스도의 이름으로 기도합니다. 아멘!

세상을 살면서 네 가지 금언을 익혀라. 남을 해치는 소리는 결코 하지 마라. 아무도 받
아들이지 않는 충고는 하지 마라. 불평하지 마라. 설명하지 마라. 스콧 펙

스데반과 같은 순교의 믿음을 주소서

스데반이 은혜와 권능이 충만하여 큰 기사와 표적을 민간에 행하니…… 회당이라는 각 회당에서 어떤 자들이 일어나 스데반으로 더불어 변론할새 스데반이 지혜와 성령으로 말함을 저희가 능히 당치 못하여 사도행전 6:8-10

우리에게 믿음을 주셔서 쓰임 받게 하시는 주님!
초대 교회 일곱 집사님 중의 한 분인
스데반 집사님을 통해 감동받게 하심을 감사드립니다.
하나님의 말씀은 살아 있어
우리에게 지혜와 지식을 주시고
분별함과 자비를 주시니 감사합니다.
우리 자녀들이 초대 교회 일곱 집사님 중에
가장 주님을 닮은 삶을 살고
순교하셨던 스데반 집사님처럼
어떠한 상황과 역경에서도 굴하지 않고 이겨내는
믿음에 믿음을 더하여 주시기를 원합니다.
스데반 집사님이 권능이 충만하여
큰 기사와 표적을 행한 것처럼
우리 자녀들도 믿음으로 기도하여
주님의 기적을 체험하며 살게 되기를 원합니다.
주님 안에서는 불가능이 없으니
오직 능력과 오직 믿음으로 오직 성령의 권능으로
주님의 뜻을 이루게 하소서.
우리 자녀들이 성경을 통하여 생명의 맛, 진리의 맛을 알아
주님이 원하시는 삶을 살기를
우리 주 예수 그리스도의 이름으로 기도합니다. 아멘!

약속을 쉽게 하지 않는 자는 그 실행에서 가장 충실하다. 장 자크 루소

전도하는 일에 쓰임 받게 하소서

12

그러므로 너희는 가서 모든 족속으로 제자를 삼아 아버지와 아들과 성령의 이름으로
세례를 주고 내가 너희에게 분부한 모든 것을 가르쳐 지키게 하라 볼지어다 내가 세
상 끝날까지 너희와 항상 함께 있으리라 하시니라 마태복음 28:19-20

세상의 모든 나라와 모든 민족이 구원받기를 원하시는 주님!

주님께서 오늘도 목자가 되시어

잃어버린 양들을 찾으시니 감사드립니다.

우리와 우리 자녀들도 천하보다 귀한 영혼들을

주님께로 인도하는 전도에 힘쓰게 하소서.

말씀과 기도로 항상 준비하게 하시고

태신자를 마음에 품고 기도하게 하소서.

주님께로 한 영혼 한 영혼을

인도하는 축복을 받게 하소서.

우리 자녀들이 믿음 생활에 본이 되어

생활 속에서도 주님을 전하기 원합니다.

전도하기 위하여

기도하게 하소서.

사랑하게 하소서.

섬기게 하소서.

전도를 위하여 인내하며 기다리게 하셔서

돌아온 영혼과 함께 기뻐 찬양하며 예배드리게 하소서.

우리 자녀들이 영적으로 성숙한 삶을 살아

영혼을 더욱더 많이 사랑함으로

전도하는 삶이 습관처럼 자연스럽게 하소서.

우리 주 예수 그리스도의 이름으로 기도합니다. 아멘!

용기 있는 사람은 모든 약속을 지키는 사람이다. 피에르 코르네유

여름방학과 휴가를 유익하게 보내게 하소서

13

그리스도는 그의 집 맡은 아들로 충성하였으니 우리가 소망의 담대함과 자랑을 끝까지 견고히 잡으면 그의 집이라 히브리서 3:6

우리에게 안식과 평안을 주시는 하나님!
우리 자녀들이 여름방학과 휴가를 통하여
인생에서의 쉼을 배우게 하소서.
계획을 스스로 세워 지키게 하시고
삶의 여유로움 속에 질서를 배우기 원합니다.
우리 자녀들이 여름방학과 휴가를 통하여
서점을 오가며 책과 친구가 되게 하시고
교회에서 기도함으로 영적인 성장을 하게 하소서.
친구들과 우정 있는 교제를 나누고
여행을 통하여 자연의 아름다움을 배울 수 있게 하옵소서.
우리 자녀들이 창조의 섭리를 배우게 하시고
자연을 사랑할 수 있는 마음을 주시기 원합니다.
또한 여름방학과 휴가를 통하여
가족들과 예배드리게 하시고 기도하게 하소서.
가족과 친구들의 사랑을 많이 체험하게 하시고
온 가족이 마음을 털어놓는 대화의 시간도 갖게 하소서.
무더운 여름을 쉼과 여유 속에 잘 보내게 하소서.
우리 주 예수 그리스도의 이름으로 기도합니다. 아멘!

주의 깊게 듣고, 총명하게 질문하고, 조용하게 대답하고, 그리고 그 이상 아무 말할 필요가 없을 때는 입을 열지 않는 사람은 인생의 가장 필요한 걸 깨달은 사람이다. 라파아텔

7
July

14

건전한 문화생활을 만들며 즐기게 하소서

이제 인내와 안위의 하나님이 너희로 그리스도 예수를 본받아 서로 뜻이 같게 하여
주사 한 마음과 한 입으로 하나님 곧 우리 주 예수 그리스도의 아버지께 영광을 돌리
게 하려 하노라 로마서 15:5-6

오직 진리 가운데 행하시는 주님!
이 땅의 문화가 날로 타락하여
폭력과 음란과 테러가 가득하오니 이러한 문화 속에서
우리와 우리 자녀들을 지켜주시기 원합니다.
그리스도인들이 지혜롭게
건전한 문화를 만들어가게 하시고
건전한 문화를 통하여 사람들의 마음이
맑고 깨끗하며 아름답게 정화되게 하소서.
우리 자녀들이 불건전한 문화에 빠지지 않고
탈선을 조장하는 문화에서 자신을 스스로 지켜가기 원합니다.
지혜와 믿음을 주셔서 하나님이 원하시는
기독교 문화를 만들어 하나님께 영광을 돌리고
사람들의 마음에 행복을 심게 하소서.
영혼을 사랑하고 구원하려는 마음이 문화를 변화시키니
물질만을 추구하는 마음들이 사라지게 하소서.
건전하고 즐거운 문화, 주님을 찬양하는 문화를 만들게 하소서.
우리 주 예수 그리스도의 이름으로 기도합니다. 아멘!

인생을 살아가는 데는 항상 한걸음씩 물러설 줄 알아야 한다. 물러서는 것은 곧 나아
가는 밑천이다. 사람을 대하는 데는 항상 너그러워야 한다. 남을 이롭게 하는 것은 자
기를 이롭게 하는 것이다. 채근담

삶의 폭이 넓어 큰 사람으로 성장하게 하소서

그러므로 사랑을 입은 자녀같이 너희는 하나님을 본받는 자가 되고 에베소서 5:1

죄악의 기가 막힌 웅덩이에서 건져주신 주님!

우리 자녀들이 주님의 사랑을 입어

주님을 본받는 자가 되게 하시고

삶의 폭이 넓고 큰 사람으로 성장하게 하소서.

주님은 가장 위대하고 참된 빛이시니

빛이신 주님께서 자녀들의 마음에 찾아와 주셔서

어둠이 사라지게 하옵소서.

우리 자녀들의 삶의 폭이

깊고, 넓고, 높아져서 하나님의 자녀답게

넓은 마음으로 살게 되기를 원합니다.

주님이 기뻐하시는 일을 행하게 하시며

주님의 사랑을 받아 믿음의 지경을 넓혀주시기 원합니다.

꿈과 비전을 펼쳐나가게 하시고

이루어주시는 그 놀라운 축복을 통하여

주님의 자녀답게 살게 하소서.

우리 자녀들이 항상 주님의 길을 걷게 하시고

좋은 나무가 되어 좋은 열매를 맺어가며

좋으신 하나님과 일평생 함께하게 하소서.

하나님의 축복을 받게 하소서.

우리 주 예수 그리스도의 이름으로 기도합니다. 아멘!

가장 좋은 말은 가장 조심스럽게 억제된 말이다. 가장 좋은 이야기란 가장 조심스럽게
다루어진 이야기뿐이다. 아라비아 속담

사람을 잘 세워주고 격려할 수 있는 마음을 주소서

너희가 전에는 어두움이더니 이제는 주 안에서 빛이라 빛의 자녀들처럼 행하라 빛의
열매는 모든 착함과 의로움과 진실함에 있느니라 에베소서 5:8-9

모든 힘의 근원이 되시는 주님!
바르게 세워진 나무가 견고하고 튼튼하게 자라듯
주님께서 우리와 우리 자녀들을 믿음 안에서
굳건하게 세워주시기를 원합니다.
현대 사회가 아무리 경쟁사회라고 해도
사람을 잘 세워주고 격려해 주는 마음을 갖게 하시고
다른 이에 대해 성급하게 판단하지 않게 하시며
서로 협력하여 서로에게
도움이 되는 삶을 살게 하소서.
우리 자녀들이 급한 판단과
급한 마음으로 남을 무너뜨리려고
비난과 공격을 일삼지 않기 원합니다.
모든 일을 선한 마음과
선한 목적으로 하게 하시고
사람을 세우고 사랑하며 살아가게 하소서.
우리 자녀들이 예수 그리스도, 우리 주님께서
우리를 구원하여 주신 그 놀라운 사랑을 본받아
생명력 있게 살아가게 하소서.
복음과 그 사랑을 나누며 살아가게 하소서.
우리 주 예수 그리스도의 이름으로 기도합니다. 아멘!

나는 절대로 거절하지 않으며 절대로 반대하지 않는다. 그러나 잊어버린 적은 가끔 있
다. 벤저민 리즈레일리

아이들이 자연을 사랑하게 하소서

새 노래로 여호와께 노래하라 온 땅이여 여호와께 노래할지어다 여호와께 노래하여
그 이름을 송축하며 그 구원을 날마다 전파할지어다 시편 96:1-2

모든 만물을 사랑하시고 보살피시는 하나님!
우리 자녀들에게 자연을 사랑할 수 있는
마음을 주시기 원합니다.
하나님이 창조하시고 선물로 주신 자연을
함부로 훼손하고 오염시키므로 생태계가 파괴되고
자연의 질서가 파괴되는 것을
안타까운 마음으로 바라봅니다.
우리와 우리 자녀들이 자연을 소중하게 생각하고
아끼며 잘 가꿔가기를 원합니다.
산에 오를 때에도 휴지 하나 함부로 버리지 않게 하시고
나뭇가지 하나 함부로 꺾지 않는 마음을 주옵소서.
하나님의 손길로 이루어진
자연을 통하여 하나님의 섭리를 알게 하시고
자연을 통하여 사랑을 배우고
자연을 통하여 꿈을 키워나가기를 원합니다.
우리 자녀들이 하나님이 베푸시는
무한하신 사랑과 하늘의 기쁨을
이 땅에서도 체험하며 살게 하옵소서.
이름 모를 풀 하나, 이름 모를 새 한 마리도 사랑하시는
하나님을 사랑하며 살게 하소서.
우리 주 예수 그리스도의 이름으로 기도합니다. 아멘!

말을 잘하려면 첫 번째 요소는 진실, 두 번째는 양식, 세 번째는 기분, 네 번째는 기지
이다. 미셸 몽테뉴

7

형제와 친구들과 화목하게 하소서

18

그러므로 예물을 제단에 드리다가 거기서 네 형제에게 원망 들을 만한 일이 있는 줄
생각나거든 예물을 제단 앞에 두고 먼저 가서 형제와 화목하고 그 후에 와서 예물을
드리라 마태복음 5:23-24

사랑과 은혜가 충만하신 주님!
사랑과 화목이 부족한 이 세상을 사는
우리 자녀들에게 형제와 지체, 친구들과 함께
살아갈 수 있는 사랑의 마음을 주시기 원합니다.
다투었을 때 먼저 용서하고 화해를 청할 수 있는
넉넉한 마음과 사랑을 주옵소서.
성령 안에서 누리는 의와 평강과 기쁨을
우리 자녀들도 누리게 하옵소서.
가정에서도, 학교에서도, 일터에서도,
날마다 때마다 순간마다 성령께서 인도하옵소서.
갈등을 슬기롭게 이겨내게 하시고
아픔을 헤아려주고 기도해 주고 위로해 주고
힘이 되어주어 깊은 우정을 나누게 하옵소서.
우리 자녀가 도고의 기도를 하게 하시고
우리 자녀들을 위하여 기도해 주는 사람도
더 늘어나게 되기를 원합니다.
항상 친절하고 사랑이 넘쳐
남을 배려하는 넉넉한 마음으로
삶을 행복하게 살아가게 하소서.
우리 주 예수 그리스도의 이름으로 기도합니다. 아멘!

논쟁에 귀 기울여라. 하지만 절대로 논쟁에 끼어들지 말라. 니콜라이 고골

삶의 기초가 말씀 위에 세워지게 하소서

내가 그리스도와 함께 십자가에 못박혔나니 그런즉 이제는 내가 산 것이 아니요 오직 내 안에 그리스도께서 사신 것이라 이제 내가 육체 가운데 사는 것은 나를 사랑하사 나를 위하여 자기 몸을 버리신 하나님의 아들을 믿는 믿음 안에서 사는 것이라 **갈라디아서 2:20**

오직 한 분 전능하신 하나님!

우리의 삶 속에 어려움이 닥칠 때,

포기하라는 시험을 받을 때

믿음으로 잘 견디고 이겨내게 하심을 감사드립니다.

우리 자녀들의 삶의 기초가

주님의 말씀 위에 세워지기를 원합니다.

삶을 살아가며, 꿈과 비전을 이루어가며,

극한 곤경과 역경과 절망에 처할 때에도

하나님께서 언제나 귀한 능력과 권세로 인도하심을 믿고

전적으로 하나님을 의지하게 하옵소서.

하나님께서 우리 자녀들의 마음을 아시니

하나님께서 늘 함께 계심을 믿고

믿음의 사람으로 정직하게 하옵소서.

모든 출발이 기도와 말씀과 예배로 시작하며

전능하신 하나님을 전적으로 의지하기 원합니다.

하나님을 만나는 기도에 최선을 다하며

하나님이 주시는 지혜와 능력으로

힘차고 능력 있게 살아가기를 원합니다.

우리 주 예수 그리스도의 이름으로 기도합니다. 아멘!

당신이 어떤 사람을 신용하냐고 물으면 나는 스스로 남을 신용하는 사람을 신용한다고 말할 것이다. 프리드리히 류카트

우리의 자녀들이 주님께 쓰임 받게 하소서

오직 심령으로 새롭게 되어 하나님을 따라 의와 진리의 거룩함으로 지으심을 받은 새 사람을 입으라 에베소서 4:23-24

우리를 언제나 신실하게 인도하시는 주님!
주님께서 이 땅에 오셔서 진실하게 일하시고
먹는 것과 마시는 것도 잊으시고
열심히 가르쳐주신 말씀들을 묵상하며 감사드립니다.
우리 자녀들이 주님의 삶과 기도를 배우게 하소서.
우리 자녀들이 주님께 잘 쓰임 받게 하소서.
오직 성령으로 자녀들을 새롭게 해주시고
하나님의 의와 진리의 거룩함으로 지으심을 받은
새 사람으로 거듭나게 하소서.
우리 자녀들이 주님의 섭리를 온전히 믿게 하시고
주님과 동행하며 주님의 손을 붙잡게 하소서.
주님이 원하시는 일에 쓰임 받게 하시고
자신들이 하고 있는 일이 주님께서 원하시는 일인지
원하시지 않는 일인지를 분별하게 하옵소서.
삶의 초점을 주님께 맞추게 하시고
아이들과 함께, 아이들 안에서 행복하게 하소서.
주님을 위해 일하게 하심을 믿고 순종하여
쓰임 받게 되기를 원합니다.
우리 아이들에게 주님의 사랑이 함께하기를 원하며
우리 주 예수 그리스도의 이름으로 기도합니다. 아멘!

어떤 때라도 인사를 덜하기보다 넘치게 하는 쪽이 좋다. 레프 톨스토이

삶의 중심을 하나님께 드리게 하소서

여호와는 의로우사 의로운 일을 좋아하시나니 정직한 자는 그 얼굴을 뵈오리로다
시편 11:7

고통과 절망의 수렁에서 건져주시는 주님!
우리 자녀들이 삶의 중심을
하나님께 드리게 하소서.
자녀들의 삶의 모습이 어떤 그릇일지라도
하나님께서 쓰시면 놀라운 변화를 일으킬 수 있으니
주여, 인도하옵소서.
우리 자녀들이 말씀을 심령 깊숙한 곳에 두어
모든 것을 주님께 맞추어가기를 원합니다.
삶 속에서 극한 곤경과 절망에 처한다 할지라도
하나님께서 능히 구하여 주실 것을 믿습니다.
날마다 하나님을 의지하며 살게 하시고
항상 우리의 중심을 살피시는 주님께
있는 모습 그대로 드리게 하소서.
우리 자녀들이 진실하고 정직하게 살아서
주님의 얼굴을 보게 하시고
주께서 주시는 축복을 누리며 살게 하소서.
우리 자녀들이 어려움을 당할 때마다
중심에 있는 주님의 가르침 따라 이겨내게 하소서.
우리 주 예수 그리스도의 이름으로 기도합니다. 아멘!

사랑이 시작된 후 최대 행복은 자신의 사랑을 고백하는 것이다. 앙드레 지드

하나님과의 깊은 사귐을 허락하소서

22

주께 합당히 행하여 범사에 기쁘시게 하고 모든 선한 일에 열매를 맺게 하시며 하나님을 아는 것에 자라게 하시고 골로새서 1:10

사랑하는 주님!
우리 자녀에게 하나님을 향한
순수하고 깊은 사랑의 마음을 부어주옵소서.
그리하여 자녀들이 이 세상을 살아가면서
여호와 하나님을 가장 가까운 벗으로,
선생님으로, 보호자로 의지하며 살게 하옵소서.
사랑이 많으신 하나님,
아이들이 자라면서
하나님을 아는 바른 지식도 자라가게 하시고,
하나님을 아는 것이 더욱 깊어져서
하나님의 마음으로 인생을 살아가게 하옵소서.
그리하여 교회는 물론 세상에서도
영성과 실력을 두루 갖춘
기둥과 같은 이들이 되게 하옵소서.
하나님이 창조하실 때 계획하셨던
모든 일들을 넉넉히 감당하게 하옵소서.
주님, 우리 아이들이
하나님과 친밀히 동행하는 삶을 살아
매일 매일이 지성소 안에서의
예배와 같은 기쁨 가운데 행하길 원하며
우리 주 예수 그리스도의 이름으로 기도합니다. 아멘!

다른 사람으로부터 사랑받지 못하는 사람은 다른 사람을 사랑하지 않는다. 라파데르

무더운 여름철을 지혜롭게 보내게 하소서

저희가 나와 너희 마음을 시원케 하였으니 그러므로 너희는 이런 자들을 알아주라
고린도전서 16:18

사계절을 만드시고

계절마다 새로운 변화를 주시는 주님!

무더운 여름철을 지혜롭게 보내게 하소서.

더위로 인하여 학교가 방학을 하고

직장과 일터에서도 휴가가 있는 이 계절에

신앙이 성숙하고 영성이 회복되는 시간이 되게 하소서.

교회의 수련회에 참석하여 지체들과

친밀한 교제를 나누는 기간이 되고

집중적으로 말씀을 보며 기도하는 시간이 되게 하소서.

이 여름에 이웃을 위하여 봉사할 수 있는 시간과

남의 고통을 감싸주며 어려움을 당한 이들을

섬길 수 있는 시간을 갖게 하소서.

이 여름에 부족한 것들을

보충할 수 있는 시간을 주시고

독서를 하고 여가를 잘 선용하여 보람되게 하소서.

여름철 동안 잘 연단받고 잘 훈련받아

남은 계절이 열매로 충만하게 되기를 원합니다.

태양의 열기가 강열함같이

믿음의 열정을 갖고 살아가게 하소서.

우리 주 예수 그리스도의 이름으로 기도합니다. 아멘!

만약 한 사람의 인간이 최고의 사랑을 성취한다면 그것은 수백만 사람들의 마음을 이해시키는 데 충분할 것이다. 마하트마 간디

사고 없이 건강하게 보내게 하소서

주 예수 안에서 너희 믿음과 모든 성도를 향한 사랑을 나도 듣고 너희를 인하여 감사하기를 마지 아니하고 내가 기도할 때에 너희를 말하노라 에베소서 1:15-16

우리 믿음이 기도 속에 성장하기를 원하시는 주님!
여름철 각종 수련회와 여행에서
사고 없이 건강하게 보내게 하옵소서.
수련회 기간 동안 영성 회복에 온 마음을 다하며
여행을 떠났을 때에는 언제나
안전 수칙을 지키게 하소서.
우리 아이들이 홀로 독단적인 행동을 하다가
사고가 일어나지 않게 하시고
공동체 생활에 잘 적응하게 하소서.
우리 아이들이 언제 어디서나 신앙의 기준을
자신이 아닌 하나님께 두게 하소서.
순간적인 방심이나 실수로
삶에 치명적인 손상을 일으키지 않게 하시고
맡겨진 고귀한 사명을 감당하지 못하는 불상사가
일어나지 않기를 원합니다.
우리 아이들이 언제나 약속의 말씀을 붙잡고
주님 앞에 나아가게 하소서.
복음으로 인하여 분명하고
확신 있는 행동을 하게 하소서.
우리 주 예수 그리스도의 이름으로 기도합니다. 아멘!

남을 행복하게 할 수 있는 자만이 행복을 얻는다. 플라톤

지혜를 잘 사용하여 더욱더 지혜롭게 하소서

그런즉 너희가 어떻게 행할 것을 자세히 주의하여 지혜 없는 자같이 말고 오직 지혜 있는 자같이 하여 세월을 아끼라 때가 악하니라 그런즉 어리석은 자가 되지 말고 오직 주의 뜻이 무엇인가를 이해하라 에베소서 5:15-17

우리의 구원은 오직 주님뿐임을 알게 하시는 주님!

항상 단비처럼 내리는 주님의 사랑이

우리의 마음속에 촉촉이 젖어들게 하소서.

주님께서 허락하신 지혜를

우리 자녀들이 잘 사용하게 하소서.

주님께서 모든 세계를 지으신 그 놀라우신 섭리를

마음에 담게 하시고

날마다 한 걸음 한 걸음씩

주님께로 인도함 받기를 원합니다.

주님은 지혜의 근원이시니 주님이 주시는 지혜로

우리 자녀들의 모든 삶을 더 지혜롭게 하소서.

어떻게 살아야 하는지

어떻게 영광을 돌려야 하는지

삶의 순간순간마다

주님께서 지도하시고 인도하시기를 원합니다.

우리 자녀들이 하나님이 주신 지혜를

교만하여 사사롭게 사용하여 범죄치 않고

오직 하나님의 뜻을 이루는 데 사용하게 하소서.

우리 주 예수 그리스도의 이름으로 기도합니다. 아멘!

진실한 사랑은 하나님이 오로지 인간에게만 준 선물이다. W. 스콧

삶의 시작과 끝을 주님과 함께하게 하소서

우리가 시작할 때에 확실한 것을 끝까지 견고히 잡으면 그리스도와 함께 참예한 자가 되리라 히브리서 3:14

성도들의 출입을 지키시는 하나님!

우리의 삶을 주님께 맡기오니 함께하소서.

삶의 시작과 끝을 주님께서 인도하시기 원합니다.

주님께서 자녀들의 발걸음을 지켜주소서.

주님께서 자녀들의 영혼을 지켜주소서.

주님께서 자녀들의 삶 전체를 지켜주소서.

예수 그리스도라는 성공의 물감으로

모든 실패를 지워버리기 원합니다.

우리 자녀들이 언제 어디서나 주님과 동행하게 하시고

주님만을 의지하고 따르게 하옵소서.

주님께서는 자녀들의 세미한 부분까지 지켜주시니

온전히 인도하시기를 원합니다.

자녀들의 삶을 온전히 주님께 맡기므로

들어와도 복을 받고 나가도 복을 받는

축복받은 삶의 행진을 하게 하소서.

이스라엘 백성을 구름기둥과

불기둥으로 인도하신 것처럼

주님께서 우리 자녀의 삶도 인도하여 주소서.

주님의 손길로 항상 붙잡아주시기를 원합니다.

우리 주 예수 그리스도의 이름으로 기도합니다. 아멘!

사랑한다는 것은 둘이 서로 들여다보는 것이 아니고 함께 같은 방향을 쳐다보는 것임을 우리는 경험으로 안다. 생텍쥐페리

심는 대로 거두는 믿음의 비결을 알게 하소서

이것이 곧 적게 심는 자는 적게 거두고 많이 심는 자는 많이 거둔다 하는 말이로다
고린도후서 9:6

주 안에서 하나가 되기를 원하시는 주님!
농부가 배나무를 심으면 배가 나고
사과나무를 심으면 사과가 열리는 것처럼
우리의 삶도 심는 대로 거두게 하시고
행한 대로 갚아주시는 주님께 감사를 드립니다.
우리 자녀들도 하나님의 법칙을 잘 알아
심는 대로 거두는 비결을 알게 하소서.
어린 시절부터 미래를 위하여 심게 하시고
악으로 심지 않고 선으로 심게 하시며
자신만이 기쁜 것을 심는 것이 아니라
하나님이 원하시고 기뻐하시는 것을
심고 거두기를 원합니다.
모든 일에 부지런하게 하시고
열정을 가지고 꿈과 비전을 이루어가게 하소서.
믿음의 기도로 심어 응답받게 하시고
하나님이 원하시는 곳에서 쓰임을 받아
결실을 맺기 원합니다.
기쁨으로 심고 기쁨으로 거두게 하시고
사랑으로 심고 사랑으로 거두게 하소서.
우리 주 예수 그리스도의 이름으로 기도합니다. 아멘!

상대의 이야기에 귀를 기울여라. 이것이 사랑의 첫째 의무이다. 폴 틸리히

July

7

28

주님의 말씀대로 살게 하소서

우리 강한 자가 마땅히 연약한 자의 약점을 담당하고 자기를 기쁘게 하지 아니할 것
이라 우리 각 사람이 이웃을 기쁘게 하되 선을 이루고 덕을 세우도록 할지니라 로마서
15:1-2

생명의 말씀을 통하여 우리를 새롭게 하시는 주님!

우리 자녀들이 어려서부터 생명의 말씀을 잘 배워

말씀을 배운 자의 도리를 다하며

주님의 말씀대로 살아가기를 원합니다.

우리 자녀들의 삶 가운데

항상 주님의 사랑이 충만하여

말씀대로 살아감을 기뻐하게 하소서.

우리 자녀들이 말씀을 통하여

예수 그리스도의 대속 죽음을 깨닫고

주님의 구원의 사랑에 감사하게 하소서.

우리 자녀들이 예수 그리스도의 죽음은

살리시기 위한 죽음임을 알게 하소서.

우리 자녀들이 예수 그리스도의 죽음으로

영원히 용서받았음을 믿게 하소서.

말씀 속에서 구원의 감격을 경험하여

날마다 의미 있고 보람 있는

생활을 하기 원합니다.

우리 주 예수 그리스도의 이름으로 기도합니다. 아멘!

사랑은 그 자체가 에너지다. 그것이 가치인 것이다. 손튼 와일더

하나님을 경외하는 가정이 되게 하소서

29

네 집 내실에 있는 네 아내는 결실한 포도나무 같으며 네 상에 둘린 자식은 어린 감람 나무 같으리로다 여호와를 경외하는 자는 이같이 복을 얻으리로다 시편 128:3-4

사랑이 풍성하신 주님!
하나님을 경외하는 가정이 되어
주님이 주인 되심을 드러내게 하옵소서.
우리 가정이 하나님을 경외하는 가정이 되기 위하여
가족의 믿음이 반석 위에 세워지게 하소서.
하나님을 경외하는 가정이 되기 위하여
가족의 꿈을 이루어갈 수 있는 소망을 주시기 원합니다.
하나님을 경외하는 가정이 되기 위하여
예수 그리스도의 사랑으로 충만하게 하소서.
우리 가족들이 맡은 일에 최선을 다하게 하소서.
또한 성령 충만함을 주시기 원합니다.
우리 가정이 하나님을 경외하기 위하여
천국을 바라보는 소망을 갖게 하소서.
우리 가정이 하나님을 경외하기 위하여
사랑의 띠로 온전히 묶여지게 하소서.
우리 가정의 모든 가족들이
주님 안에서 하나님의 영광을 드러내게 하소서.
우리 주 예수 그리스도의 이름으로 기도합니다. 아멘!

존경이 없으면 사랑도 없다. J. G. 피히테

자녀들이 물질적인 축복을 받게 하소서

네가 채우지 아니한 아름다운 물건이 가득한 집을 얻게 하시며 … 너로 배불리 먹게
하실 때에 너는 조심하여 … 여호와를 잊지 말고 네 하나님 여호와를 경외하며 섬기
며 그 이름으로 맹세할 것이니라 신명기 6:11-13

우리를 창조하시고 구원하시는 하나님!
모든 물질의 주인은 하나님이시니
우리를 축복하시는 하나님께
늘 감사하며 살게 하옵소서.
우리 자녀들이 하나님의 은혜로
물질적인 축복을 받으며 살기를 원합니다.
우리에게 하늘과 땅을 허락하여 주시고
생명을 주신 하나님을 찬양합니다.
우리에게 주시는 축복을 감사히 받아
하나님께 영광을 돌리게 하소서.
하나님을 온전히 섬기게 하소서.
하나님을 온전히 경외하게 하소서.
하나님을 온전히 예배하게 하소서.
하나님을 온전히 찬양하게 하소서.
우리 자녀들이 하나님 앞에 온전히 섬으로
축복을 받아 그 축복을 가족과 이웃들에게 나누게 하소서.
하나님의 축복을 복음 전파와
하나님의 뜻을 이 땅에 이루는 데
사용하게 되기를 원합니다.
우리 주 예수 그리스도의 이름으로 기도합니다. 아멘!

사랑의 비극이란 없다. 사랑이 없다는 것이 비극이다. 테스카

삶의 경영을 하나님께 맡기게 하소서

너의 행사를 여호와께 맡기라 그리하면 너의 경영하는 것이 이루리라 잠언 16:3

우리의 생사화복을 주관하시는 하나님!
삶의 시작과 끝이 하나님 안에 있으니
우리 자녀들이 삶의 경영을 하나님께 맡기게 하소서.
언제나 기도와 말씀으로
하나님의 인도를 받아 살게 하옵소서.
하나님이 원하시는 삶을 살게 하시고
모든 삶을 하나님께 맡기기 원합니다.
우리 자녀들이 하나님을 철저히 믿고
인정하며 순종하게 하옵소서.
우리 자녀들이 삶의 밭을 잘 개간하여
좋은 밭, 생명이 넘치는 옥토를 만들게 하셔서
30배, 60배, 100배의 풍성한 결실을 맺게 하소서.
우리 자녀들이 거둔 것을 나누며 살게 하소서.
하나님께서 주신 달란트를 잘 활용하여
남김이 있는 삶을 살게 하옵소서.
우리 자녀들이 삶을 살아갈 때 지혜를 주시고
믿음을 주시고 사랑하여 주셔서 형통하게 하소서.
하나님 보시기에 이름답고
잘했다 칭찬받을 수 있는 삶이 되게 하소서.
우리 주 예수 그리스도의 이름으로 기도합니다. 아멘!

오직 회개만이 강력하다. 그것은 모든 것을 이룰 수 있다. 조지 뮐러

8
August

주님과 같이
온유하고 겸손하게 하소서

감사드리는 마음

주님께
감사드리는 마음이 있는 사람은
행복한 사람입니다

구원의 기쁨을 알기에
예수 그리스도의 십자가의 사랑을
영혼 깊이 체험하였기 때문입니다

주를 향하여
마음 깊은 곳에서
감사와 또 감사가
쏟아져 내리는 것입니다

작은 것을 감사드리면

큰 것을 더욱 감사드릴 수 있고

주변 사람들을 감사하면

자신을 더욱 감사할 수 있습니다

주님께

감사드리는 마음이 있는 사람은

예수 그리스도를 닮아가는

멋진 그리스도인입니다

- 용혜원 -

우리 아이들이 연약할 때 힘이 되어주소서

우리가 아직 연약할 때에 기약대로 그리스도께서 경건치 않은 자를 위하여 죽으셨도
다 로마서 5:6

우리의 도움이 되시고 피난처가 되시는 주님!
우리 삶에는 늘 연약함이 있고 부족함이 있어서
주님의 도움이 절실하게 필요하오니
우리와 우리 아이들의 연약함을 도와주옵소서.
사랑의 주님, 우리 아이들의
믿음이 나약함을 도와주소서.
우리 아이들을 인도하셔서
지혜와 지식과 연약함을 도와주소서.
우리 아이들과 함께하셔서
꿈과 비전을 이루어갈 힘을 주소서.
우리 아이들과 동행하셔서
인간관계를 잘할 수 있도록 인도하소서.
우리 아이들이 늘 겸손히 주님을 사모하며
주님을 사랑하며 의지하게 하소서.
주님의 도우심을 따라 강하고 바른 믿음을 갖게 하소서.
우리 아이들이 연약하더라고 포기하지 않고
기도하며 앞으로 나아가기를 원합니다.
주님을 의지함으로 모든 연약함이 강함으로 바뀌며
하나님의 영광을 드러내게 하소서.
우리 주 예수 그리스도의 이름으로 기도합니다. 아멘!

참된 벗을 갖지 못한 것은 대단한 고독이다. 벗이 없으면 이 세계는 황야에 지나지 않
는다. 프랜시스 베이컨

하나님 앞에 흠 없는 자녀로 살게 하소서

이는 너희가 흠이 없고 순전하여 어그러지고 거스르는 세대 가운데서 하나님의 흠 없는 자녀로 세상에서 그들 가운데 빛들로 나타내며 빌립보서 2:15

응답하시는 주님!

주님을 사랑함으로 날마다

말씀을 읽고, 묵상하고, 기도하게 하소서.

주님의 거룩하심처럼

우리도 거룩하기를 원합니다.

주님의 보혈로 씻어주셔서

하나님 앞에 흠 없는 자녀로 살게 하옵소서.

주님께서 모든 죄악을 사하셔서 새롭게 하시므로

예수 그리스도로 옷 입게 하소서.

옛것은 지나가고 새것이 될 줄로 믿으니

생명의 말씀을 밝혀주셔서

우리의 발걸음이 헛되지 않게 하소서.

자녀들의 수고도 헛되지 않기를 원합니다.

우리와 우리 자녀들은 흠이 많고 부족하오니

주님께서 함께하여 주시기를 원합니다.

날마다 주님을 바라보며 살게 하소서.

고난과 핍박을 당하더라도

온전히 하나님의 뜻을 따르게 하시고

주님을 바라보며 인도하심을 받게 하소서.

우리 자녀들이 주님의 은혜로 흠 없는 삶을 살게 하소서.

우리 주 예수 그리스도의 이름으로 기도합니다. 아멘!

좋은 벗을 얻는다는 것은 큰 자본을 얻는 것과 같다. 레만

열정을 지닌 참된 지도자로 살게 하소서

3

내가 너희를 위하여 마게도냐 인들에게 아가야에서는 일 년 전부터 예비하였다 자랑하였는데 과연 너희 열심이 퍽 많은 사람들을 격동시켰느니라 고린도후서 9:2

지도자를 세우시고 인도하시는 주님!
주님께서 지도자로 선택하셨으니
우리 자녀들이 올바른 지도자로 준비되게 하소서.
참된 열심과 열정을 가진
참된 지도자가 되게 하시고
복음의 열정을 가진 리더의 삶을 살게 하소서.
나약하고 미련한 졸장부가 아니라
지혜로운 믿음의 장부가 되어 주님의 영광을 드러내며
맡겨진 사명을 감당하기 원합니다.
맡겨진 일에 최선을 다하게 하시고
주님의 뜻에 순복하며 따르게 하옵소서.
지도자로서 때론 부드럽게 하시고
때론 강하게 하셔서 어떠한 경우에도 굳건히 서서
주님의 일을 당당히 실천해 나가는
믿음직한 지도자가 되게 하소서.
어려움이 오더라도 염려만 하거나
두려워만 하는 것이 아니라 헤쳐나가게 하소서.
주님께 모든 것을 맡기며 순서와 절차에 따라
당당하게 이루어가는 지도자가 되게 하옵소서.
우리 주 예수 그리스도의 이름으로 기도합니다. 아멘!

우정이란 성장이 더딘 식물이다. 그것이 우정이란 이름을 들을 수 있게 되기까지에는 몇 번의 곤란과 타격을 받아야 한다. 조지 워싱턴

하나님의 열심을 배우는 자녀가 되게 하소서

4 내가 하나님의 열심으로 너희를 위하여 열심 내노니 내가 너희를 정결한 처녀로 한 남편인 그리스도께 드리려고 중매함이로다 고린도후서 11:2

하나님의 자녀들을 통하여 뜻을 이루시는 주님!

꿈과 비전을 갖고 도전하여

성취할 수 있는 자녀가 되게 하소서.

꿈과 비전을 이루어가기 위하여

하나님의 열심을 배우게 하소서.

인간적인 허황된 꿈이 아니라 하나님이 주시는 꿈

하나님이 이루어주시는 꿈이 되게 하소서.

우리 자녀들이 성령 충만하여

거듭나고 변화된 삶을 살기 원합니다.

인간의 욕심이나 욕망을 충족시키는

헛된 꿈이 아니라 하나님이 원하시는

꿈과 비전이 되게 하옵소서.

예수 그리스도의 피 묻은 복음을 믿고

확신 속에 살아가게 하옵소서.

우리 자녀의 심령이 뜨거워지게 하시고

삶의 의욕이 넘치게 하소서.

도전정신으로 온갖 시련과 역경을

이겨나가고 헤쳐나가기를 원합니다.

주님을 배우고 따르며 두려움 없이

날마다 하나님 말씀 안에 살게 하옵소서.

우리 주 예수 그리스도의 이름으로 기도합니다. 아멘!

확실한 벗은 불확실한 처지에 놓여 있을 때 나타난다. 키케로

주님의 선한 일에 동참하는 자녀가 되게 하소서

5

좋은 일에 대하여 열심으로 사모함을 받음은 내가 너희를 대하였을 때뿐 아니라 언제든지 좋으니라 갈라디아서 4:18

때를 따라 도우시는 하나님!
우리가 구원을 받아 주님의 선하심을 체험하였으니
주님이 좋아하시는 선한 일에 열심을 내게 하소서.
주님의 일에 앞장서는 자녀들이 되게 하옵소서.
악은 모양이라도 버리게 하시고
선한 목자 되시는 주님의 삶을 본받게 하소서.
선한 일에 동참함으로 주님의 진정한 사랑을
깨닫게 하시고 그 사랑을 실천하며 살게 하소서.
주님의 임재하심 아래서 살게 하시고
겸손히 순종하게 하소서.
주님께서 사랑하신 대로 이웃을 사랑하는 마음으로
우리와 우리 자녀들에게 쏟아부어 주소서.
우리의 사랑이 넘치기를 원합니다.
그러기 위해 먼저 하나님을 깊이 사랑하게 하소서.
순수한 마음을 주시기 원합니다.
가족과 이웃과 친구들을 사랑하게 하소서.
소외되고 불우한 이웃을 사랑하게 하소서.
성령의 은혜 속에 뜨거운 심령으로 사랑하게 하소서.
우리 주 예수 그리스도의 이름으로 기도합니다. 아멘!

존경, 사랑, 신뢰, 그것들은 우정을 존재케 하는 요건이다. 성실과 지혜와 용기와 인내와 사랑, 그것은 곧 우정이다. 라파이텔

남을 섬기고 도와주는 삶을 살게 하소서

6

그러므로 우리가 긍휼하심을 받고 때를 따라 돕는 은혜를 얻기 위하여 은혜의 보좌 앞에 담대히 나아갈 것이니라 히브리서 4:16

섬김의 본이 되신 사랑의 주님!
주님께서 우리를 구원하시기 위하여
섬김을 통하여 사랑을 보여주셨으니
우리 자녀들도 섬김의 삶을 사신 주님을 본받게 하옵소서.
그리하여 주님처럼 섬기고 도와주는 삶을 살게 하소서.
우리는 주님께서 함께하지 않으셨다면
구원받지 못하고 아무것도 할 수 없고
아무런 가치도 소망도 없는 인생이었습니다.
오직 주님 안에서
섬기는 삶을 통하여 주님의 마음을 닮아가게 하소서.
입으로는 주님을 믿는 성도라고 하면서
삶에 아무런 변화가 없고 이웃을 섬기지 못하면
모양만을 갖춘 엉터리 성도이오니
오직 말씀 안에서 이웃을 사랑하고
도와주며 섬기는 삶을 살게 하소서.
이웃에게 따뜻하고 반가운 인사부터 하게 하시고
작은 사랑부터 실천하여 큰 사랑을 이루게 하소서.
항상 주님의 도우심이 필요합니다.
우리 주 예수 그리스도의 이름으로 기도합니다. 아멘!

벗이 화를 내거든 너에 대해서 친절을 베풀 기회를 만들어주어라. 그러면 그들의 마음은 풀릴 것이며 다시 너를 사랑하게 될 것이다. 장 파울

8

용돈을 지혜롭게 쓰게 하소서

7

군병들도 물어 가로되 우리는 무엇을 하리이까 하매 가로되 사람에게 강포하지 말며 무소하지 말고 받는 요를 족한 줄로 알라 하니라 누가복음 3:14

물질이 있는 곳에 너희 마음이 있다고 하신 주님!
물질을 어떻게 관리하느냐에 따라
삶의 모습이 달라지오니
용돈을 지혜롭게 쓰게 하소서.
소득이 있을 때마다 가장 먼저
하나님께 드릴 헌금을 생각하게 하소서.
하나님의 것을 구별하여 드리는
올바른 헌금관을 갖게 하소서.
우리 자녀들이 물질을 써야 할 곳과
쓰지 말아야 할 곳을 구분하게 하시고
물질이 쓰여질 때 보람 있고 의미 있게 하소서.
책을 구입하여 읽게 하셔서
폭넓은 지식과 지혜를 얻기 원합니다.
어른이 되어 수입이 늘어가면 갈수록
구제와 선교하는 일에 앞장서게 하소서.
물질을 잘 쓸 때 사람을 얻고
물질을 잘못 쓸 때 사람을 잃을 수 있으니
늘 바른 신앙을 주셔서 바르게 살게 하소서.
우리 주 예수 그리스도의 이름으로 기도합니다. 아멘!

속으로는 생각해도 입 밖에는 내지 말 것이며, 서로 사귐에는 친해도 분수를 넘지 말라. 그러나 일단 마음에 든 친구는 쇠사슬에 묶어서라도 놓치지 말라. 윌리엄 셰익스피어

삶을 성실하게 살아가게 하소서

8

예수께서 저희에게 이르시되 내 아버지께서 이제까지 일하시니 나도 일한다 하시매
요한복음 5:17

새벽부터 밤늦게까지 일하시는 주님!
하나님이 일하시니 나도 일한다고 하신 주님께서
성실하게 사심을 몸소 보여주신
그 무한하신 사랑에 감사를 드립니다.
우리 자녀들도 부지런하고
성실하게 살아가기를 원합니다.
고난 없이는 면류관이 없으니
언제나 열심을 다하여 노력하게 하셔서
최대한의 결실을 맺는 삶을 사는 것이 아니라
삶의 내면에 결실이 있고
하나님이 보시기에 좋고 기뻐하시는 삶이 되게 하소서.
아무리 불가능하게 보이는 일이 있더라도
주님을 위하여 받는 고통과 괴로움에 감사하며
모든 일을 합력하여 선을 이루시는 주님께
온 마음과 온 정성을 다하게 하소서.
주님께서 성실하게 살아가는 방법을 깨우쳐주셔서
그 방법대로 살아가기를 원합니다.
우리 주 예수 그리스도의 이름으로 기도합니다. 아멘!

친구가 필요 없을 만큼 잘난 부자는 없다. 프랑스 속담

매일 주님과 동행하는 삶을 살게 하소서

9 그의 입에는 진리의 법이 있었고 그의 입술에는 불의함이 없었으며 그가 화평함과 정직함으로 나와 동행하며 많은 사람을 돌이켜 죄악에서 떠나게 하였느니라 말라기 2:6

우리의 친구가 되어서 동행하시는 주님!

우리 자녀들이

매일 주님과 동행하게 하소서.

우리 자녀들이

매일 기도하게 하소서.

우리 자녀들이

매일 주님을 시인하게 하소서.

매일 주님을 고백하게 하소서.

우리 자녀들이

매일 주님을 찬양하게 하소서.

우리 자녀들이

매일 말씀을 묵상하게 하소서.

우리 자녀들이

매일 주님의 복음을 전하게 하소서.

우리 자녀들이

매일 주님의 뜻을 이루게 하소서.

우리 자녀들이

매일 주신 사명을 감당하게 하소서.

우리 주 예수 그리스도의 이름으로 기도합니다. 아멘!

우리들이 친구를 사랑하면 사랑할수록 우리들은 그들에게 아첨을 덜 한다. 몰리에르

8
10

신앙을 유업으로 남기게 하소서

아는 네 속에 거짓이 없는 믿음을 생각함이라 이 믿음은 먼저 네 외조모 로이스와 네
어머니 유니게 속에 있더니 네 속에도 있는 줄을 확신하노라 디모데후서 1:5

사랑과 은혜가 충만하신 주님!
부모 된 우리가 자녀들에게 그 어떤 것보다
신앙을 유업으로 남길 수 있기를 원합니다.
어려서부터 아이들을 기도로 키우게 하시고
가정에서나 교회에서나 가족들이 함께
예배하며 찬양드리고 기도하게 하소서.
우리 가족들이 예배의 중요성을 잘 알아서
주님을 바라보며 의지하고
주님을 사모하는 마음을 갖기 원합니다.
자녀들에게 물질이나 지식적인 유산이 아닌
끝없는 하나님의 사랑, 신앙의 유산을 남기게 하소서.
우리 자녀들이 항상
주님께로 향하게 하시고
모든 일들을 믿음으로 행하게 하소서.
우리 자녀들의 삶이
주님께로 집중되기를 원합니다.
믿음으로 말미암아 힘과 용기를 갖고
새로운 도전을 하며 살아가게 하옵소서.
우리 주 예수 그리스도의 이름으로 기도합니다. 아멘!

사람들은 누구나 친구의 품속에서 휴식처를 구하고 있다. 그곳에서라면 우리들의 슬
픔을 마음껏 터놓을 수 있기 때문이다. 괴테

하나님께 칭찬받는 삶을 살게 하소서

시온에 남아 있는 자, 예루살렘에 머물러 있는 자 곧 예루살렘에 있어 생존한 자 중 녹명된 모든 사람은 거룩하다 칭함을 얻으리니 이사야 4:3

크고 넓으신 사랑으로 함께하시는 하나님!
사람들과 대결하고 대립하면 슬픈 상처가 남으나
칭찬과 격려를 받으면 힘과 용기가 넘칩니다.
우리 자녀들도 하나님께 칭찬받는
복된 자로 살게 하옵소서.
하나님은 항상 우리를 사랑해 주시니
우리를 향하신 하나님의 놀라우신 사랑을
찬양하고 또 찬양하게 하소서.
우리 자녀들의 행동이 하나님 보시기에 아름답고
행할 바를 행하기 원합니다.
오직 하나님 한 분만을 경외하고
사랑하게 하셔서 주님의 마음을 본받게 하시고
거룩한 삶을 살게 하옵소서.
하나님만을 사모하게 하셔서
하나님의 뜻이라면 어느 곳이라도 가게 하시고
하나님의 뜻이라면 어떤 일이든지 하게 하소서.
우리 자녀들이 어려서부터 믿음 안에서
믿음으로 훈련받아 겸손히 쓰임 받게 하소서.
우리 주 예수 그리스도의 이름으로 기도합니다. 아멘!

인생에서 우정을 제거해 버리는 것은 이 세계에서 태양을 잃어버리는 것과 같다. 하나님이 인간에게 베풀어준 것 가운데서 이토록 아름답고 즐거운 것이 또 있을까? 키케로

천국 백성의 본이 되는 삶을 살게 하소서

가라사대 진실로 너희에게 이르노니 너희가 돌이켜 어린아이들과 같이 되지 아니하
면 결단코 천국에 들어가지 못하리라 그러므로 누구든지 이 어린아이와 같이 자기를
낮추는 그이가 천국에서 큰 자니라 마태복음 18:3-4

모든 만물의 근원이 되시는 주님!

우리들의 삶을 주님께서 바라보시고

세상 사람들도 관심 있게 보고 있으니

그리스도인답게 천국 백성의

본이 되는 삶을 살기 원합니다.

믿음과 행동이 일치하여

말만이 아니라 약속을 지키기 원합니다.

하나님과 동행하는 성도로서 부족함이 없도록 하시고

사람들과의 관계 속에서 깊은 사랑과

배려를 아끼지 않게 하소서.

주님이 함께하시지 않으면

아무것도 할 수 없으니

주님이 함께하시므로

모든 일을 두려움 없이 하게 하소서.

하나님의 자녀답게 살아가게 되기를 원합니다.

우리 자녀들이 주님을 따르게 하시고

주님을 배우게 하시고 주님을 나타내며 전하게 하소서.

세상 것을 뒤로 하고 하늘의 것을 구하며

지혜롭게 하나님의 말씀대로 살게 하소서.

우리 주 예수 그리스도의 이름으로 기도합니다. 아멘!

명성은 화려한 금관을 쓰고 있지만 향기 없는 해바라기이다. 그러나 우정은 꽃잎 하나
하나마다 향기를 풍기고 있는 장미꽃이다. 올리버 웬델 홈스

8
13
주님의 은혜가 항상 머물게 하소서

아기가 자라며 강하여지고 지혜가 충족하며 하나님의 은혜가 그 위에 있더라
누가복음 2:40

우리에게 구원의 기쁨을 주시는 주님!

우리 자녀들이 주님의 손길 아래서 성장하게 하시고

날마다의 삶 속에 주님의 은혜와 사랑이 머물기 원합니다.

하나님의 보호하심이 없으면

하루 한순간도 온전한 삶을 살 수 없으니

전능하신 주님께서 인도하소서.

하나님은 천지만물을 창조하시고

모든 동물과 모든 나무와,

새와 나비는 물론 작은 곤충까지도

사랑하시고 보호하시고 인도하심을 믿습니다.

우리 자녀들도 눈동자같이 보호하시고

함께하셔서 이 땅에서 살아가기에

부족함이 없게 하옵소서.

나약해지거나 뒤처져서 살아가는 것이 아니라

언제나 최선을 다함으로 비굴하지 않도록 하소서.

자녀들의 믿음이 날마다 더욱더

강해지고 담대해지기를 원합니다.

주님의 손길로 어루만져주시고

용기를 허락해 주소서.

우리 주 예수 그리스도의 이름으로 기도합니다. 아멘!

어리석은 자는 조금만 따뜻해져도 오래도록 입고 있던 겨울 옷을 벗어던진다. 행복의
먼동이 틀 때야말로 불행했을 때의 좋은 벗을 잊어서는 안 된다. 빌헬름 뮐러

선을 행하다가 낙심하지 않게 하소서

형제들아 너희는 선을 행하다가 낙심치 말라 데살로니가후서 3:13

악이 하나도 없으시고 선하신 주님!
세상에서 선한 삶을 살기가 참으로 어려우니
십자가의 사랑으로 인하여 선한 삶을 이루게 하소서.
선한 목자이신 주님께서
우리 자녀들을 선하게 인도하여 주소서.
주님의 마음을 닮아 착하며
주님의 뜻을 행하다가 낙심하지 않기를 원합니다.
우리 자녀들에게 악한 마음이 사라지고
선한 마음이 풍성해져
아름답고 고운 마음으로 살게 하소서.
우리와 우리 자녀들은
기도와 말씀이 아니면 선을 행할 수 없고
성령의 인도하심이 아니면 선을 행할 수 없으며
주님의 사랑이 아니면 선을 행할 수 없으니
우리와 우리 자녀들의 마음에 함께하여 주옵소서.
눈에 보기에만 좋은 선이 아니라
하나님 보시기에 좋게 하소서.
우리 자녀들이 날마다 선을 행하는 삶을 살 수 있도록
인도하시고 사랑을 부어주소서.
우리 주 예수 그리스도의 이름으로 기도합니다. 아멘!

다정한 벗이란 먼 데 있는 것이 아니고 가까운 데 있다. 왜냐하면 사귀지 못할 친구는
늘 멀리 떨어져 있게 마련이다. 레프 톨스토이

꿈을 함께 나누는 가정이 되게 하소서

네가 만일 네 하나님 여호와의 말씀만 듣고 내가 오늘날 네게 명하는 그 명령을 다 지켜 행하면 네 하나님 여호와께서 네게 유업으로 주신 땅에서 네가 정녕 복을 받으리니 너희 중에 가난한 자가 없으리라 신명기 15:4-5

가정을 사랑의 보금자리로 만들어주시는 주님!
우리 가정에 사랑을 주셔서
꿈을 함께 나누게 하소서.
우리 가정에 축복을 주셔서
남에게 도움을 주는 가정이 되게 하소서.
우리 가정에 믿음을 주셔서
기도하고 예배하는 가정이 되게 하소서.
가정은 하나님이 만드신 사랑의 보금자리니
늘 사랑과 기쁨으로 충만하기를 원합니다.
가족이 서로 사랑하며 서로의 꿈을 이루기 위하여
말씀을 붙잡고 기도하게 하시고
연약함이 있으면 서로 돕기 원합니다.
우리 가족이 사랑의 띠로 묶여
하나가 되게 하시고
늘 주님을 사랑하고 사모하며
기쁨 가운데 살게 하옵소서.
온 가족이 말씀 안에서 믿음이 성장하게 하시고
온 가족이 함께 기도함으로 주님의 마음을 알게 하시며
주님이 원하시는 행복한 가정이 되게 하소서.
우리 주 예수 그리스도의 이름으로 기도합니다. 아멘!

우정은 순간이 피게 하는 꽃이며 시간이 익게 하는 과실이다. 코체부

경건한 믿음의 가정이 되게 하소서

그러므로 우리는 기회 있는 대로 모든 이에게 착한 일을 하되 더욱 믿음의 가정들에게 할지니라 갈라디아서 6:10

가정을 사랑하시고 축복하시는 주님!

우리 가정에 사랑이 가득해서

주님을 경외하는 믿음의 가정이 되게 하소서.

우리 가정에 믿음이 가득해서

주님의 말씀에 순종하는 가정이 되게 하소서.

우리 가정에 열심이 가득해서

열심히 일한 소득으로 기쁨이 넘치는 가정이 되게 하소서.

우리 가정에 신뢰가 가득해서

주님의 축복으로 복되고 형통한 가정이 되게 하소서.

우리 가정에 온유가 가득해서

부부가 서로 사랑하는 가정이 되게 하소서.

우리 가정에 소망이 가득해서

온 가족이 서로 사랑하는 가족이 되게 하소서.

우리 가정에 긍휼이 가득해서

사랑으로 화목한 가정이 되게 하소서.

우리 가정에 성령이 충만해서

경건한 가정으로 예배드리게 하소서.

우리 가정의 믿음이 반석 위에 세워지게 하소서.

우리 가정이 주님의 말씀에 순종하며 살게 하소서.

우리 주 예수 그리스도의 이름으로 기도합니다. 아멘!

빈곤이 문을 통해 집안으로 들어오면 거짓 우정은 곧 창문으로 달아나버린다. 빌헬름 뮐러

August

시련과 고난을 통하여 단련되게 하소서

나의 가는 길을 오직 그가 아시나니 그가 나를 단련하신 후에는 내가 정금같이 나오
리라 욥기 23:10

우리의 믿음이 정금 같기를 원하시는 주님!

나무도 커다란 거목이 되려면 온갖 시련과 폭풍우를

견디고 이겨내야 함을 압니다.

우리 자녀들도 악천우 같은

모진 시련의 바람이 불어온다 해도

태양이 다시 떠오르듯 오직 주님만 의지하며

기도로 이겨내게 하소서.

믿음은 바라는 것들의 실상이요

보이지 않는 것들의 증거이오니

믿음으로 굳건히 서게 하옵소서.

우리 자녀들이 사망의 음침한 골짜기를 지날지라도

살아 계신 전능하신 하나님이 함께하심을 믿습니다.

늘 깨어 기도함으로 살아 있고 생명력 있는

그리스도인의 삶을 살게 하옵소서.

우리 자녀들이 욥처럼 시련을 이겨내게 하여 주소서.

우리 자녀들이 에스더처럼 시련을 이겨내게 하소서.

우리 자녀들이 베드로처럼 시련을 이겨내게 하소서.

우리 자녀들이 바울처럼 시련을 이겨내게 하소서.

우리 자녀들이 요한처럼 시련을 이겨내게 하소서.

우리 주 예수 그리스도의 이름으로 기도합니다. 아멘!

친절한 벗의 선물은 아무리 사소한 것일지라도 가치가 있는 것으로 여겨진다. 친절한
마음만으로도 이미 하나의 선물이기 때문이다. 데모크리토스

8
18

하나님의 구원으로 존귀와 위엄을 얻게 하소서

여호와를 경외함으로 섬기고 떨며 즐거워할지어다 시편 2:11

우리에게 말씀을 주시고 말씀을 이루시는 주님!
하나님의 베푸시는 은혜와
무한하신 사랑에 감사드립니다.
우리 자녀들이 항상 주님과 동행하는 삶을 살아가므로
존귀와 위엄을 얻게 하옵소서.
주님의 고난을 깊이 생각하게 하시고
죄와 허물을 고백하며
세상의 헛된 욕망에서 떠나기를 원합니다.
주님의 베푸신 은혜에 대하여 늘 감사하게 하시고
죄에 대하여 슬픔으로 고백하고 끊어
거룩한 삶을 살게 하소서.
지난날을 모두 용서받게 하시고
오늘 이 시간 주시는 은혜 속에 미래를
소망하며 살게 되기를 원합니다.
우리의 구주가 되시고 친구가 되시는 주님께서
우리 자녀들의 삶을 인도하여 주옵소서.
모든 삶의 모범이 되시는 주님이시니
주님으로 인해 우리 자녀들의 삶이 복되게 하소서.
우리 주 예수 그리스도의 이름으로 기도합니다. 아멘!

세상에는 세 종류의 벗이 있다. 너를 사랑하는 벗, 너를 잊어버리는 벗, 너를 미워하는 벗이 있다. 장 파울

성령의 인도하심을 따르는 삶을 살게 하소서

육신을 좇는 자는 육신의 일을 영을 좇는 자는 영의 일을 생각하나니 육신의 생각은 사망이요 영의 생각은 생명과 평안이니라 로마서 8:5-6

우리의 삶을 인도하시는 주님!

우리 자녀들이 성령의 인도하심을 따라 살게 하소서.

성령을 좇아 영의 일을 생각하게 하시고

삶 속에 생명과 평안이 늘 충만하게 하소서.

우리 자녀들이 주님을 온전히 바라보며

몸과 마음의 더러운 것을 깨끗이 씻음 받게 하소서.

우리 자녀들이 걸어가야 할 길에서 벗어나지 않게 하시고

생명의 길로 인도함 받게 하소서.

주님의 은혜와 사랑이 항상 넘치기를 원합니다.

주님을 온전히 섬기게 하시고

사랑으로 충만하고 성령 충만함으로

강하고 담대한 믿음을 갖게 하옵소서.

우리 자녀들이 주님의 일에 충실하게 하시고

주님을 온전히 섬기도록 은혜를 베풀어주소서.

주님께서 우리 자녀들을 지켜주셔서

모든 악에서 벗어나게 하시고

연약함을 강하게 하시며

주님을 항상 기뻐하며 살게 하소서.

자신의 잘못을 항상 인정하며

성령의 인도하심을 따르며 살기 원합니다.

우리 주 예수 그리스도의 이름으로 기도합니다. 아멘!

참다운 우정은 뒤에서 보거나 앞에서 보거나 항상 같은 것이다. 앞에서 보면 장미요, 뒤에서 보면 가시라는 식이 아니다. 류카트

꿈과 비전을 펼칠 수 있는 직장을 주소서

요셉이 그 주인에게 은혜를 입어 섬기매 그가 요셉으로 가정 총무를 삼고 자기 소유를 다 그 손에 위임하니 창세기 39:4

소망을 주시고 이루시는 주님!

우리 아이들이 주님의 은혜 아래 축복을 받아

기뻐하고 감사하며 살아가기 원합니다.

천진난만하고 순진하여 아무런 부끄럼 없이

하나님이 주신 행복함을 표현하며 살게 하소서.

믿음으로 삶에 활력이 넘치게 하시고

유머감각으로 사람들을 즐겁게 해주고

힘들고 어려운 일이 생겨도 웃음으로 넘기게 하소서.

주님이 주시는 꿈과 비전을 마음껏 표현하며

마음껏 펼치게 하옵소서.

우리 아이들이 자신들의 꿈을 이루어가며

주님의 사랑 안에서 삶을 즐기게 하소서.

큰 일이건 작은 일이건 매사에 기도하면서

긍정적으로 적극적으로 살기를 원합니다.

아이들이 원하는 것을 마음속으로 갈망하며

아뢸 때 주님의 도우심으로

삶 속에서 이루어나가게 하소서.

하나님의 손길 속에서 소망을 하나하나 이루어가는

기쁨으로 살 것을 기대하며

우리 주 예수 그리스도의 이름으로 기도합니다. 아멘!

각자가 자기의 문 앞을 쓸어라. 그러면 거리의 온 구석이 청결해진다. 각자 자기의 과제를 다하여라. 그러면 사회는 할 일이 없어진다. 괴테

하나님의 자녀의 형통함을 주소서

여호와께서 요셉과 함께하시므로 그가 형통한 자가 되어 그 주인 애굽 사람의 집에 있으니 창세기 39:2

만물을 창조하시고 보존하시는 하나님!
우리 자녀들에게
형통함을 주시기 원합니다.
주어진 삶의 시간을
소중히 여기게 하옵소서.
우리 자녀들이 맡겨진 일들을
미루지 않고 절차에 따라 곧 실행에 옮기게 하소서.
우리 자녀들이 고통과 역경 속에서
어려움에 처했을 때 두려워하지 않고
헤쳐나가기를 원합니다.
걱정, 불안, 두려움과 의심에서 벗어나게 하소서.
우리 자녀들이 시작도 하기 전에
두려움에 포기하려는 마음이 없게 하소서.
모든 일을 끝까지 깔끔하게
마무리하기를 원합니다.
날마다 노력하는 열정이 있음으로
하나님의 은혜 아래 형통하게 하소서.
우리 주 예수 그리스도의 이름으로 기도합니다. 아멘!

해야 할 일은 한다. 자신이 어떻게 되든 어떠한 장해, 위험, 압력이 있다고 해도 이것은 인간 도덕의 기본이다. 존 F. 케네디

8

다니엘과 같이 이겨내어 세움 받게 하소서

22

또 그들 위에 총리 셋을 두었으니 다니엘이 그중에 하나라 이는 방백들로 총리에게 자기의 직무를 보고하게 하여 왕에게 손해가 없게 하려 함이었더라 다니엘 6:2

영원히 선하고 전능하신 하나님!
우리 자녀들이 온갖 시련과 어려움 속에서도
오직 하나님만을 소망하면서 이겨내어
총리가 된 다니엘의 신앙을 본받게 하소서.
우리 자녀들이 기도함으로
승리하는 삶을 살아가기 원합니다.
하나님을 경외함으로
축복된 삶을 살아가게 하소서.
시험을 이겨냄으로
하나님의 인정하심을 받아 세워지게 하소서.
우리 자녀들이 불의와 타협하지 않는 사람이
하나님의 사랑을 받는다는 걸 알게 하소서.
인내하는 사람이
하나님의 응답을 받는다는 걸 알게 하소서.
믿음의 지조가 있는 사람이
승리하는 삶을 살아감을 믿게 하소서.
우리 자녀들이 믿음의 용사 다니엘처럼
의심 없이 전지전능하신 하나님을 바라며
하나님의 손길로 세워지기를 원합니다.
우리 주 예수 그리스도의 이름으로 기도합니다. 아멘!

사람으로 태어났다는 것은 바로 책임을 진다는 것이다. 생텍쥐페리

8

23

언제나 최선을 다하는 삶을 살게 하소서

그리고 맡은 자들에게 구할 것은 충성이니라 고린도전서 4:2

우리의 죄를 씻으사 정결하게 하시는 주님!
주님이 원하시는 일에
최선을 다하며 전념하게 하옵소서.
자신의 부족을 인식하며 노력하여
개혁해 나가는 믿음과 힘을 주시기 원합니다.
우리 자녀들이 모든 것에 부족하고 연약하더라도
출발함으로 점점 익숙해져가는 기쁨을 알게 하소서.
우리 자녀들이 하고자 하는 일에 흥미를 갖게 하시고
의욕이 자연스럽게 흘러나오게 하소서.
꼼꼼하게 모든 일을 살피는 습관이 있어서
사소하고 작은 실수 때문에
실패하는 일이 반복되지 않게 하소서.
좋은 아이디어가 떠오르면 잘 사용하여
참 좋은 열매를 맺게 되기 원합니다.
우리 자녀들이 모든 지혜를 동원하여
모든 일에 순서를 잘 정하여 중요한 것부터
처리해 나가는 습관을 갖게 하옵소서.
우리 자녀들이 언제나 할 수 있다는 믿음을 가지고
하고자 하는 일에 집중하여 최선을 다하게 하소서.
우리 주 예수 그리스도의 이름으로 기도합니다. 아멘!

존경하기 때문에 존경을 받을 수 있다. 랠프 W. 에머슨

거짓말을 하지 않게 하소서

너희가 서로 거짓말을 말라 골로새서 3:9

우리에게 언어의 능력을 주신 하나님!
생명력 있는 언어를 사용하게 하소서.
허망한 말, 하나님을 거역하는 말, 과격한 말, 아첨하는 말,
강퍅한 말, 거짓말을 하지 않게 하소서.
우리 자녀들이 새롭게 되고
입술이 정결하게 되어 저주의 말이나
험악한 욕설을 사용하지 않기를 원합니다.
불평을 일삼지 않게 하소서.
불평은 무한하신 하나님의 능력을 무시하게 하고
악평을 낳게 하고 옳지 못한 결론을 내리게 되니
불평에서 떠나 감사하게 하옵소서.
자녀들이 사용하는 언어가
용서의 마음으로 하는 따뜻한 말,
건설적인 말, 문제를 해결하는 말이 되게 하시고
필요에 따라 아주 적절한 말을 하게 하소서.
우리 자녀들이 하나님이 역사하심을 증거하는
소중한 믿음의 말을 하게 되기 원합니다.
하나님께서 우리 자녀들의 언어를 인도해 주심을 믿습니다.
우리 주 예수 그리스도의 이름으로 기도합니다. 아멘!

결혼 전에는 두 눈을 크게 뜨고 보라. 결혼 후에는 한쪽 눈을 감아라. 토머스 풀러

마음을 허탄한 곳에 두지 않게 하소서

마음이 청결한 자는 복이 있나니 저희가 하나님을 볼 것임이요 마태복음 5:8

마음이 가난한 자에게 천국을 소유하게 하시는 하나님!
우리에게 허락하신 삶이 너무나도 소중하오니
삶을 통하여 주님의 뜻을 이루어가는
기쁨이 있게 하옵소서.
우리 자녀들이 주님의 은혜로
뜻을 허탄한 곳에 두지 않게 하소서.
거짓 맹세를 하지 않는 삶을 살기 원합니다.
우리 자녀들이 주님의 손길 아래
모든 일들이 잘 될 것을 믿고 행하기를 원합니다.
성공하는 사람들처럼 기도와 말씀 가운데
강한 확신을 갖게 하소서.
일을 이루어가기 위해 계속하여 노력하게 하시고
쓸데없고 가치 없는 일에 눈을 돌리거나
헛된 것에 마음을 두거나
불의한 일에 동참하지 않게 하소서.
성공할 때까지 계속하면 성공한다는 말처럼
기도가 응답될 때까지 기도하게 하시고
모든 일을 이룰 때까지 노력하며 나아가게 하소서.
그리하여 일을 이루신 하나님께 온전한 영광을 돌리게 하소서.
우리 주 예수 그리스도의 이름으로 기도합니다. 아멘!

사랑은 욕구와 감정의 조화이며, 결혼의 행복은 부부 간의 마음의 화합으로부터 생기는 것이다. 루이제 린저

하나님과 항상 교제하며 살게 하소서

여호와께서 그 성전에 계시니 여호와의 보좌는 하늘에 있음이여 그 눈이 인생을 통촉
하시고 그 안목이 저희를 감찰하시도다 시편 11:4

기도하는 자에게 믿음과 지혜를 주시는 하나님!

우리에게 하나님의 말씀을 지키며 따를 수 있는

믿음을 주시기 원합니다.

우리 자녀들이 신실하게 살펴주시는 하나님과

항상 교제하며 믿음으로 성장하게 하소서.

하나님이 주신 계명들을 잘 지켜나가게 하소서.

하나님 외에는 다른 헛된 신을 섬기지 않게 하소서.

우리 자녀들이 하나님을 믿으며

자신을 위하여 우상을 만들지 않게 하소서.

하나님의 성호를 함부로 부르지 않게 하소서.

우리 자녀들이 세속적인 욕심에서 벗어나

주일을 거룩하게 지키게 하소서.

부모를 공경하게 하시고

살인죄를 범하지 않게 하소서.

간음하지 않게 하소서.

도적질과 거짓 증거를 하지 않게 하소서.

남의 것을 탐내지 않게 하소서.

하나님이 주신 축복을 감사하며

언제나 기쁨으로 하나님과 기도로 교제하고

인도하심을 받으며 축복된 삶을 살아가게 하소서.

우리 주 예수 그리스도의 이름으로 기도합니다. 아멘!

싸움터에 나갈 때에는 한 번 기도하라. 바다에 갈 때에는 두 번 기도하라. 그러나 결혼
할 때에는 세 번 기도하라. 러시아 속담

눈물로 씨를 뿌려 기쁨으로 단을 거두게 하소서

눈물을 흘리며 씨를 뿌리는 자는 기쁨으로 거두리로다 울며 씨를 뿌리러 나가는 자는 정녕 기쁨으로 그 단을 가지고 돌아오리로다 시편 126:5-6

심음과 거둠의 법칙을 우리에게 가르쳐주시는 하나님!
우리 삶의 모든 결과는 심음과 거둠의 법칙에 있으니
우리 자녀들도 젊은 날에 눈물로 씨를 뿌려
기쁨으로 단을 거두기 원합니다.
모든 실패의 원인은 자신에게 있으니
하나님의 인도하심 따라 고칠 것은 고쳐서
날마다 새롭게 살아가게 하옵소서.
성공이 또 다른 성공을 낳는 것이 성공의 법칙이오니
자신감을 갖고 앞으로 전진하여 나아가게 하소서.
우리 자녀들이 원하는 목표가 달성되면
제일 먼저 하나님께 영광을 돌리게 하시고
더 큰 목표를 정하여 나가게 되기를 원합니다.
실패하였을 때에는 실패한 원인을 잘 찾아내어
다시는 똑같은 일을 반복하는
어리석은 행동을 하지 않게 하소서.
항상 잘된 부분과 좋은 부분은 격려를 받고
잘못된 부분은 고치고 버리게 하소서.
우유부단한 점이 있으면 고치게 하시고
쓸데없이 걱정만 하기보다는 모든 것을 맡기게 하소서.
우리 주 예수 그리스도의 이름으로 기도합니다. 아멘!

가정이야말로 고달픈 인생의 안식처요, 모든 싸움이 자취를 감추고 사랑이 싹트는 곳이며, 큰 사람이 작아지고 작은 사람이 커지는 곳이다. 가정은 안심하고 모든 것을 맡길 수 있으며 서로 의지하며 사랑을 받는 곳이다. H. G. 웰즈

분별력이 있는 성숙한 신앙이 되게 하소서

28

단단한 식물은 장성한 자의 것이니 저희는 지각을 사용하므로 연단을 받아 선악을 분별하는 자들이니라 히브리서 5:14

십자가의 사랑으로 우리를 보호해 주시는 주님!
주님의 십자가는 믿음으로 지면 가볍고
억지로 지면 점점 더 무거워지오니
우리와 함께하셔서 성숙된 믿음을 갖게 하소서.
우리 자녀들이 주님 안에서 분별력 있는
바르고 힘 있는 믿음을 갖게 되기 원합니다.
믿음의 사람답게 이기심을 버리고 겸손한 마음으로
주님과 이웃을 사랑하게 하옵소서.
미움과 시기와 질투와 증오심을 버리게 하시고
용서함을 받게 하옵소서.
하나님을 향하여 마음의 문을 활짝 열게 하소서.
육적인 것과 영적인 것을 분별하게 하시고
하나님이 원하는 것과 원하지 않는 것을
분별할 수 있는 지혜를 주시기 원합니다.
작은 것이라도 나눌 수 있는 풍성한 마음을 주시고
날마다 주님께로 향하게 하셔서 성숙하게 하소서.
아무리 삶이 바쁘고 분주하더라도
주님께 마음을 내려놓고 기도하며
말씀을 묵상하므로 신앙이 점점 더 성장하게 하소서.
우리 주 예수 그리스도의 이름으로 기도합니다. 아멘!

가정 속에 자기 세계를 가진 자야말로 행복하다. 저녁 무렵이 되면 비로소 집의 고마움을 깨닫게 된다. 괴테

바른 야망을 갖게 하소서

29

너희 중에는 그렇지 아니하니 너희 중에 누구든지 크고자 하는 자는 너희를 섬기는 자가 되고 너희 중에 으뜸이 되고자 하는 자는 모든 사람의 종이 되어야 하리라 마가복음 10:43-44

우리의 마음에 간절함을 주시고 기도하게 하시는 주님!
우리 부모가 주님을 사랑함으로
믿음의 본을 보이는 삶을 살게 하소서.
우리 자녀들이 바른 야망을 가지고 살게 하소서.
권세와 물질을 취하여 타락하며
혼자 도취하여 살아가는 것이 아니라
모든 것을 주신 분은 하나님이심을 믿고 순종하며
영광을 돌리게 되기를 원합니다.
우리 자녀들이 사람 위에 군림하기보다는
주님 자녀답게 사랑하며 섬기는 삶을 살게 하소서.
우리 자녀들이 꿈과 비전을 이루어가면서
세상의 잡다한 소리에 귀를 기울이는 것이 아니라
생명의 소리, 생명의 말씀을 듣게 하소서.
세상적인 욕심을 버리고 바른 야망으로
꿈과 비전을 이루어가기 원합니다.
우리의 자녀들이 하나님을 온전히 신뢰하게 하시고
영적인 안목으로 주님을 선명하게 바라보며
주님의 인도하심을 따르게 하옵소서.
주님께서 우리 삶의 감독자가 되어주소서.
우리 주 예수 그리스도의 이름으로 기도합니다. 아멘!

사람에게는 거처하는 방이 무엇보다도 중요하다. 아늑한 방에서 지내면 마음도 한결 즐겁고 꿈도 화려해진다. 표도르 도스토예프스키

함께하는 사람들이 있음을 감사하게 하소서

내가 전심으로 주를 찾았사오니 주의 계명에서 떠나지 말게 하시고 내가 주께 범죄치
아니하려 하여 주의 말씀을 내 마음에 두었나이다 시편 119:10-11

삶의 모든 것을 합력하여 선을 이루시는 하나님!

우리 자녀들이 삶 속에서 함께할 수 있는

사람들이 있음을 기뻐하게 하시고 감사하게 하소서.

인간은 결코 홀로서는 아무 일도 할 수 없으니

하나님의 선하신 뜻을 함께 이루어가게 하소서.

우리 자녀들의 신앙이 사람들 속에서 열매 맺게 하시고

사람들을 욕심으로 사귀다가 낭패를 당하지 않게 하소서.

또한 사람들과의 관계에서도

순결한 마음과 믿음을 갖기 원합니다.

작은 실수가 신뢰를 저버리게 하오니

사람들에게 신의가 있는 삶을 살게 하옵소서.

기도를 통해 사람들과의 관계가

아름답게 익어가는 열매가 되게 하소서.

우리 자녀들의 가슴속에 다른 사람들의 영혼을 향한

주님의 사랑과 열정이 가득하게 하옵소서.

주님께서 허락하시는 은사를 사람들에게 사용하게 하시고

겸손히 주님을 섬기게 하시며

하나님과 사람들에게 감동을 줄 수 있는 삶을 살게 하소서.

우리 주 예수 그리스도의 이름으로 기도합니다. 아멘!

사람은 가난해도 가난한 대로 만족을 찾을 수 있다. 남이 칭찬하고 부러워한다고 해서
내가 행복할 것은 하나도 없다. 행복이란 나 자신의 마음의 평화를 얻는 데서 온다.
무명

8
August

31

하나님 보시기에 좋은 삶이 되게 하소서

사람아 주께서 선한 것이 무엇임을 네게 보이셨나니 여호와께서 네게 구하는 것이
오직 공의를 행하며 인자를 사랑하며 겸손히 네 하나님과 함께 행하는 것이 아니냐
미가 6:8

우리의 마음을 감찰하시고 사랑으로 지켜주시는 하나님!

우리 자녀들이 삶을 살아갈 때

믿음이 있고 질서가 있는 삶을 살기 원합니다.

영혼을 맑게 하셔서 하나님이 베푸신 놀라운 일들을

발견하고 찬양하므로

하나님 보시기에 참 좋은 삶을 살게 하옵소서.

우리 자녀들이 주님을 닮아가게 하소서.

삶에 확고한 목표가 있게 하시기를 원합니다.

꿈을 이뤄갈 믿음을 주소서.

믿음 안에서 하나님이 원하시는

복되고 복된 삶을 살기 원합니다.

자녀들이 항상 하나님의 은혜에 감사하며

하나님의 인도하심을 받게 하셔서

어떻게 살아가는 것이

복되고 행복된 것인지 알게 하소서.

하나님 안에서 인생의 참목적을 알게 하셔서

가치 있는 인생을 살게 되기 원합니다.

우리 자녀들이 실패하더라도 정직하게 하셔서

하나님의 자녀답게 하나님을 닮아가기를

우리 주 예수 그리스도의 이름으로 기도합니다. 아멘!

아는 것이 사랑의 시작이다. 니시다 이쿠타로

9
September

창조주 하나님을
온전히 신뢰하게 하소서

우리의 죄를 향한 용서는 사랑입니다

나의 죄악 때문에
대속 제물이 되어
주님께서 십자가에 달리사 흘리신
보혈이 주님의 온몸을 덮었을 때
나의 모든 죄악을 깨끗이 씻어주셨습니다

세상 죄를 지신 어린양이 되사
나의 죄악을 껴안아주신
처절하고 고귀한 주님의 십자가의
사랑을 베푸심을 감사합니다

주님의 보혈이 나의 영혼까지
흘러넘침을 느낍니다
주님의 은혜가 메말랐던
나의 영혼을 촉촉이 적셔주고 있습니다

주님의 보혈로 나의 영혼에
안개의 빽빽함 같았던 나의 죄악이
모두 다 사라졌습니다

주님께서 십자가에서 흘리신
마지막 피 한 방울까지 모두 다
우리의 죄를 향한 용서는 사랑입니다

- 용혜원 -

하나님께서 우리의 깃발이 되어주소서

1

모세가 단을 쌓고 그 이름을 여호와 닛시라 하고 가로되 여호와께서 맹세하시기를 여호와가 아말렉으로 더불어 대대로 싸우리라 하셨다 하였더라 출애굽기 17:15-16

우리의 빛이시며 구원이 되시는 하나님!
천지만물을 주관하시는 하나님은 언제나 승리하시며
실패가 없으신 분이심을 믿고 감사드립니다.
우리 자녀들이 하나님을 온전히 알게 하셔서
삶 속에서 승리하는 자의 상징인 깃발을 들게 하소서.
능한 권세의 하나님을 신뢰하며
날마다 승리하여 모든 영광을 하나님께 돌리게 하소서.
우리 자녀들이 하나님의 뜻을 알지 못해
고민하는 어리석음을 범하지 않고
하나님의 마음을 온전히 깨닫기를 원합니다.
하나님의 전능하신 손길이 없으면
아무것도 할 수 없으니 인도하여 주소서.
하나님만이 우리의 힘과 용기와 방패이심을 믿습니다.
하나님께서 우리와 우리 자녀들의
삶의 주인 되셔서 승리의 깃발을 펄럭이게 하시니 감사합니다.
하나님을 갈망하며 살게 하소서.
하나님의 은혜로 날마다 이기고
또 이기는 삶을 살기 원합니다.
우리 주 예수 그리스도의 이름으로 기도합니다. 아멘!

저녁 무렵이 되면 사람마다 가정을 생각한다. 그는 이미 가정의 행복을 맛본 자이며, 인생의 태양을 쬔 사람이다. 그러므로 가정을 사랑하는 자는 그 빛을 받아서 밝은 평화의 꽃을 피워낸다. 베히시타인

9

하나님께서 준비하신 삶을 살게 하소서

2

아브라함이 그 땅 이름을 여호와이레라 하였으므로 오늘까지 사람들이 이르기를 여호와의 산에서 준비되리라 하더라 창세기 22:14

늘 깨어 기도함으로 섭리를 알게 하시는 하나님!
우리를 죄악에서 구원하시고
우리의 삶을 위하여 최고의 것으로 준비하시고
이루어주시니 감사드립니다.
우리 자녀들도 항상 준비해 주시는
하나님의 인도하심 따라 살기를 원합니다.
우리 자녀들이 하나님께서 부르실 때에
준비된 믿음으로 달려가게 하옵소서.
하나님과 관계없는 헛된 일에는 무관심하게 하시고
하나님의 뜻에 관심을 갖고 귀를 기울여 듣고
행동으로 옮기며 실천하게 하옵소서.
자녀들의 삶을 하나님께서 인도하시고
필요한 것들을 예비해 주심을 믿으며
하나님께 모든 것을 맡기게 하소서.
하나님의 뜻을 따르는
겸손한 믿음을 주시기 원합니다.
우리가 어떠한 처지에 있더라도
내일을 준비하고 부족한 것을 채워주심을 믿고
순종하며 살아가기를 원합니다.
우리 자녀들이 하나님의 사랑과 은혜로 살게 하옵소서.
우리 주 예수 그리스도의 이름으로 기도합니다. 아멘!

원만한 가정은 상호 간의 사소한 희생이 없이는 절대로 영위되지 못한다. 이 희생은 그것을 실행하는 사람에게 위대하며 아름답게 나타난다. 앙드레 지드

하나님께서 우리와 함께하여 주소서

3

보라 처녀가 잉태하여 아들을 낳을 것이요 그 이름은 임마누엘이라 하리라 하셨으니
이를 번역한즉 하나님이 우리와 함께 계시다 함이라 마태복음 1:23

우리의 피난처가 되시며 반석이 되시는 주님!

주님께서 임마누엘 되셔서 우리와 함께하심을 믿고

감사와 찬양과 영광을 돌립니다.

우리에게 전능하신 주님을 신뢰하는

크고 담대한 믿음을 주시기 원합니다.

주님을 신뢰하므로 헛된 방황에서 벗어나

생명의 길이 되시는 주님께로 나아가게 하옵소서.

주님이 언제나 함께하심을 믿고

학업이나 진학이나 취업이나 직장이나 사업이나

그 어떤 일도 믿음으로 잘 감당하게 하소서.

우리 자녀들이 때를 얻든지 못 얻든지

복음을 전하는 참 전도자의 삶을 살길 원합니다.

주님이 사랑하는 천하보다 귀한 영혼들에게

복음을 전하게 하옵소서.

자신들의 명예나 권세보다

하나님의 영광을 나타내게 하소서.

예배와 찬양, 기도와 공동체의 만남을 통하여

개인적인 것들이 아닌

주님의 영광만을 나타내기 원합니다.

어떠한 어려움 속에서도 함께하심을 믿고 나아가게 하소서.

우리 주 예수 그리스도의 이름으로 기도합니다. 아멘!

자기 가정에 평화를 발견하고 이를 구하기에 게으르지 않은 사람은 군자이거나 범인
을 가릴 것 없이 가장 행복한 사람이다. 괴테

하나님의 평안이 가득하게 하소서

4

기드온이 여호와를 위하여 거기서 단을 쌓고 이름을 여호와 살롬이라 하였더라 그것이 오늘까지 아비에셀 사람에게 속한 오브라에 있더라 사사기 6:24

우리 삶에 평안을 주시는 하나님!
삶의 모든 문제를 해결하시는 하나님께서
참기쁨과 참소망과 참평안을 주시니 감사드립니다.
하나님의 말씀은 우리 영혼의 거울이오니
우리의 모습을 비춰보게 하시고
허물과 죄가 있으면 회개하여 용서함 받기를 원합니다.
우리 자녀들이 하나님의 놀라운 은혜 속에
평안이 가득한 기쁨의 삶을 살게 하소서.
하나님께 신령과 진정으로 예배드림으로
풍성하신 사랑을 더 많이 받기 원합니다.
사람들을 사랑하게 하시고
그들과 함께하는 시간들을 축복하옵소서.
참신앙으로 하나님의 일을 하는 걸 기뻐하게 하시고
하나님이 보시기에 아름다운 성도의 삶을 살게 하소서.
우리 자녀들이 주님을 믿고 신뢰하므로
온전히 맡은 일을 하게 하소서.
하나님을 소망하며 살게 하시고
주님의 일에 부르신 것을 족한 은혜로 누리게 하소서.
우리 주 예수 그리스도의 이름으로 기도합니다. 아멘!

가정을 잘 지키고 잘 다스리는 데에 두 가지 훈계의 말이 있다. 첫째, 너그럽고 따뜻한 마음으로 집안을 다스려라. 정이 골고루 미치면 아무도 불평하지 않는다. 둘째 낭비를 삼가고 절약해야 한다. 절약하면 식구마다 아쉬움이 없다. 앙드레 모루아

하나님의 은혜로 부족함이 없게 하소서

여호와는 나의 목자시니 내가 부족함이 없으리로다 시편 23:1

5

진리 안에서 참자유를 주시는 하나님!

우리 자녀들이 성령의 은혜로 충만하여

부족함 없는 삶을 살게 하소서.

부족은 연약함과 불만족에서 나오니

언제나 자족할 수 있는 믿음으로

하나님의 뜻을 이루게 하옵소서.

우리 자녀들이 주님 안에서

하나 됨을 이루어가며

사랑과 관용의 삶을 살게 하소서.

하나님께서 목자가 되어주심을 믿고

의미 있고 보람되게 열매를 맺어가기 원합니다.

죄 지음에 눌려 괴롭게 살아가는 것이 아니라

하나님의 축복으로 진리의 자유함을 누리게 하소서.

하나님의 참사랑을 깨달아 모든 삶 속에

하나님의 손길이 함께하심을 믿고

날마다 순간마다 의지하며 살게 하소서.

주님을 사랑함으로 주님이 기뻐하시는 일을 행하기 원합니다.

하나님을 더욱 즐거워하며 기뻐하게 하소서.

하나님의 따스한 손길을 날마다 체험하며 살게 하소서.

우리 주 예수 그리스도의 이름으로 기도합니다. 아멘!

선량한 남편이 어진 아내를 만든다. 버튼

9

하나님의 치료하심을 받게 하소서

6

너희가 너희 하나님 나 여호와의 말을 청종하고 나의 보기에 의를 행하며 내 계명에
귀를 기울이며 내 모든 규례를 지키면 내가 애굽 사람에게 내린 모든 질병의 하나도
너희에게 내리지 아니하리니 나는 너희를 치료하는 여호와임이니라 출애굽기 15:26

심령이 상한 자를 치료하시는 하나님!
언제나 신실하신 하나님께서 상한 영혼과
육체의 고통을 치유하시니 감사를 드립니다.
우리 자녀들이 이 땅을 살아가며
경험하는 온갖 시련과 아픔과 상처를
치료해 주시고 보호해 주옵소서.
자녀들의 삶에 절망의 먹구름과
폭풍우가 몰아칠 때마다
하나님의 손길로 붙잡아주시고
신실한 하나님의 은혜를 경험하게 하소서.
상처가 있을 때마다
하나님께 무릎을 꿇어 기도함으로
깨끗하게 치유받게 하옵소서.
자녀들의 마음에 진실하고 참된 믿음이 있기를 원합니다.
하나님과 언제나 친밀함으로 기도하게 하소서.
욕심과 욕망으로 인하여 병들지 않게 하시고
하나님의 뜻을 이루기 위하여 사명을 감당하다
상처를 입거나 병이 들었을 때
하나님의 손길로 치유하여 주시기를 원합니다.
우리 주 예수 그리스도의 이름으로 기도합니다. 아멘!

자식의 장래는 그 어머니의 노력에 따라 정해진다. 버나드 쇼

하나님께서 보호하시고 인도하여 주소서

그 사면의 도합이 일만 팔천 척이라 그날 후로는 그 성읍의 이름을 여호와삼마라 하리라 에스겔 48:35

우리를 소원의 항구로 인도하시는 하나님!
우리들을 보호하시고 인도하시니 감사합니다.
자녀들의 신앙이 급하게 웃자라는 것보다
견고하여 흔들림이 없는 신앙이 되기를 원합니다.
언제나 어디서나 주님의 성실함을 본받게 하소서.
어리석은 욕심으로 살지 않게 하시고
작은 일에도 온 정성을 다하게 하소서.
어떠한 일에도 불평부터 하기보다는 기도하게 하시고
진실함을 통하여 하나님이 함께하심을 나타내게 하소서.
우리 자녀들이 언제나 함께하시는
하나님을 날마다 경험하기 원합니다.
삶 속에서 일어나는 기쁨과 슬픔과 눈물까지도
감사할 수 있는 믿음을 갖게 하옵소서.
자신의 삶을 하나님께 맡기고
주님 안에서 변화된 삶을 살기 원합니다.
우리 자녀들의 연약함과 부족함을 채워주셔서
주님의 뜻을 이루게 하옵소서.
주님의 말씀을 날마다 묵상함으로
날마다 성숙한 믿음으로 사랑하며 살게 하소서.
우리 주 예수 그리스도의 이름으로 기도합니다. 아멘!

어린아이를 안은 어머니만큼 맑고 깨끗한 것은 없으며, 많은 자식에 둘러싸인 어머니만큼 경애를 느끼게 하는 것은 없다. 괴테

의로우신 하나님을 따르게 하소서

8

그의 날에 유다는 구원을 얻겠고 이스라엘은 평안히 거할 것이며 그 이름은 여호와 우리의 의라 일컬음을 받으리라 예레미야 23:6

오늘도 수많은 사람들을 구원의 길로 인도하시는 하나님!
우리 자녀들이 의로우신 하나님을 따르게 하시고
하나님이 원하시는 대로 살기를 원합니다.
지치고 사랑할 수 있는 힘을 잃었을 때에도
사랑할 수 있는 힘과 용기를 새롭게 주옵소서.
사슴이 시냇물을 찾듯이 우리 자녀들이
하나님의 말씀을 온전히 사모하며 살게 하소서.
항상 안전하게 보호하심을 믿게 하셔서
하나님은 우리의 피난처이심을 경험하게 하소서.
우리 자녀들과 함께하심을 믿으며
날마다 감사하며 기뻐하며 살기를 원합니다.
우리 인생의 선장이 되신 하나님께서
소원의 항구로 인도하옵소서.
삶의 배가 순항함으로 하나님께 감사하며 살게 하소서.
자녀들이 어려움을 당할 때마다
의로우신 하나님을 의지하며
믿음에서 결코 떠나지 않게 하옵소서.
언제나 두려움 없이 하나님께 순종하게 하시며
소망 중에 하나님을 바라보기 원합니다.
하나님을 날마다 의지하여 성숙한 믿음을 갖게 하소서.
우리 주 예수 그리스도의 이름으로 기도합니다. 아멘!

어떤 사람은 자녀들의 몸에 대해서만 걱정을 하고 정신에 대해서는 소홀히 한다. 이런 사람은 아이를 돌본다고 할 수 없다. 프리드리히 실러

하나님의 도우심을 받게 하소서

9

사무엘이 돌을 취하며 미스바와 센 사이에 세워 가로되 여호와께서 여기까지 우리를
도우셨다 하고 그 이름을 에벤에셀이라 하니라 사무엘상 7:12

우리보다 우리의 마음을 더 잘 아시는 하나님!
늘 부족함이 많고 나약한 믿음에 성령 충만함을 주시고
하나님의 도우심으로
삶을 의미 있고 보람되이 살게 하신 것 감사를 드립니다.
우리 자녀들이 전지전능하신 하나님을 온전히 믿을 때
삶이 달라지고 변화를 일으키오니
하나님의 도우심을 받으며 살아가기를 원합니다.
우리 자녀들이 온 마음을 다해 하나님을 섬기게 하시고
자신만을 위한 소망보다는
하나님께서 원하시는 삶을 살게 하옵소서.
우리 자녀들에게 열린 마음을 주셔서
온 몸과 온 영혼으로 하나님의 사랑을 체험하게 하소서.
날마다의 삶 속에서 하나님의 함께하심을 느끼게 하시고
필요할 때마다 기도함으로 도우심을 받게 하소서.
우리 자녀들이 언제나 하나님을 시인하고
하나님의 살아 계심을 고백하며 하나님을 전하는
복된 성도의 삶을 살기 원합니다.
오늘도 사랑으로 도와주시는 은혜에 감사드립니다.
우리 주 예수 그리스도의 이름으로 기도합니다. 아멘!

아들의 재능을 시샘하지 않는 것은 아버지뿐이다. 괴테

하나님의 뜻을 분별하며 살게 하소서

10

너희는 이 세대를 본받지 말고 오직 마음을 새롭게 함으로 변화를 받아 하나님의 선하시고 기뻐하시고 온전하신 뜻이 무엇인지 분별하도록 하라 로마서 12:2

성령을 통하여 우리에게 힘을 주시는 주님!
죄악의 물결이 파도치는 오늘도
성난 파도에 휩쓸려가지 않도록 붙들어주신
주님의 은혜와 사랑에 감사드립니다.
우리와 우리 자녀들을 붙드셔서
이 악한 세대를 본받지 않길 원합니다.
성령 충만하여 마음과 영을 새롭게 함으로
새로운 변화를 받게 하옵소서.
하나님의 선하시고 기뻐하시고 온전하신 뜻이
무엇인지를 분별하며 살게 하옵소서.
주님께서 말씀과 삶을 통하여
가르쳐주신 섬김의 도가
우리와 우리 자녀들의 삶에
그대로 본이 되어 본받길 원합니다.
우리 자녀들이 주 안에서 어떠한 처지와
어떠한 형편에 있든지 자족할 수 있는
힘과 믿음을 주옵소서.
겸손히 주님만을 바라보며
낮은 곳에 임하시는 주님의 뜻을 이루어가게 하소서.
주님을 알고자 하는 열심을 주소서.
우리 주 예수 그리스도의 이름으로 기도합니다. 아멘!

한 사람의 아버지가 백 사람의 선생보다 낫다. 조지 허버트

남을 축복해 주는 삶을 살게 하소서

너희를 핍박하는 자를 축복하라 축복하고 저주하지 말라 로마서 12:14

기도할 때에 혼돈 속에서도 길을 열어주시는 주님!
우리는 날마다 크고 작은 결심을 하지만
부족하고 연약하여 실행에 옮기지 못할 때가 많습니다.
우리가 그리스도인으로서 바른 믿음을 통하여
성실하게 살아가기를 간절히 원합니다.
하나님을 믿는 믿음의 자녀로서
남을 핍박하거나 저주하지 않게 하시고
남을 사랑하고 축복하게 하옵소서.
우리 자녀들의 삶이 주님의 은혜로
선하고 귀한 일에 동참하게 하옵소서.
오직 주님이 주시는 사랑과 생명을 통하여
이웃과 원수까지도 사랑할 수 있는
믿음과 사랑을 쏟아부으소서.
우리 자녀들이 주님의 눈으로 보고,
주님의 눈으로 듣고, 주님의 마음으로 받고,
주님의 마음으로 말하여서
주님의 사랑을 받은 대로 사랑하게 하소서.
남을 위로해 주고 남을 축복해 주는 삶을 살게 하소서.
우리 주 예수 그리스도의 이름으로 기도합니다. 아멘!

자식에게 어머니보다 더 훌륭한 선물을 하늘로부터 받은 것은 없다. 에우리피데스

날마다 즐거워하며 살게 하소서

즐거워하는 자들로 함께 즐거워하고 우는 자들로 함께 울라 로마서 12:15

우리에게 기쁨을 주시고 소망을 주시는 주님!
주님께서 우리의 모습이 되셔서
우리들 가운데 계시고 우리와 같이 사시고
십자가에 달려 우리를 구원하여 주신
끝없고 무한하신 사랑에 감사를 드립니다.
우리와 우리 자녀들이 주님의 구속의 사랑을 받았으니
날마다 즐거워하며 살게 하옵소서.
주님은 우리 삶의 빛이시요 길이시니
인도하심 따라 기뻐하며 감사하며 살게 하옵소서.
우리와 우리 자녀들이 방황하다가
막다른 골목을 만났을 때에도 돌이켜 기도하여
주님의 인도하심을 받기 원합니다.
세상이 우리를 해하려 할 때에도
우리와 우리 자녀들이 주님과 함께함으로
평안하고 안전하게 보호됨을 믿습니다.
우리 자녀들이 욕심 때문에 주님께
불평 불만을 토로하지 않게 하시고
순종하므로 기쁘고 즐겁게 살아가는 맛을 보게 하소서.
그리하여 구원의 기쁨을 전하게 하소서.
우리 주 예수 그리스도의 이름으로 기도합니다. 아멘!

나무를 가위질하여 자르는 것은 나무를 사랑하기 때문이다. 부모에게 꾸중을 듣지 않
고 자라는 아이는 똑똑한 사람이 될 수 없다. 벤저민 프랭클린

겸손한 마음을 갖게 하소서

서로 마음을 같이 하며 높은 데 마음을 두지 말고 도리어 낮은 데 처하며 스스로 지혜 있는 체 말라 **로마서 12:16**

우리의 마음을 살피시고 인도하시는 주님!

주님의 온유한 마음, 겸손한 마음,

사랑의 마음을 닮게 하소서.

삶을 살아가며 사랑을 베풀다 받은 상처들이

주님의 손길로 치유받기를 원합니다.

우리 자녀들이 어려움과 고통을 당할 때마다

주님께서 인도해 주시고 돌보아주시기 원합니다.

자녀들이 기도함으로

주님과 대화하는 시간을 즐겁게 여기게 하소서.

기도함으로 응답받는 삶을 살게 하소서.

철이 없고 부족하여도 사랑하여 주시고

은혜 중에 은혜를 더욱더 베풀어주소서.

주님께서 항상 우리와 동행하여 주시고

날마다 고요한 중에 찾아와 주셔서

우리로 하여금 주님의 은혜와 사랑에 만족하며

영광을 돌리게 하옵소서.

우리 자녀들이 순전한 마음으로

주님을 따르며 살게 되기를 원합니다.

겸손한 마음으로 주님을 섬기게 하소서.

우리 주 예수 그리스도의 이름으로 기도합니다. 아멘!

어린아이를 엄하게 가르쳐야 하지만 아이가 무서워해서는 안 된다. **탈무드**

선한 일에 동참하게 하소서

아무에게도 악으로 악을 갚지 말고 모든 사람 앞에서 선한 일을 도모하라 로마서 12:17

우리에게 악을 버리고 선을 행하라고 하신 주님!
우리 자녀들이 악을 악으로 갚지 말게 하시고
선한 일에 힘쓰는 믿음의 자녀가 되게 하소서.
이 세상을 바라보면 악이 득세하는 듯하나
하나님이 미워하시는 것이나 악에서 떠나게 하소서.
예수 그리스도의 이름으로 구원을 받은
하나님의 자녀답게 정직하고 진실하고 거짓 없게
신실한 성도의 삶을 살게 하옵소서.
우리 자녀들의 중심을 잡아주셔서
악한 마음이 틈타지 않기를 원합니다.
남을 미워하기보다는 사랑하는 마음이
넘치고 풍성하게 하옵소서.
사람은 누구에게나 허점이 있고 부족함이 있으니
사랑의 힘으로 허다한 허물을 덮어주소서.
이 세상에 하나님의 사랑보다 위대한 힘은 없으니
우리 자녀들이 하나님의 사랑으로
기쁘고 충만한 삶을 살기 원합니다.
남이 어려울 때 곤경에 처했을 때 외면하지 않게 하셔서
회복의 기쁨을 같이 누리게 하소서.
우리 주 예수 그리스도의 이름으로 기도합니다. 아멘!

어버이를 사랑하는 사람은 남을 미워하지 않고, 어버이를 존경하는 사람은 남에게 오만하지 않다. 효경

분노의 말을 쉽게 사용하지 않게 하소서

유순한 대답은 분노를 쉬게 하여도 과격한 말은 노를 격동하느니라 잠언 15:1

15

길이 참으시고 인내하심으로 구원을 이루시는 주님!
우리의 마음이 성급하면 할수록 실수를 저지르고
실패할 수 있으니 차분하고 안정된 마음으로
모든 일을 순차적으로 풀어가게 하소서.
주님이 보시기에 아름다운 삶을
살아가기 원합니다.
우리 자녀들이 사람들과 나누는 언어가
부드러움과 사랑과 격려의 말이 되어서
과격한 말로 화를 돋우는 일이 없게 하소서.
화는 화를 부르고, 선은 선을 부르고,
사랑은 사랑을 부르고, 화목은 화목을 부르니
참을성과 인내심으로 합력하여 선을 이루게 하소서.
우리 자녀들에게 마음의 여유를 주셔서
서로서로 사랑의 띠로 묶여 하나가 되게 하소서.
우리 자녀들에게 기다릴 줄 아는 여유를 주시고
성령께서 마음을 경영하여 주옵소서.
복된 마음으로 사랑을 나누어 축복을 받게 하소서.
남을 미워하기보다 사랑할 때 연합될 수 있으니
사랑으로 인간관계를 부드럽게 만들어가게 하소서.
우리 주 예수 그리스도의 이름으로 기도합니다. 아멘!

한 아버지는 열 아들을 기를 수 있으나 열 아들은 한 아버지를 봉양하기 어렵다. 독일 속담

9
16

기쁨으로 얼굴이 빛나는 삶을 살게 하소서

마음의 즐거움은 얼굴을 빛나게 하여도 마음의 근심은 심령을 상하게 하느니라
잠언 15:13

우리를 구원하셔서 천국의 기쁨을 맛보게 하신 주님!
우리 자녀들이 날마다
주님이 주시는 마음의 평안과 기쁨을
마음껏 누리며 전하기를 원합니다.
주님이 주시는 기쁨은
이 세상이 주는 기쁨과는 다르니
주님께 감사하며 이 기쁨을 누리게 하옵소서.
구원의 기쁨, 믿음의 기쁨, 사랑의 기쁨,
소망의 기쁨을 누리게 하시고
자녀들 마음에 근심되는 일이 있을 때
홀로 근심하고 염려하기보다는
주님께 모든 것을 맡기고
주님이 주시는 은혜 속에 회복하여
기쁨을 되찾게 하옵소서.
주님은 사랑을 주시는 주님이시니
우리의 연약함을 붙들어주시고
주 안에서 항상 기뻐하며 살게 하소서.
우리에게 구원의 기쁨을
허락하시는 주님을 찬양합니다.
우리 주 예수 그리스도의 이름으로 기도합니다. 아멘!

어머니를 사랑하는 사람치고 심술궂은 사람은 없다. L. C. A. 위세

분노를 다스릴 수 있는 믿음을 주소서

분을 쉽게 내는 자는 다툼을 일으켜도 노하기를 더디하는 자는 시비를 그치게 하느니라 잠언 15:18

우리에게 순전한 믿음을 주시고 사랑해 주시는 하나님!
우리 아이들에게 분노를
다스릴 수 있는 믿음을 주소서.
우리 아이들이 미움의 굴레 속으로
빠지지 않게 하소서.
시기의 가시밭으로 들어가지 않게 하소서.
우리 아이들이 질투의 울타리 안으로
넘어 들어가지 않게 하소서.
혈기의 온도를 높이지 않게 하시고
하나님이 주시는 사랑으로
마음을 다스리게 하소서.
우리 아이들이
하나님이 주시는 평안으로 살아가게 하소서.
우리 아이들이
하나님이 주시는 소망으로 행복하게 하소서.
하나님께서 자녀들의 마음밭을
옥토로 만들어주셔서
말씀으로 심고 거두게 하소서.
우리 주 예수 그리스도의 이름으로 기도합니다. 아멘!

부모님이 우리의 어린 시절을 돌봐주셨으니 우리도 부모님의 여생을 돌봐드려야 된다. 생텍쥐페리

9
18

삶의 중요한 결정을 내릴 때 기도하게 하소서

의논이 없으면 경영이 파하고 모사가 많으면 경영이 성립하느니라 잠언 15:22

우리의 삶을 지도하시는 하나님!
우리 자녀들이 삶의 중요한 결정을 내려야 할 때
하나님께 기도함으로 응답받기를 원합니다.
우리가 하나님의 행하심을 다 이해할 수 없으니
순전한 믿음으로 하나님을 신뢰하며 나아가게 하소서.
우리 자녀들에게 사랑을 충만히 베푸셔서
하나님의 사랑을 본받기 원합니다.
자녀들에게 꿈을 심어주셔서
동경하고 사모하는 일에 도전하게 하소서.
언제나 주 안에서 열정을 가지고 일하게 하시고
믿음 속에서 순전한 생각을 행동으로 옮기게 하소서.
모든 일들을 기도하여 하나님과 의논하게 하시고
세밀한 하나님의 인도를 받게 하소서.
자녀들이 하루하루 목표를 향해서
열심을 갖고 노력하게 하시고
좋은 결과를 이루게 하소서.
하나님께서 강권하여 우리를 인도하여 주실 때
믿음을 따라가는 믿음의 자녀가 되게 하소서.
우리 자녀들이 하나님을 소망하며
하나님의 섭리 안에서 축복받는 삶을 살게 하소서.
우리 주 예수 그리스도의 이름으로 기도합니다. 아멘!

국가의 운명은 청년의 교육에 달려 있다. 아리스토텔레스

기쁨을 주는 삶을 살게 하소서

사람은 그 입의 대답으로 말미암아 기쁨을 얻나니 때에 맞은 말이 얼마나 아름다운고
잠언 15:23

우리의 삶을 풍요롭게 하시는 하나님!

사람들의 얼굴에 웃음이 있게 하시고

기쁨으로 하나님을 찬양하게 하심을 감사드립니다.

얼굴에서 빛이 나는 행복한 사람처럼

우리 자녀들도 하나님이 주신 기쁨으로 살게 하소서.

때에 맞는 언어를 사용하여 기쁨으로 심고

기쁨으로 거두기를 원합니다.

우리가 구원받은 자녀로서의 기쁨을 누리며

하나님을 향한 믿음의 기쁨을 더욱 누리게 하소서.

우리 자녀들에게 기쁨과 웃음을 주시고

복된 언어, 생명의 언어를 주시기 원합니다.

웃을 줄 아는 자에게 행복이 찾아오듯이

우리 자녀들이 항상 하나님의 기쁨을 찾게 하소서.

근심되고 괴로운 일들이 많을 때에도

하나님을 의지하면 위안을 주시고

우리의 영혼을 평안으로 인도하여 주심을 믿습니다.

우리 주 예수 그리스도의 이름으로 기도합니다. 아멘!

반만 썩은 사과는 아주 버릴 필요는 없다. 썩은 부분만 잘라버리면 나머지 부분은 요
리해서 먹을 수 있다. 인간도 썩은 부분만 잘라버리면 나중에 훌륭한 인간으로 인정받
게 된다. 부스

헛된 물질을 탐하지 않게 하소서

이를 탐하는 자는 자기 집을 해롭게 하나 뇌물을 싫어하는 자는 사느니라 잠언 15:27

물질이 있는 곳에 네 마음도 있다고 하신 하나님!
우리 자녀들이 하나님이 주시는 은혜와
축복 속에 살게 되기를 원합니다.
우리 자녀들이 불의한 뇌물과 부당한 물질의 미혹에
빠지지 않게 하시고 지혜롭게 대처하게 하소서.
하나님이 주시지 않은 헛된 물질을 탐내지 않게 하소서.
욕심만 가득 채우려는 이기적인 마음을 버리게 하시고
아무것도 바라지 않고 줄 수 있는 마음을 갖게 하소서.
우리가 인간적인 탐욕과 욕심을
늘 앞세웠던 일들을 용서하옵소서.
오직 하나님의 인도하심으로
주님이 쓰시는 도구로 사용되게 하소서.
예수 그리스도의 보배로운 피로 구원을 받았으니
거룩하신 하나님의 자녀답게
거룩하게 살게 하옵소서.
거짓된 것을 탐하지 않고
오직 하나님의 섭리 안에서 매사에 감사하며
하나님의 뜻에 순종하므로
삶을 풍요롭게 가꾸어 나가게 하소서.
우리 주 예수 그리스도의 이름으로 기도합니다. 아멘!

네가 생명을 사랑한다면 기도를 하라. 녹스

가정이 화목하게 하소서

마른 떡 한 조각만 있고도 화목하는 것이 육선이 집에 가득하고 다투는 것보다 나으
니라 잠언 17:1

사랑으로 우리를 구원하신 주님!

우리 가정이 화목하게 하소서.

시기와 질투와 미움으로 생긴 다툼이 사라지게 하시고

서로서로 사랑하며 살아가게 하소서.

우리 가정이 주 안에서 평안하게 하소서.

죄악된 삶으로 인한 절망과 고통이 사라지고

서로서로 이해해 주고 신뢰하며 살아가게 하소서.

믿음으로 우리의 기도를 응답해 주시는 주님!

우리 가정에 주님의 은혜가 넘치게 하소서.

우리 가족들의 눈과 마음에서 눈물과 슬픔이 사라지고

서로서로 기뻐하며 살아가게 하소서.

우리 가정에 믿음과 사랑과 소망이 가득하게 하소서.

우리 가족의 믿음이 바로 서서

서로서로 꿈을 이루어가며 살아가게 하소서.

사랑으로 우리를 인도하시는 주님!

우리 가정에 기쁨이 넘치게 하소서.

우리 가정에 기도가 넘치게 하소서.

우리 가정에 찬양이 넘치게 하소서.

우리 가정에 주님의 축복이 넘치게 하소서.

우리 주 예수 그리스도의 이름으로 기도합니다. 아멘!

교육의 목적은 무엇을 생각해야 할까에 있는 것이 아니라, 어떻게 생각해야 할까를 우
리들에게 가르쳐주는 데 있다. 삐디이

인간관계를 잘 회복하게 하소서

의인의 마음은 대답할 말을 깊이 생각하여도 악인의 입은 악을 쏟느니라 잠언 15:28

지극히 작은 것에 충성됨을 지켜보시는 하나님!
우리 자녀들이 주님을 전하는
도구가 되기를 원하오니
인간관계를 잘 회복하게 하소서.
사람과 사람 사이가 잘못되고 어그러지면
불편하고 활동이 어려우니
다툼과 분쟁을 화목하게 만들어가게 하옵소서.
우리와 우리 자녀들이 하나님의 선한 청지기로
맡은 바 사명을 잘 감당하기 원합니다.
욕심의 안대를 벗어버리고
믿음의 눈으로 주님을 소망하며 바라보게 하옵소서.
우리와 우리 자녀들의 인간관계에서도
항상 기뻐하라 하신 주님의
진리의 말씀을 깨달아 기쁨과 감격 속에
주님의 사랑을 전하게 하소서.
교만하지 않게 하시고 대화를 나눌 때
주님의 말씀을 겸손히 전하게 하옵소서.
낮아짐의 놀라운 축복 속에 살아가기를 원하며
우리 주 예수 그리스도의 이름으로 기도합니다. 아멘!

교육을 다음과 같이 정의한다. 사람의 지혜는 결코 빗나간 것이 아니라 교육이란 학교
에서 배운 것을 다 잊은 후에 남아 있는 것을 말한다. 알베르트 아인슈타인

September

자신의 마음을 잘 다스리게 하소서

23

노하기를 더디 하는 자는 용사보다 낫고 자기의 마음을 다스리는 자는 성을 빼앗는 자보다 나으니라 잠언 16:32

사랑으로 우리를 구원하신 하나님!
우리 자녀들이 거센 폭풍과 같이 밀려오는
마음의 변화를 잘 조절하기를 원합니다.
노하기를 더디하여 마음을 잘 다스리게 하시고
모든 것을 하나님께 맡기게 하옵소서.
우리 자녀들의 마음을 성결하게 하셔서
주님의 음성을 잘 듣게 하옵소서.
주님이 허락하신 약속의 말씀에 굳게 서서
참되고 복된 그리스도인의 삶을 살아가기 원합니다.
연약할 때마다 주님의 손으로 붙잡아주셔서
주님과 동행하는 삶을 살게 하옵소서.
세상 길에서 헤매거나 마음이 연약하여 흔들릴 때에도
홀로 있게 마시고 구원의 손을 펼치사
우리와 우리 자녀들을 구원하여 주소서.
삶 속에서 공부하거나 주님의 일을 할 때에
아무리 힘들고 어려워도 믿음과 기도로 깨어서
살아 계신 하나님을 바라보게 하소서.
하나님을 바라보며
믿음으로 마음을 잘 다스리게 하옵소서.
우리 주 예수 그리스도의 이름으로 기도합니다. 아멘!

습관의 쇠사슬은 느낄 수 없을 정도로 가늘고, 깨달았을 때는 이미 끊을 수 없을 정도로 완강하다. 린든 베인스 존슨

하나님이 주신 기업을 이을 자녀가 되게 하소서

내게 구하라 내가 열방을 유업으로 주리니 네 소유가 땅 끝까지 이르리로다 시편 2:8

마음에 진실함을 주셔서 새롭게 하시는 하나님!
우리 자녀들이 하나님의 마음을 이해하고
그 크신 뜻을 헤아려 알기를 원합니다.
우리에게 다가오는 시련과 고통을 이겨내어
하나님의 말씀에 순종하는 자녀가 되게 하소서.
우리 자녀들이 그 무엇으로도 다 갚을 수 없는
주님의 사랑과 은혜를 사모하며 살기 원합니다.
분주함 속에서도 하나님과 기도로
깊은 영적인 교제를 나누게 하시고
하나님이 주신 기업을 이어갈 자녀가 되게 하소서.
우리 자녀들이 하는 일을 통해서
하나님께 영광을 돌리고
삶 속에서 기쁨을 누리기 원합니다.
부지런하게 하시고 나태함으로
하나님께서 주신 시간을
쓸데없는 어리석은 일에 보내지 않게 하소서.
믿음의 훈련을 함으로써
비전의 사다리를 타고 올라가듯 이루게 하소서.
우리 자녀들이 주님을 점점 더 알아가게 하소서.
우리 주 예수 그리스도의 이름으로 기도합니다. 아멘!

습관은 인간 생활의 최대의 안내자다. 데이비드 흄

남의 허물을 덮어주게 하소서

25

허물을 덮어 주는 자는 사랑을 구하는 자요 그것을 거듭 말하는 자는 친한 벗을 이간하는 자니라 잠언 17:9

우리의 간절한 기도에 응답하시는 주님!
자녀들의 마음에 평안을 주시고
남의 허물을 덮어주게 하옵소서.
시시때때로 변화하는 형편과 상황에 따라
인도하여 주시고 하나님께 순종할 수 있는
절대 믿음을 주시기 원합니다.
우리의 욕심에 따라 살았던 것을 용서하시고
친절과 사랑을 베풀며 살게 하옵소서.
우리 자녀들이 기도하는 입술이 되게 하시고
인내할 줄 아는 믿음 속에 하나님의 자녀답게 살게 하소서.
사람들의 눈을 속이는 일 없이
솔직하게, 정직하게, 진실하게 살게 하소서.
영혼에 대한 사랑 때문에
주변 사람들에게 복음을 전하지 않고서는
견딜 수 없는 마음을 주시기 원합니다.
우리 자녀들의 마음에 하나님의 마음을 주셔서
어려움에 처한 이들을 돕게 하옵소서.
우리 자녀들이 주 안의 지체들과 함께 살아가는 동안
서로에게 위로와 용기를 주는 사이가 되게 하소서.
하나님을 온전히 찬양하기를 원합니다.
우리 주 예수 그리스도의 이름으로 기도합니다. 아멘!

교육은 훌륭한 것이다. 그러나 항상 잊어서는 안 된다. 알 만한 가치가 있는 모든 것을 가르쳐줄 수 없다는 것을! 오스카 와일드

지혜와 지식을 잘 사용할 줄 알게 하소서

말을 아끼는 자는 지식이 있고 성품이 안존한 자는 명철하니라 잠언 17:27

우리를 빛의 자녀로 살게 하시는 하나님!
우리 자녀들에게 지혜와 지식을 주셔서
하나님의 뜻을 이루어가게 하옵소서.
믿음으로 사람들을 변화시킬 수 있는 힘을 주시고
사랑할 수 있는 마음을 주시기 원합니다.
영혼을 사랑하는 마음을 주옵소서.
교회를 품고, 이웃을 품고, 나라를 품고,
세계를 품고 기도하게 하옵소서.
주님의 가치관을 마음 가득히
채워주시고 부어주시기를 원합니다.
우리 자녀들이 십자가를 통하여
죄를 벗어버리고
반복해서 죄를 짓는 악순환에서 벗어나게 하소서.
새로운 가치관을 가지고 맡겨진 일에
최선을 다하게 하옵소서.
우리 자녀들이 하나님의 일을 할 때
반드시 잘 이루어야 하오니
우리 자녀들의 마음이 이웃을 향한
이해와 용서와 사랑의 마음으로 가득하기를 원합니다.
우리 주 예수 그리스도의 이름으로 기도합니다. 아멘!

모방에 의해서 성공한 사람은 일찍이 한 사람도 없다. 채근담

인자하신 하나님의 자녀가 되게 하소서

사람은 그 인자함으로 남에게 사모함을 받느니라 잠언 19:22

우리보다 우리를 더 사랑하시는 주님!

오늘도 우리 마음을 살펴주시고 인도하시는 주님께서

우리 자녀들과 함께하여 주시기를 원합니다.

하나님의 사랑을 듬뿍 받는 자녀가 되게 하소서.

자녀들의 삶을 날마다 새롭게 하옵소서.

섬김과 사랑과 믿음으로 주님 안에서

아름다운 성도의 삶을 살아가기 원합니다.

주님의 일에 충실하게 도와주시고

하나님의 말씀을 굳건히 믿게 하옵소서.

인자하신 하나님을 본받아

삶의 어떠한 기회나 변화에도 진실하게 하소서.

자녀들을 축복해 주시고 인도해 주셔서

진리의 빛을 주시기 원합니다.

낮에도 밤에도 하루 온종일 온 삶 동안

하나님 안에서 충성을 다하여

인자하신 하나님의 뜻을 따르게 하소서.

고통당하는 자들, 외로운 사람들,

쓰러지고 넘어진 사람들, 사랑이 필요한 사람들,

방황하는 사람들, 굶주린 사람들, 연약한 사람들,

낙심한 사람들에게 주님의 인자하심을 나타내게 하소서.

우리 주 예수 그리스도의 이름으로 기도합니다. 아멘!

교육은 인격 형성을 목적으로 한다. 허버트 스펜서

하나님의 충성된 자녀가 되게 하소서

많은 사람은 각기 자기의 인자함을 자랑하나니 충성된 자를 누가 만날 수 있으랴
잠언 20:6

우리의 영원한 소망이 되신 하나님!
우리 자녀들이 하나님의 축복으로
사람들을 축복하게 하시고
도움이 필요한 이들에게
작은 사랑과 작은 도움부터 나누게 하옵소서.
맡겨진 일을 기쁨으로
최선을 다하여 충성하게 하시고
꿈과 비전을 하나씩 이루어가며
주님의 사역에 동참하게 하소서.
우리 자녀들이 하나님께서 주시는 사랑이
얼마나 크고 놀라운 것인가를 깨닫고
소원하는 마음을 드림으로 응답받게 하소서.
게으름에서 벗어나게 해주시고
부지런함과 사랑, 정성으로 행하며
기쁨으로 살아가게 하옵소서.
자녀들이 주님의 말씀하신 것을
믿고 확신하며 열심히 준비하여 이루어가게 하소서.
주님의 뜻을 이루기 원합니다.
주님의 사랑으로 함께하옵소서.
우리 주 예수 그리스도의 이름으로 기도합니다. 아멘!

어린이는 부모의 행위를 비추는 거울이다. 허버트 스펜서

마음이 고운 자녀가 되게 하소서

비록 아이라도 그 동작으로 자기의 품행의 청결하며 정직한 여부를 나타내느니라
잠언 20:11

사랑의 주님!

우리 자녀들이

마음이 고운 자녀가 되게 하소서.

우리 자녀들이

마음이 정결한 자녀가 되게 하소서.

우리 자녀들이

마음이 가난한 자가 되게 하소서.

우리 자녀들이

마음이 따뜻한 자가 되게 하소서.

우리 자녀들이

마음에 행복이 가득한 자가 되게 하소서.

우리 자녀들이

마음에 은혜가 충만한 자가 되게 하소서.

우리 자녀들이

마음에 진리의 자유함이 있는 자가 되게 하소서.

우리 자녀들이

마음으로 거룩하신 하나님을 닮아가게 하소서.

우리 자녀들이 사랑을 나누게 하소서.

우리 자녀들이 기쁨을 나누게 하소서.

우리 주 예수 그리스도의 이름으로 기도합니다. 아멘!

어려운 일을 쉽게 만드는 사람이 교육자다. 랠프 W. 에머슨

9 30

우리 마음을 단련하여 주소서

여호와여 나를 살피시고 시험하사 내 뜻과 내 마음을 단련하소서 시편 26:2

우리를 살피시고 마음을 단련해 주시는 하나님!

우리 자녀들을 살피시고 시험하사

뜻과 마음을 잘 단련하게 하옵소서.

겸손히 하나님의 뜻을 구하게 하시고

낮아진 마음으로 하나님의 일을 감당하게 하소서.

지금 현실에 처한 모든 것들을

있는 그대로 받아들이고

모든 것을 이겨내어 승리할 수 있는

믿음과 용기를 주시기 원합니다.

삶의 모든 문제를 해결해 나갈 수 있는

지혜와 사랑을 주시기 원합니다.

묶을 것은 묶고 풀 것은 풀어서 자신의 욕심 때문에

하나님을 외면하는 어리석은 짓을 하지 않게 하소서.

복음의 열정으로 날마다 활활 타오르게 하소서.

실패하여 힘을 잃고 지칠 때에도

믿음으로 바로 설 수 있도록 인도하소서.

오직 기도와 말씀 속에 믿음을 단련하여

모든 일을 합력하여 선을 이루게 하시며

우리 자녀들이 주님의 일에 동참하게 하소서.

우리 주 예수 그리스도의 이름으로 기도합니다. 아멘!

교육은 어머니의 무릎에서 시작되고 유년 시절에 전해 들은 모든 말이 성격을 형성한다. 말로

10

October

강하고 담대한 믿음으로
성장하게 하소서

포도나무 사랑

가을날 사랑의 화음을 잘 이루는
가족을 바라보면
잘 익은 포도송이마냥 아름답습니다

눈빛에 사랑이 가득하고
가슴엔 기도가 가득하니
주님의 마음에도 합한
그리스도인들입니다

겨울날 바라보면

아무런 쓸모없어 보이는 포도나무도

봄, 여름, 가을을 지나가며

시절을 좇아 열매를 맺듯이

사랑의 가족은 주님의 축복이 가득합니다

포도나무같이 이루어진 가족 사랑

서로가 기다리며 참아주고 잘 견디어주는

주님이 기뻐하시고 이웃이 부러워하며

닮아가고 싶은 행복한 가정입니다

- 용혜원 -

주어진 모든 일에 성실하게 하소서

1

네가 자기 사업에 근실한 사람을 보았느냐 이러한 사람은 왕 앞에 설 것이요 천한 자 앞에 서지 아니하리라 잠언 22:29

만복의 근원이 되시는 하나님!
우리 아이들이 믿음의 자녀로 튼튼하게 자라나며
하나님 보시기에 아름다운 성령의 열매를 맺게 하소서.
나태함과 연약함에 빠진 사람보다
모든 일에 성실하고 근면한 사람이 더 필요하오니
우리 아이들이 모든 일을 꼼꼼하게
처리해 가게 하옵소서.
주님의 은혜와 사랑으로 함께하셔서
하나님 앞에 부족함이 없는 삶을 살게 하소서.
우리 자녀들이 작은 일에도 최선을 다하게 하시고
모든 일을 성심성의껏 감당하게 하옵소서.
형식적으로 참여하거나 흉내만 내다가
중도에 그만두는 어리석음을 범하지 않게 하소서.
우리 자녀들이 어려서부터 부지런하고
성실하게 자라서 하나님 앞에 바로 서게 하소서.
사람 사이의 약속도 하나님과의 약속도
잘 지켜서 부족함이 없게 하소서.
선한 길로 인도하시는
하나님을 기대하며 살게 하소서.
우리 주 예수 그리스도의 이름으로 기도합니다. 아멘!

모진 고생보다 나은 교육은 없다. 리즈 테일러

하나님의 진리를 사고팔지 않게 하소서

진리를 사고서 팔지 말며 지혜와 훈계와 명철도 그리할지니라 잠언 23:23

2

우리 삶을 날마다 새롭게 하시는 하나님!
하나님이 주신 진리와 지혜와 훈계와 명철을
사고팔지 않게 하옵소서.
우리의 완악한 마음을 변화시키시고
새롭게 하셔서 하나님의 형상을
날마다 닮아가게 하옵소서.
하나님께서 항상 마음을 주장해 주시고
하나님의 뜻을 깨달아
그 깨달음을 따라 살게 하소서.
시험을 당할 때마다 기도와 말씀을 통해
피할 길을 배우게 하옵소서.
시시때때로 혼돈과 방황 속에서 헤매는
우리들이 하나님의 능력과 평안이 조화된
복된 성도의 삶을 살게 하소서.
하나님의 선하심과 자유하심을 믿고
진리 안에서 지혜롭게 살아가기를 원합니다.
눈앞에 보이는 현실로 성급하게 판단하지 않고
영원하신 하나님 나라의 유업을 바라보게 하소서.
하나님께서 주시는 영원한 소망을 바라보며 살게 하소서.
우리 주 예수 그리스도의 이름으로 기도합니다. 아멘!

인내심을 갖지 않으면 교육자로서 낙제이다. 애정과 기쁨을 가져야 한다. 요한 페스탈로치

부모에게 기쁨을 주는 자녀가 되게 하소서

네 부모를 즐겁게 하며 너 낳은 어미를 기쁘게 하라 잠언 23:25

3

은혜와 긍휼이 풍성하신 하나님!
진심으로 부모를 공경하게 하셔서
부모에게 기쁨과 즐거움을 주는
믿음과 사랑이 풍성한 자녀가 되기를 원합니다.
주님께서 우리 자녀들에게 성령의 은혜를 부으셔서
새 마음과 새 기운이 충만하기를 원합니다.
우리 자녀들에게 겸손히 순종하는
부드러운 마음을 주소서.
주님의 말씀 가운데서 살아가는
진실한 그리스도인이 되게 하옵소서.
항상 구주이신 주님의 사랑을 기억하게 하시고
부모의 기도로 성장함을 알게 하소서.
자녀들이 성장해 가면서 홀로 성장한 것처럼
잘못 판단하는 일이 없게 하옵소서.
자신을 위하여 기도해 주고 염려해 주고
아껴주는 사람들에게 감사하며 살게 하소서.
우리 자녀들이 어떤 고난에도 흔들리지 않는
진실한 하나님의 자녀로, 부모의 자랑스런 자식으로
복되고 즐겁게 살아가도록 주께서 인도하소서.
우리 주 예수 그리스도의 이름으로 기도합니다. 아멘!

버는 것보다 어떻게 하면 소비를 적게 하는가를 안다면 너는 황금석을 가졌다. 벤저민
프랭클린

하나님의 세움을 받는 자녀가 되게 하소서

왕 앞에서 스스로 높은 체하지 말며 대인의 자리에 서지 말라 잠언 25:6

4

사랑과 은혜로 우리를 돌보시는 하나님!
우리 자녀들이 하나님의 세우심을 입은
믿음의 자녀가 되게 하소서.
주님께로부터 오는 성결하고 화평하고 양순하고
거짓이 없는 순전한 지혜를 소유하기 원합니다.
우리 자녀들의 삶이 외형만 변하여 겉모양만
그럴듯한 삶이 아니라 내면이 변화되어
마음판에 새겨주신 능력의 말씀으로 살게 하소서.
새롭고 산 소망으로 세우심을 입은 자녀답게
복음을 증거하게 하옵소서.
양심을 속이지 않게 하시고
참진리를 맛보고 죄로부터 벗어나
참자유를 누리기 원합니다.
"선 줄로 생각하는 자는 넘어질까 조심하라"는
말씀을 마음속에 깊이 새기고
꿈과 비전을 이루어가며 정상에 서게 될 때에
하나님 앞에 진실하고 겸손하게 무릎을 꿇고
기도드리며 예배를 통하여 영광을 돌리게 하소서.
모든 것이 하나님의 은혜이니 함께하여 주소서.
우리 주 예수 그리스도의 이름으로 기도합니다. 아멘!

절약은 불필요한 비용을 피하는 과학이며, 또 신중하게 우리 재산을 관리하는 기술이다. 세네카

October

하나님의 택하신 백성이 되게 하소서

5

너희가 전에는 백성이 아니더니 이제는 하나님의 백성이요 전에는 긍휼을 얻지 못하였더니 이제는 긍휼을 얻은 자니라 베드로전서 2:10

우리를 죄악에서 건져주신 하나님!
우리로 하여금 죄에 대해서는 죽은 자요
하나님에 대해서는 산 자로 살게 하심을 감사드립니다.
고통스럽고 치욕스러운 죄의 압제에서 건져주셨으니
그 은혜와 사랑을 깨달은 자답게 살게 하옵소서.
우리 자녀들이 하나님의 책망을
잘 받아들이게 하옵소서.
이기심으로 가득 차 있던 마음을 비우게 하시고
한없이 끝없이 부어주시는 하나님의 사랑을
충만히 받게 하소서.
우리 자녀들이 주님의 마음을 품게 하시고
소망도 꿈도 비전도 내일도 없는 이들에게
주님의 사랑을 전하게 하소서.
영육 간에 치유함을 받아 주님의
사랑의 힘으로 어긋난 관계를 바로잡고
상처투성이인 마음을 사랑으로 감싸주게 하소서.
우리 자녀들이 택한 족속이요 왕 같은 제사장이요
거룩한 나라요 하나님의 소유된 영적인 백성으로
하나님을 찬양하며 경배하게 하옵소서.
우리 주 예수 그리스도의 이름으로 기도합니다. 아멘!

내가 연주하는 것은 세계에서 가장 훌륭한 음악가에게 들려주기 위해서이다. 아마도 그 사람은 그 자리에 없을 것이다. 그러나 나는 언제나 그 사람이 있는 것으로 생각하고 연주하는 것이다. 요한 세바스찬 바흐

10

식생활에 조화를 이루게 하소서

너는 꿀을 만나거든 족하리만큼 먹으라 과식하므로 토할까 두려우니라 잠언 25:16

6

우리에게 건강을 주시고 행복을 주시는 하나님!
우리 자녀들의 식생활이 조화를 이루게 하소서.
날마다 때마다 주어지는 음식을 잘 먹게 하시고
탐식하거나 편식함이 없이 즐겁게 먹으므로
건강하기를 원합니다.
모든 음식이 하나님이 허락하신 축복이오니
너무 많이 먹어 몸에 무리가 되지 않게 하시고
너무 적게 먹어 몸이 허약하지 않게 하소서.
음식을 먹기 전에 항상 감사의 기도를 드리게 하시고
음식을 준비한 이들과 수고한 이들에게도
감사하는 마음을 주시기 원합니다.
식사나 간식이나 모든 주어진 음식을 알맞게
즐겁고 기쁜 마음으로 먹게 하소서.
하나님께서 일용할 양식을 우리에게 주셨으니
일용할 양식을 먹고 건강함을 얻어
열심히 공부하고 맡은 일에 최선을 다함으로
삶을 즐겁고 명랑하며 유쾌하게 살아가는
행복한 그리스도인의 삶을 살게 하소서.
우리 주 예수 그리스도의 이름으로 기도합니다. 아멘!

인생은 가시 있는 나무이며, 예술은 그 나무에 피는 꽃이다. 에바스

교회 생활을 바르게 이끄소서

7

어느 때나 하나님을 본 사람은 없으되 만일 우리가 서로 사랑하면 하나님이 우리 안에 거하시고 그의 사랑이 우리 안에 온전히 이루느니라 요한일서 4:12

믿음으로 구하고 의심하지 않는 자에게 응답하시는 주님!

강하고 담대한 믿음이

굳건한 반석 위에 세워지게 하셔서

교회 생활을 바르게 하길 원합니다.

하나님께서 언제나 하나님의 교회 성도들을

한 사람 한 사람 지켜주시고 인도하여 주시니

항상 기도함으로 교회와 성도들이

모든 어려움에서 벗어나게 하옵소서.

교회의 부흥과 변화를 위하여

우리와 우리 자녀들이 맡은 몫을 잘 감당하게 하시고

모범적인 신앙 생활로 하나님께 영광을 돌리며

삶이 곧 예배와 전도가 되길 원합니다.

실패를 몰랐던 엘리사 같은 믿음을 갖게 하시고

히스기야 왕이 기도함처럼 우리와 우리 자녀들도

주님을 가까이 섬기게 하소서.

우리 자녀들이 하나님과 교회를 위하여

모든 마음을 하나님께 내어놓게 하옵소서.

교회의 목회자들과 성도들을 축복하여 주시고

모두가 하나 되어 하나님께 영광과 찬양을 돌리게 하소서.

우리 주 예수 그리스도의 이름으로 기도합니다. 아멘!

나의 예술은 가난한 사람들의 행복을 위해서 바쳐지지 않으면 안 된다. 루드비히 반 베토벤

남의 일에 쓸데없이 간섭하지 않게 하소서

8

길로 지나다가 자기에게 상관없는 다툼을 간섭하는 자는 개 귀를 잡는 자와 같으니라
잠언 26:17

모든 것을 은혜로 주시는 하나님!
우리 자녀들이 남의 일에 쓸데없이 끼어들거나
쓸데없이 간섭함으로 화를 당하지 않게 하소서.
오직 해야 할 일을 하게 하시고
무슨 일이든지 주님의 마음으로 행할 수 있게 하소서.
이웃을 위하여 기도하게 하시고
사랑을 나누며 살기를 원합니다.
우리 자녀들이 거리에서 만나는 걸인을 외면하거나
발길을 돌리지 않게 하시고 물질의 도움을 주거나
없을 때는 마음으로라도 기도드리게 하소서.
우리 자녀들이 자신의 생각대로만 살아가는 것이 아니라
성실하고 진실하신 하나님의 인도하심 따라
순종하며 살아가기를 원합니다.
하나님 아버지의 뜻에 합한 기도를 드리며
마음에 있던 잘못된 세상의 가치관과
잘못되고 어긋난 마음을 거두어가시고
주님의 가치관을 가득히 부어주셔서
사랑으로 사람을 돌보며 살게 하소서.
우리 주 예수 그리스도의 이름으로 기도합니다. 아멘!

독서는 완성된 사람을 만들고, 대화는 기지가 있는 사람을 만들고, 필기는 정확한 사람을 만든다. 프랜시스 베이컨

October

10

실패에서 일어나 승리하게 하소서

9

그러므로 내가 택하신 자를 위하여 모든 것을 참음은 저희로도 그리스도 예수 안에 있는 구원을 영원한 영광과 함께 얻게 하려 함이로다 디모데후서 2:10

전쟁을 주관하시는 전능하신 하나님!
우리로 하여금 실패에서 일어나 승리하게 하소서.
예수 그리스도의 복음을 들고 끝까지 힘써서 싸우는
예수 그리스도의 충성된 군사가 되게 하옵소서.
하나님께서 맡기신 사명을 늘 성실함으로
감당하기 원합니다.
우리 자녀들이 어둠을 물리치고
복음으로 빛의 생활을 하게 하소서.
혼란스럽고 공허하고 어둠으로 가득 찬 세상에서
빛과 소금의 역할을 잘 할 수 있도록 도우소서.
삶의 목적과 내용을 아름답게 하셔서
모든 고난과 역경의 가운데에서도
꽃피우고 열매를 맺게 하소서.
우리 자녀들이 어디서나 환영받는 믿음의 사람으로
하나님의 자녀로 부끄럼이 없이 살게 하소서.
하나님께서 인도하시는 길이 참된 길이오니
이 영원한 생명의 길을 얻기 위하여
모든 고난과 역경을 오직 믿음으로 이기게 하소서.
항상 함께하시는 주님을 따르게 하소서.
우리 주 예수 그리스도의 이름으로 기도합니다. 아멘!

단 한 권의 책밖에 읽은 적이 없는 인간을 경계하라. 리즈 테일러

좋은 친구들과 선한 경쟁을 하게 하소서

돌은 무겁고 모래도 가볍지 아니하거니와 미련한 자의 분노는 이 둘보다 무거우니라
잠언 27:3

우리 자녀들이 항상 하나님의 사랑을 기억하며
하나님을 가까이 하며 살게 하시고
마음으로 하나님을 신뢰하며 살게 하옵소서.
우리 자녀들이 삶을 살아가며
좋은 우정으로 빛날 친구들을 만나게 하소서.
선한 경쟁을 통하여 꿈을 이루어가며
서로를 위하여 기도해 주며 서로의 꿈과
비전을 위하여 내일을 향하여 달려 나가길 원합니다.
자녀들과 친구들이 서로에게 이익이 있을 때나 없을 때나
언제든지 마음을 함께 나누고
이기적인 것에서 멀리 떠나
하나님이 주신 은사와 소유물을
함부로 사용하지 않게 하소서.
다른 사람의 어려움을 돕는 데 기쁨을 갖게 하시고
자녀들과 친구들에게 행복한 일들이 많아지게 하소서.
우리 자녀들과 친구들이 하나님께 기도하게 하시고
성공하였을 때에도 실패하였을 때에도
하나님의 인도하심을 잊지 않게 하소서.
늘 깨어 있어 준비된 삶을 살게 하소서.
우리 주 예수 그리스도의 이름으로 기도합니다. 아멘!

책을 읽는 사람은 참된 벗, 친절한 충고자, 유쾌한 반려자, 충실한 위안자의 결핍을 느끼지 않을 것이다. M. T. 바로

하나님 안에서 만족하는 신앙을 갖게 하소서

허탄과 거짓말을 내게서 멀리하옵시며 나로 가난하게도 마옵시고 부하게도 마옵시고
오직 필요한 양식으로 내게 먹이시옵소서 잠언 30:8

가치 있는 삶을 살게 하신 하나님!
우리 자녀들이 믿음과 소망과 사랑의 닻을
하나님께 내리고 항상 기도 속에 살아가며
하나님 안에서 만족하는 신앙을 갖게 하소서.
우리 자녀들이 하나님의 사랑을 잊지 않고
제대로 살기 위해 기도를 쉬지 않게 하소서.
입술을 열어 주님의 사랑을 전하게 하시고
손과 발을 움직여 주님의 선하심과 겸손하심을
널리 전하며 본받게 하소서.
우리 자녀들이 기도를 잊고 헤매지 않게 하시고
하나님을 바라보며 기도가 습관이 되게 하소서.
하나님이 원하시고 만족하시는
자녀의 삶을 살게 하실 주님을 찬양합니다.
우리 자녀들이 선을 행하는 자로서
온전한 인격과 신앙의 소유자가 되게 하옵소서.
하나님과 항상 동행할 수 있게 하시고
하나님이 함께하시므로 두려움이 없게 하시며
하나님이 함께하시므로 소망이 넘치게 하소서.
우리 주 예수 그리스도의 이름으로 기도합니다. 아멘!

좋은 책을 읽는 독자란 좋은 작가와 같이 드물다. 윌리엄 셰익스피어

10
12

하나님의 이름을 빛내는 자녀가 되게 하소서

혹 내가 배불러서 하나님을 모른다 여호와가 누구냐 할까 하오며 혹 내가 가난하여
도적질하고 내 하나님을 욕되게 할까 두려워함이니이다 잠언 30:9

우리의 영원한 소망이 되시는 하나님!
우리 자녀들이 하나님의 이름을 빛내는
자녀들이 되게 하옵소서.
오늘도 나약하고 부족한 우리 자녀들을 붙들어주시고
세상의 모든 악한 세력들과 싸워서 이길 수 있는
믿음 있는 기도를 하나님께 드리게 하소서.
하나님께서 맡겨주신 사명에 최선을 다함으로
가족과 친구들에게 도전하고 동기를 부여하여
함께 동역하며 나아가기 원합니다.
우리 자녀들이 게으름과 이기심에서 벗어나
열심히 하나님의 일에 동참하게 하소서.
성령 안에서 늘 깨어 기도함으로
하나님의 능력과 구원의 역사를 체험하여
믿음으로 살아가기를 원합니다.
우리와 우리 자녀들을 사랑하시는
그 놀라우신 하나님의 사랑을
찬양하게 하시고
모든 삶이 새롭게 변화되어 하나님의 이름을 빛내게 하소서.
우리 주 예수 그리스도의 이름으로 기도합니다. 아멘!

기도를 잊지 말라. 네가 기도할 때마다 너의 기도가 성실하다면 그 속에는 새로운 느
낌과 새로운 의미가 있을 것이다. 그리고 이것이 너에게 생생한 용기를 줄 것이며, 너
는 기도가 곧 하나의 교육이라는 사실을 이해할 것이다. 표도르 도스토예프스키

10
13
어려서부터 복된 자녀로 축복받게 하소서

주의 법을 사랑하는 자에게는 큰 평안이 있으니 저희에게 장애물이 없으리이다
시편 119:165

우리에게 복에 복을 더하사 축복하시는 주님!
우리 자녀들이 어려서부터 복된 자녀로
하나님의 축복을 받으며 자라게 하소서.
주님의 말씀을 사랑함으로 큰 평안을 주시고
기도와 은혜 안에서 살아가므로
장애물을 치워 나가게 하소서.
모든 일이 어렵게 보일 때에도
하나님의 신실한 자녀가 되게 하소서.
하나님의 자녀로서의 의무를 감당하게 하시고
감당할 수 있는 힘을 주시기 원합니다.
하나님께서 사명을 주시고 구원하신 데에는
분명히 하나님의 뜻이 있고
목적이 있음을 알게 하소서.
기뻐하고 감사하며 기도하여서
맡겨진 모든 것을 잘 감당하며
축복받는 자녀로 부족함 없이 살게 하소서.
우리 자녀들에게 건강과 지혜를 주시고
총명하게 하시며
하나님을 온전히 경외할 수 있는 믿음을 주소서.
우리 주 예수 그리스도의 이름으로 기도합니다. 아멘!

마음으로부터 믿는 것에 의해서 사람은 올바르고 또한 의롭다. 마르틴 루터

10
14

하나님께 영광과 찬양을 돌리는 삶을 살게 하소서

너의 권능 있는 자들아 영광과 능력을 여호와께 돌리고 돌릴지어다 시편 29:1

능력과 권능이 무한하신 하나님!
예수 그리스도를 우리에게 보내주셔서
구원하여 주심을 감사드립니다.
우리 자녀들이 권능의 하나님께 평생토록
영광과 찬양을 돌리는 삶을 살게 하소서.
우리 자녀들이 삶을 통하여
하나님께서 주신 사명을 감당하게 하시고
힘들어하고 어려움을 당한 많은 사람들에게
주님의 사랑을 전하고 나타내며 섬기는 삶을 살게 하소서.
주님께서 지금도 하나님 우편에서 기도하시니 감사합니다.
악에 빠지지 않도록 보호하소서.
우리 자녀들이 주 안의 지체들과 하나가 되어
주님의 뜻을 이 땅에서 이루게 하옵소서.
삶의 기초가 살아 계신 하나님의
생명력 있는 말씀이 되기를 원합니다.
우리 자녀들이 믿음 안에서
항상 진리와 양심이 존중되는 삶,
성령의 인도하심을 받는 삶을 살게 하소서.
우리 자녀들에게 삶에 필요한 지혜와 믿음을 주옵소서.
하늘의 은혜로 선한 열매를 맺게 하옵소서.
우리 주 예수 그리스도의 이름으로 기도합니다. 아멘!

하나님을 두려워하고 이웃을 사랑하며 죽음보다 죄를 두려워하는 사람이야말로 올바른 신앙을 가진 사람이다. 야곱

평강의 복을 누리게 하소서

여호와께서 자기 백성에게 힘을 주심이여 여호와께서 자기 백성에게 평강의 복을 주시리로다 시편 29:11

세계를 창조하시고 역사를 주관하시는 하나님!

우리 자녀들에게 힘을 주시고

평강의 복을 주시기 원합니다.

우리 자녀들이 하나님이 주시는

영혼의 평강을 누리게 하시며

삶의 방향은 언제나

하나님을 향하게 하옵소서.

믿음으로 기도하여 지혜를 얻게 하시고

하나님의 섭리와 뜻을 알게 하소서.

자녀들의 마음에 악한 세력이 침범하지 않게 하시고

하나님의 말씀을 주야로 묵상하며 살게 하소서.

우리 자녀들이 세상의 출세와 부귀 영화만을 원하며

세상 지식만을 얻으려고 하지 말고

참지혜의 근본이 되시는 하나님의 지혜를 구하게 하소서.

하나님이 주시는 지혜와 은혜를 따라

삶에 풍성한 열매를 맺게 하소서.

삶의 인도자와 경영자 되시는 주님께서

항상 함께하셔서 하나님이 주시는 평강 속에

복된 성도의 삶을 살아가게 하옵소서.

우리 주 예수 그리스도의 이름으로 기도합니다. 아멘!

믿음은 종달새의 알에서 종달새의 지저귀는 소리를 듣는 것이다. 랠프 W. 에머슨

10

사회에도 필요한 인물이 되게 하소서

16

너는 마땅히 공의만 좇으라 그리하면 네가 살겠고 네 하나님 여호와께서 네게 주시는 땅을 얻으리라 신명기 16:20

우리의 반석이 되시고 기초가 되시는 하나님!
우리 자녀들이 하나님의 공의만 좇아 살게 하시고
사회에도 필요한 인물이 되게 하소서.
우리 가정에 귀한 선물로 주신 자녀들이
하나님의 말씀을 기초로 한 지도자가 되게 하시고
사회에서도 빛과 소금 역할을 하는 자들이 되게 하소서.
하나님을 영화롭게 하며 하나님께 영광 돌려
기쁘시게 하는 삶을 살게 하시며
출세와 성공 지향적인 삶이 아니라
하나님이 원하시는 영성 있고 열정이 가득한
바른 믿음의 인물로 성장하기를 원합니다.
언제나 교회를 가까이 하게 하시고
말씀을 묵상하며 성도들과 깊은 영적인 교제와
기쁜 사귐이 있게 하소서.
사회에나 이웃에게 유익을 끼치게 하시고
덕을 세워 나가게 하옵소서.
권력과 권세와 물질을 남용하지 않게 하시고
언제나 바른 믿음과 양심으로 하나님과 사람 앞에
부끄럼 없는, 하나님이 세우신 지도자가 되게 하소서.
우리 주 예수 그리스도의 이름으로 기도합니다. 아멘!

기도는 하늘에서 축복을 가져오며, 근로는 대지에서 축복을 캐낸다. 기도는 하늘의 수레이며, 근로는 지상의 수레이니 둘 다 행복을 가져온다. 하인리히

하나님께서 생명의 길로 인도하소서

보라 내가 너희 앞에 생명의 길과 사망의 길을 두었노니 예레미야 21:8

생명의 길 구원의 길로 인도하시는 하나님!
우리 자녀들이 하나님의 인도하심을 받아
생명 길로 가기를 원합니다.
세상에는 선한 것과 악한 것,
하나님이 기뻐하시는 것과 싫어하시는 것,
좋은 것들과 나쁜 것들이 많이 있으나
우리 자녀들은 하나님이 기뻐하시는 삶을 살게 하소서.
마음속까지 하나하나 다 아시는 주님께서
자녀들의 모든 것을 진실하게 하옵소서.
먼저 마음과 양심이 병들지 않게 하시고
항상 옳고 그른 것을 믿음으로 분별하며
하나님이 원하시는 삶을 살기 원합니다.
분별할 수 있는 지혜를 주시고
언제나 하나님의 살아 있는 말씀이 모든 것을
판단해 나가는 기준이 되기를 원합니다.
우리 자녀들이 꿈과 비전을 이루어가며
기초가 약하고 부족할 때마다 힘이 되어주시고
능력 주시길 간절히 원하오니 함께하옵소서.
우리 자녀들이 생명 길로 가는 믿음의 사람답게
삶을 멋있고 아름답게 잘 건축하게 하소서.
우리 주 예수 그리스도의 이름으로 기도합니다. 아멘!

하나님을 본 사람은 아무도 없다. 만약 우리가 서로 사랑한다면 하나님은 우리의 가슴
에 깃든다. 레프 톨스토이

나라와 민족을 위하여 기도하게 하소서

18

사무엘이 젖 먹는 어린양을 취하여 온전한 번제를 드리고 이스라엘을 위하여 여호와께 부르짖으매 여호와께서 응답하셨더라 사무엘상 7:9

나라와 민족을 사랑하시는 하나님!
우리 자녀들이
나라와 민족을 위하여 기도하게 하소서.
이 나라와 이 민족이
하나님을 경외하며 예배하도록 중보 기도하게 하소서.
이 나라와 이 민족이
지은 모든 죄를 사함 받도록 기도하게 하소서.
이 나라와 이 민족의
지도자가 세워지고 바른 정치가 이루어지기를 기도하게 하소서.
이 나라와 이 민족의
경제 발전과 건전한 문화를 위하여 기도하게 하소서.
이 나라와 이 민족의
민족 간의 평화와 질서를 위하여 기도하게 하소서.
이 나라와 이 민족이
타락과 범죄에서 벗어나도록 기도하게 하소서.
이 나라와 이 민족이
오직 하나님만 바라보는 민족이 되도록 기도하게 하소서.
이 나라와 이 민족의
미래에 대한 소망이 이루어지도록 기도하게 하소서.
우리와 우리 자녀들이 이 모든 것을 기도하기를
우리 주 예수 그리스도의 이름으로 기도합니다. 아멘!

지나친 사랑이 없는 것처럼 지나친 기도란 없다. 빅토르 위고

자신의 죄악을 회개하게 하소서

19

종과 주의 백성 이스라엘이 이곳을 향하여 기도할 때에 주는 그 간구함을 들으시되
주의 계신 곳 하늘에서 들으시고 들으시사 사하여 주옵소서 역대하 6:21

하나님을 따르는 이들을 사랑해 주시는 주님!

하나님은 우리를 사랑하시므로

기도로 말씀으로 찬양 신앙의 체험으로

어떤 어려움 가운데서도 이겨내게 하심을 감사드립니다.

하나님께서 예수 그리스도를 통하여

우리와 우리 자녀들을 구원하셨으니

늘 감사하며 주님을 따르게 하소서.

죄가 유혹하여 다가올 때

그 죄를 떠날 수 있는 용기와 지혜를 주소서.

죄악을 두려워하지 않고 물리쳐

악에 빠지지 않게 보호하시고

거룩한 성도의 삶을 살기 원합니다.

죄가 있으면 모두 회개하고 항상 하나님께로 돌아와

반석 같은 하나님의 말씀을

중심에 두고 살아가게 하소서.

우리 자녀들에게 함께하셔서

사단의 유혹을 받지 않게 하시고

믿음의 심지가 굳건하여 은혜와 평안의 삶이 되게 하소서.

하나님의 계명을 지키므로 믿음 속에 살게 하소서.

우리 주 예수 그리스도의 이름으로 기도합니다. 아멘!

모든 지식은 의혹에서 시작되어 신앙에서 끝난다. 에센바흐

날마다 주의 진리로 가득하게 하소서

여호와여 주의 도를 내게 보이시고 주의 길을 내게 가르치소서 시편 25:4

우리 창조주 되시며 생명이 되시는 하나님!
자녀들의 삶이 날마다 주의 진리로 가득하게 하시고
날마다 주님의 은혜로 새롭게 하옵소서.
자녀들에게 할 일을 주시고 그 일을 통하여
하나님을 온전히 찬양하게 하소서.
우리 자녀들의 삶이
하나님의 은혜로 풍성하게 하시고
생명력이 넘치게 하옵소서.
우리 자녀들 삶의 첫자리에
하나님이 계심을 믿고 따르게 하소서.
하나님이 함께하시지 않으시면
어리석은 자가 됨을 알게 하시고
진실하고 겸손하게 살아가길 원합니다.
대접받기보다는 대접하기를 좋아하는
하나님의 자녀가 되게 하소서.
우리 자녀들이 말씀에 순종하는 것을 즐거워하며
기뻐하는 삶을 살게 하소서.
자녀들을 새롭게 하셔서 어떤 상황에도
굴하지 않고 일어서는 믿음을 주시기 원합니다.
우리 주 예수 그리스도의 이름으로 기도합니다. 아멘!

기도란 그것을 통해 우리가 어둠에서 하나님을 보는 거울이다. 헤벨

죄악에서 돌아서는 삶을 살게 하소서

허물의 사함을 얻고 그 죄의 가리움을 받은 자는 복이 있도다 시편 32:1

말씀을 순종하는 자들을 사랑하시는 하나님!
우리 자녀들이 하나님의 뜻을 따라
죄악에서 돌아서는 삶을 살게 하소서.
하나님의 훈계와 권고를 듣는 지혜로운 자가 되게 하시며
죄 사함을 얻고 하나님을 경외하게 하소서.
세상의 유혹을 물리치게 하시고
마음의 욕심을 버리기 원합니다.
우리 자녀들이 언제나 하나님이 함께하심을 믿고
죄악에 물들지 않는 삶을 살게 하소서.
힘들고 어려울 때마다 하나님을 의지하게 하시고
고난을 통하여 더욱더 성숙하기를 원합니다.
주님의 가르침에 따라 순결하게 하셔서
언제나 승리하는 믿음을 주시기 원합니다.
지혜 없는 자같이 어리석게 살지 않게 하시고
하나님의 자녀답게 지혜와 믿음을 주시기 원합니다.
우리 자녀들의 장점을 개발하게 하시고
부족한 것을 채우게 하셔서 죄를 떠나
의롭게 살며 하나님의 뜻을 이루게 하소서.
우리 주 예수 그리스도의 이름으로 기도합니다. 아멘!

당신의 참다운 신앙이란 당신이 가지고 있는 인생 전부를 사랑하는 것이다. 서양 격언

우리 자녀들의 삶을 축복하여 주소서

여호와여 저희를 지키사 이 세대로부터 영영토록 보존하시리이다 시편 12:7

우리의 삶을 풍요롭게 하시고 축복하시는 하나님!
자녀들의 삶을 축복하셔서
꿈이 있게 하시고 내일이 있게 하옵소서.
목표를 향하여 넘어야 할 산을 넘게 하시며
큰 꿈이 있는 한 결코 방종하거나
나태할 시간이 없으니 주님께서 인도하옵소서.
우리 자녀들이 웅대한 비전을 가지고
다음 세대를 이어주는 큰 꿈을 이루어가게 하소서.
꿈이 있는 곳에 긍지도 있으니 큰 꿈을 소유하게 하소서.
열정에 열정을 더하여 능력을 갖추어서
꿈을 하나씩 이루어가게 하소서.
능력이 있으면 닥쳐오는 어려움도 이겨낼 수 있으니
믿음으로 하나님의 능력을 소유하게 하옵소서.
사람들을 이끌 수 있는 지혜를 주시고
적극적인 도전정신을 주시기 원합니다.
우리 자녀들이 하나님을 믿고
모든 일을 이루어가기 원합니다.
하나님의 뜻을 이루어가며 기쁨을 누리게 하소서.
우리 주 예수 그리스도의 이름으로 기도합니다. 아멘!

거짓이란 것은 위장된 진실에 지나지 않는다. 조지 고든 바이런

10

모든 근심과 걱정을 주님께 맡기게 하소서

23

또 무엇을 하든지 말에나 일에나 다 주 예수의 이름으로 하고 그를 힘입어 하나님 아버지께 감사하라 골로새서 3:17

능력과 권세가 무한하신 주님!
우리를 사랑하셔서서 다양한 은혜를
베풀어주시니 감사와 찬양을 드립니다.
우리 자녀들이 각자의 은사를 잘 사용하게 하시고
모든 두려움과 걱정을 주님께 맡기게 하소서.
어려서부터 말씀대로 살아가며
평안과 축복을 누리게 하소서.
주님의 뜻에 합당한 도구가 되게 하시고
날마다 주님은 살아 계신 하나님이요
영혼의 주인이심을 고백함으로
모든 염려를 다 주님께 맡기게 하소서.
삶의 목적을 새롭게 깨닫게 하시고
주님께서 원하시는 것을 분별하게 하옵소서.
우리 자녀들이 세상에서 찢기고
고난당할 때마다 주님 안에서만
참평안과 안식을 얻게 하소서.
바른 신앙으로 어떤 어려움과 고난 속에서도
날마다 이기고 또 이기기를 원합니다.
우리 주 예수 그리스도의 이름으로 기도합니다. 아멘!

어려서 겸손해라. 젊어서 온화해져라. 장년에 공정해져라. 늙어서는 신중해라. 소크라테스

구원의 기쁨을 전하는 자녀가 되게 하소서

나는 오직 주의 인자하심을 의뢰하였사오니 내 마음은 주의 구원을 기뻐하리이다
시편 13:5

우리에게 참 섬김을 가르쳐주신 하나님!
우리 자녀들이 하나님의 구원하심을 기뻐하며
구원의 기쁨을 전하는 자녀가 되게 하소서.
세상이 우리 자녀들을 넘어뜨리려 할 때마다
요동하지 않고 오직 주님만을 의지하게 하소서.
우리 자녀들이 세상을 살아가며
사망의 음침한 골짜기로 다닐지라도
해 받지 않을 것을 신뢰하게 하소서.
우리 자녀들의 삶이 날마다 주님의 은혜로
값 있고 풍성한 열매를 맺어가기 원합니다.
자녀들이 심은 모든 선한 씨앗들이
아름답게 열매를 맺어 영광을 돌리게 하소서.
주님의 말씀을 묵상하고
마음판에 새기므로 말미암아 복음의 말씀을
능력 있게 전하게 하소서.
우리 자녀들이 부족함을 불평하기보다
부족함 때문에 도리어 채워졌다는 사실을 감사하게 하소서.
우리 주 예수 그리스도의 이름으로 기도합니다. 아멘!

만일 행복을 바라거든 무엇보다도 먼저 모든 일에 허욕을 부리지 말라. 안톤 체호프

성령으로 인도하심 받게 하소서

25

내가 나의 영혼에 경영하고 종일토록 마음에 근심하기를 어느 때까지 하오며 내 원수가 나를 쳐서 자긍하기를 어느 때까지 하리이까 시편 13:2

어둠 속에서도 우리를 지켜주시는 하나님!
우리 자녀들이 어려서부터 말씀 안에서
정직함과 거룩함을 배우고 깨달아
이 사회에서 빛과 소금의 직분을 감당하기 원합니다.
고통을 당할 때마다 그 가운데서
인도하시는 하나님을 바라보며
승리하는 삶을 살게 하옵소서.
우리 자녀들이 항상 하나님께 감사드리며
맡은 바 사명에 충성을 다하기 원합니다.
하나님의 거룩하심을 본받아
죄를 떠나게 하소서.
우리 자녀들이 가야 할 길에서 벗어나지 않고
오직 하나님이 열어주시는 생명길로 나아가며
직분을 감당하며 살게 하옵소서.
우리 자녀들이 언제 어디서나
복음을 바르게 전하게 하소서.
우리 주 예수 그리스도의 이름으로 기도합니다. 아멘!

결혼하기 전에는 눈을 크게 뜨고 결혼 후에는 눈을 감아야 한다. 토머스 프라

주님만을 복으로 삼는 자녀가 되게 하소서

내가 여호와께 아뢰되 주는 나의 주시오니 주밖에는 나의 복이 없다 하였나이다
시편 16:2

우리의 아버지이신 주님!
주님 한 분만을 복으로 삼고
믿음으로 섬기는 자가 되게 하소서.
우리 자녀들이 하늘나라에서 받을
상급을 생각하며
이 땅에서 땀 흘리고 애쓰며
모든 수고를 아끼지 않게 하옵소서.
우리 자녀들이 주님의 말씀을 들으면 들을수록
맑고 깨끗해져서 진리를 체험하기 원합니다.
예수 그리스도의 장성한 분량에 이르기까지
오직 예수 그리스도를 바라보는 가운데
믿음으로 인내하며 복종하게 하옵소서.
우리 자녀들의 마음을 주님의 사랑으로 채워주시고
하나님의 축복을 나누며 살게 하소서.
모든 삶에서 근면하고 부지런하여서
날마다 열매 맺기를 원합니다.
주님으로 인한 풍요를 누리며 살게 하소서.
오직 주님만을 소망하며 살기를 원합니다.
오직 주 예수 그리스도의 이름으로 기도합니다. 아멘!

웃음을 모르는 사람은 항상 오만하고 자만심에 가득 차 있는 사람이다. 윌리엄 사커레이

27

어떤 환경도 이겨내는 믿음의 자녀가 되게 하소서

내게 줄로 재어 준 구역은 아름다운 곳에 있음이여 나의 기업이 실로 아름답도다
시편 16:6

긍휼이 많으시고 사랑이 충만하신 하나님!
우리 자녀들이 어떠한 환경도 잘 이겨내는
믿음의 자녀가 되게 하옵소서.
현재나 미래나 지도자가 될 때에도
주님이 주시는 지혜와 은사대로 행하게 하소서.
지도받을 위치에 있을 때에는 지도받게 하시고
지도할 위치에 있을 때에는 바르게 지도하게 하소서.
예수님께서 십자가에 달리셔서
사망의 권세를 이기시고 부활하신 것처럼
우리 자녀들도 어떤 환경에서건
믿음으로 극복하고 이겨내게 하옵소서.
우리 자녀들이 하나님을 바라보기보다는
사람들에게 먼저 인정받기를 원하는 욕구부터 이겨내어
자신을 날마다 낮추어 복종하기를 원합니다.
맡겨진 일을 다하기 위하여
날마다 자신을 부인하며 십자가를 지고 따르게 하옵소서.
우리 자녀들의 몸과 마음과 영혼에
예수 그리스도의 향기가 가득하게 하소서.
주님의 십자가로 인해 더욱더
믿음과 사랑 가운데 신뢰함으로 걸어가게 하소서.
우리 주 예수 그리스도의 이름으로 기도합니다. 아멘!

속을 먹으려 하는 자는 껍질을 깨야 한다. 아우렐리우스

10

건강과 장수의 축복을 주소서

28

네 부모를 공경하라 그리하면 너의 하나님 나 여호와가 네게 준 땅에서 네 생명이 길리라 출애굽기 20:12

그리스도인이라는 자부심을 주신 하나님!

우리 자녀들에게 건강과 장수의 축복을 주시기 원합니다.

우리 자녀들이 하는 일 속에서

귀한 가치를 발견하게 하시고

그로 인해 기쁨과 활기가 넘치는

믿음의 군사의 삶을 살게 하소서.

어려서부터 몸과 마음과 영혼이 건강하게 하시고

지혜롭게 하셔서

하나님 나라를 확장하는 데 도구로 쓰이게 하소서.

주님이 주신 건강과 장수의 축복으로 인해

남을 도울 수 있는 따뜻하고 겸손한 마음을 갖게 하소서.

우리 자녀들이 안일하고 이기적이고

무기력한 신앙생활에서 벗어나

활기차고 힘 있는 믿음으로 살게 하소서.

주님 안에서 누리는 복음의 기쁨을 갖게 하시고

늘 감사하며 살게 하소서.

험난하고 어려운 길을 갈 때에도

고통과 절망의 비탈길을 가야 할 때에도

주님의 이름을 부르며 이겨내고 승리하게 하소서.

우리 주 예수 그리스도의 이름으로 기도합니다. 아멘!

유능한 사람은 언제나 배우는 사람이다. 대니얼 디포

10
29

노인을 공경하는 자녀가 되게 하소서

너는 센 머리 앞에서 일어서고 노인의 얼굴을 공경하며 네 하나님을 경외하라 나는 여호와이니라 레위기 19:32

천하보다 귀한 생명들을 사랑하시는 주님!
우리 자녀들에게 사랑할 수 있는 마음을 주소서.
부모를 사랑하고 노인들을 공경하고 섬기며
믿음과 사랑이 있는 자녀가 되게 하소서.
주님께서 저희를 위하여 고난의 십자가에 달리사
사랑으로 우리를 구원하셨으니
우리와 우리 자녀들도
불우하고 소외된 사람들을 도와주며
주님의 사랑을 실천하게 하소서.
자녀들의 삶의 고통과 절망을 아시는 주님과
기도로 대화를 나누게 하소서.
세상에서 환난을 당할 때
주님 안에서 쉼과 안식을 얻게 하시고
쉼과 안식이 필요한 노인과 소외된 자들에게
예수님의 사랑을 전하기 원합니다.
우리 자녀들이 주님의 자녀답게
사랑하며 섬기며 나누는 삶을 살게 하소서.
우리가 주님의 인자하심으로 구원을 받았으니
삶 속에서 주님의 인자하심을 나타내게 하소서.
우리 주 예수 그리스도의 이름으로 기도합니다. 아멘!

위험에 도전하는 사람은 위험이 닥치기 전에 제압한다. 푸블릴리우스 시루스

말씀의 축복을 누리게 하소서

나 곧 내 영혼이 여호와를 기다리며 내가 그 말씀을 바라는도다 시편 130:5

우리 영혼이 하나님께 속하기를 기뻐하시는 하나님!
말씀 안에 살아 생명의 축복을 누리게 하소서.
삶을 살아가면서 항상 기쁨과 자랑이 될 수 있는
복된 성도의 삶을 살기 원합니다.
우리 자녀들이 하나님의 말씀 안에서
기쁨이 넘치는 신앙으로
목표가 확실한 삶을 살게 하소서.
높게, 깊게, 넓은 꿈을 갖게 하시고
자신의 무한한 가능성을
믿음으로 개발하여 사용하므로
하나님의 영광을 드러내게 하소서.
우리 자녀들이 하나님의 축복을 받아
고운 마음을 지니고
양심에 따라 살아가고
삶에 복이 넘치게 하시며
생명이 살아 있게 하소서.
인정과 사랑이 넘치는 아이로 자라기를 원합니다.
날마다 주님 주시는 기쁨과 축복 속에 살게 하소서.
우리 주 예수 그리스도의 이름으로 기도합니다. 아멘!

강은 우리가 가고 싶어하는 곳으로 우리를 데려다주는 길이다. 파스칼

영원을 사모하게 하소서

하나님이 모든 것을 지으시되 때를 따라 아름답게 하셨고 또 사람에게 영원을 사모하는 마음을 주셨느니라 그러나 하나님이 하시는 일의 시종을 사람으로 측량할 수 없게 하셨도다 전도서 3:11

우리에게 영원히 사는 기쁨을 주신 하나님!

우리가 하나님 안에 거하므로

기뻐하고 즐거워하는 삶을 살게 하소서.

우리와 우리 자녀들이 하나님의 놀라우신

구원을 받았으니 영생을 사모하며 살게 하소서.

주님의 사랑을 나누며 베푸는 삶을 통하여

구원을 더욱더 확신하게 하옵소서.

지체들과 서로 약한 것을 보완하며

협력하고 돕기를 원합니다.

예수 그리스도의 사랑의 띠로 묶어주소서.

언제나 하나가 되기를 바라게 하시며

예수님 안에서 서로 기뻐하므로

모든 약함에서 벗어나게 하소서.

주의 은혜 안에 굳건히 서게 하시고

사랑을 나누는 것이 주님을 사랑하는 비결이니

더욱더 이웃을 사랑하게 하소서.

우리 자녀들이 사랑을 나눔으로

참기쁨과 소망으로 영원을 사모하며 살아가게 하옵소서.

임마누엘의 주님께서 주시는 행복이 흘러넘쳐

모든 이들을 친절하게 대하게 하옵소서.

우리 주 예수 그리스도의 이름으로 기도합니다. 아멘!

세상을 위해서 일하지 않으면 사는 데 의의가 없다. 토머스 에디슨

11

November

믿음으로 소망을 이루어가는
열정을 갖게 하소서

온 가족이 함께 가야 하는 길

온 가족이 함께 가야 하는 길은
주 안의 길, 사랑의 길, 믿음의 길
기도의 길입니다

다가오는 갖가지 시련을 이겨내며
마음과 마음으로 이어지고
사랑과 사랑으로 이어지고
기도와 기도로 이어지는 길입니다

눈물의 기도로
반석 위에 세워지는 믿음을 따라
믿음, 소망, 사랑의 열매가
시절을 좇아 열매를 맺어갑니다

온 가족이 주 안에서 믿음으로 하나 되는 삶

한순간 한순간

한 날 한 날 그리고 평생의 모든 것이

주님의 은총이기에 기쁨과 감사뿐입니다

온 가족이 함께하는 길에는

언제나 주님이 함께하여 주십니다

- 용혜원 -

하나님의 말씀을 부지런히 배우게 하소서

1

오늘날 내가 네게 명하는 이 말씀을 너는 마음에 새기고 네 자녀에게 부지런히 가르치며 집에 앉았을 때에든지 길에 행할 때에든지 누웠을 때에든지 일어날 때에든지 이 말씀을 강론할 것이며 신명기 6:6-7

우리의 영원한 생명이신 하나님!

마음을 다하고 성품을 다하고 힘을 다하여

살아 계신 하나님을 사랑하기 원합니다.

하나님의 말씀을 부지런히 배워 말씀을 삶의 지표로 삼아

하나님의 섭리 안에서 살게 하옵소서.

우리 자녀들이 굳건한 믿음과 용기를 가지고

어떠한 형편에서도 말씀의 능력으로

모든 것을 지혜롭게 해결해 가며

말씀을 상고하고 기도로 응답받으며 살게 하소서.

귀한 생명의 말씀으로 우리를 구원하여 주시고

인도하여 주심을 더욱더 확신하게 하옵소서.

구원의 놀라운 축복 속에 합당한 삶을 살아가며

생명의 말씀, 진리의 말씀,

구원의 말씀을 전하게 하옵소서.

우리 자녀들이 하나님의 말씀을 의심하지 않고

믿음으로 확신하며 주님의 말씀을 증거하는

전도자의 사명도 감당하게 하소서.

자녀들이 체험 있는 신앙으로 말씀 위에 굳건히 서서

의심이 확신으로 변하고

오직 말씀 안에서 믿음으로 살기를 원합니다.

우리 주 예수 그리스도의 이름으로 기도합니다. 아멘!

백 년을 살 것처럼 일하고 내일 죽을 것처럼 기도하라. 벤저민 프랭클린

11

2

하나님의 말씀을 듣고 순종하게 하소서

여호와께서 임하여 서서 전과 같이 사무엘아 사무엘아 부르시는지라 사무엘이 가로 되 말씀하옵소서 주의 종이 듣겠나이다 사무엘상 3:10

우리 삶을 참되고 복되게 하시는 하나님!
우리 믿음을 돈독하게 하시고
이 믿음을 통하여 한 영혼 한 영혼 귀한 영혼들에게
복음을 전하게 하소서.
우리 자녀들이 사무엘과 같이
하나님의 말씀을 온전히 듣게 하시고
살아 있는 말씀에 순종하게 하옵소서.
순종이 제사보다 낫다고 하셨으니
말씀 안에 순종하는 삶을 살게 하소서.
우리 자녀들에게 우리 주 예수 그리스도를 통하여
하나님께로 나아가는 길을 열어주시고
말씀을 통하여 확신할 수 있도록 인도하옵소서.
우리 자녀들이 좌로나 우로나 치우침이 없이
주님께서 가르쳐주신 그 길을 걷기 원합니다.
우리 자녀들이 참생명을 주시는
예수 그리스도의 이름을 높이어 찬양하는
믿음의 사람들이 되기를 원합니다.
예수 그리스도, 그 놀라운 이름으로 날마다 새롭게
거듭난 성도의 삶을 살게 하옵소서.
우리 주 예수 그리스도의 이름으로 기도합니다. 아멘!

비쁜 사람은 눈물을 흘릴 시간이 없다. 조지 고든 바이런

11
3

어려서부터 성경을 알게 하소서

또 네가 어려서부터 성경을 알았나니 성경은 능히 너로 하여금 그리스도 예수 안에 있는 믿음으로 말미암아 구원에 이르는 지혜가 있게 하느니라 디모데후서 3:15

우리의 영원한 목자, 친절한 목자이신 하나님!
예수 그리스도 안에 있는 믿음으로 말미암아
구원에 이르는 지혜를 얻게 하심을 감사드립니다.
우리 자녀들이 어려서부터
하나님이 주신 믿음과 지혜로 성경을 깨닫게 하소서.
성경의 가르침을 따라 살게 하시며
항상 말씀 속에서 하나님의 음성을 들으며 자라게 하소서.
우리 자녀들의 영의 눈을 여셔서
말씀을 밝히 보게 하옵소서.
우리를 도우시는 하나님을 믿고 의지하며
기도하여 변화받고, 응답받아 열매 맺게 하소서.
말씀이 없어 쓰러지고 넘어지고 좌절하는 사람들에게
살아 계신 하나님의 말씀을 증거하고 전하게 하소서.
말씀을 통해 더욱 하나님을 알아가게 하시고
예수님 안에서 변화된 삶을 살게 하소서.
하나님만이 인도하시고 도와주심을 알게 하소서.
참 좋으신 하나님의 말씀을 믿고 깨달아
온 땅 모든 사람들에게 예수 그리스도를
높이 드러내기 원합니다.
우리 주 예수 그리스도의 이름으로 기도합니다. 아멘!

노동이 있음으로 비로소 안락도 있고 휴식도 있다. 토머스 칼라일

정직하고 진실한 자녀로 살게 하소서

4

남의 말하기를 좋아하는 자의 말은 별식과 같아서 뱃속 깊은 데로 내려가느니라
잠언 18:8

변치 않는 사랑으로 함께하시는 하나님!
우리 자녀들에게 예수 그리스도를 구주로 고백하는
믿음의 삶을 살게 하시니 감사드립니다.
세상의 악과 불의에 동참하지 않고
정직하고 진실한 하나님의 자녀로 살게 하소서.
우리 자녀들이 주님을 믿지 않는 사람들을
변화시키기 위하여 복음을 전하도록
예수 그리스도를 증거하는 생활을 하게 하소서.
날마다 하나님의 은혜를 체험하며
하나님께서 베풀어주신 일들을 증거하기 위하여
예수 그리스도를 시인하는 삶
간증하는 삶을 살아가게 하소서.
언제나 예수님 안에 있어서
복된 삶을 살게 하옵소서.
남에게 험담이나 아첨의 말을 하지 않기 원합니다.
헛된 말을 하지 않게 하시고 참으로 구원받은 성도답게
입술로 주님을 표현하게 하소서.
주님을 시인하고 전하고 고백하는 삶을 살게 하시고
우리 자녀들의 삶에 예수 그리스도가 중심이 되게 하소서.
우리 주 예수 그리스도의 이름으로 기도합니다. 아멘!

성공을 뽐내는 것은 위험하다. 그러나 실패를 함구하는 것은 더 위험하다. 프랑수아
케네

11 하나님의 은혜로 마음도 정직하게 하소서

5

사람의 심령은 그 병을 능히 이기려니와 심령이 상하면 그것을 누가 일으키겠느냐
잠언 18:14

우리의 마음을 주관하시는 하나님!
자녀들의 삶이 하나님의 은혜로 살아서
몸도 마음도 건강하기를 원합니다.
사람을 두려워하여 믿음의 모습을
감추지 않게 하시고
언제 어디서나 떳떳하게 하나님을 드러내게 하소서.
우리 자녀들이 하늘과 땅과 사람들에게
조금도 부족함이 없는 삶을 살기 원합니다.
남을 위해 봉사하는 마음을 주시고
방황했던 생활과 옛 삶을 떠나
성결하고 깨끗한 생활을 하게 하소서.
우리가 항상 죄를 회개하고 죄씻음을 받아
예수 그리스도로 옷 입고 살기를 원합니다.
우리 자녀들이 주님을 자랑스럽게 고백하여
마음도 영혼도 정결하게 하옵소서.
믿음이 날마다 강해지고
다른 사람에게 신앙의 도전을 줄 수 있는
건강한 믿음을 갖게 하옵소서.
우리 자녀들이 매일 매일 성경을 읽고 기도하며
찬양함으로 영육이 강건하기를 원합니다.
우리 주 예수 그리스도의 이름으로 기도합니다. 아멘!

노동을 하지 않은 사람은 부유한 자이거나 가난한 자이거나 간에 모두 쓸모없는 존재
이다. 레프 톨스토이

우리 자녀들의 마음이 너그럽게 하소서

6

너그러운 사람에게는 은혜를 구하는 자가 많고 선물을 주기를 좋아하는 자에게는 사람마다 친구가 되느니라 잠언 19:6

성령 충만을 통하여 우리를 변화시키는 하나님!

우리 자녀들이 성령 체험을 통하여

마음이 너그러워지고

사람들의 좋은 친구가 되게 하소서.

우리 자녀들이 주님의 인도하심으로

성령 충만하여 삶에 의욕이 넘치게 하소서.

우리 자녀들이 주님의 도우심으로

성령 충만하여 새 사람을 입게 하소서.

우리 자녀들이 주님의 보살핌으로

성령 충만하여 하나님의 깊은 것을 알게 하소서.

우리 자녀들이 주님의 손길로

성령 충만하여 몸과 마음으로 영광을 돌리게 하소서.

우리 자녀들이 복음으로

성령 충만하여 모든 사람에게 복음을 전하게 하소서.

우리 자녀들이 선하여

이웃에게 봉사하며 섬기는 삶을 살게 하소서.

우리 자녀들이 빛된 삶을 살아서

성령의 은사를 충만히 받게 되기를 원합니다.

우리 자녀들이 주님의 은혜로

세계를 품고 사람들을 사랑하게 하옵소서.

우리 주 예수 그리스도의 이름으로 기도합니다. 아멘!

인간은 자기 자신의 이마에 땀을 흘려서 자기 자신의 빵을 얻어야 한다. 레프 톨스토이

하나님의 자녀가 되는 권세를 주소서

7 영접하는 자 곧 그 이름을 믿는 자들에게는 하나님의 자녀가 되는 권세를 주셨으니
요한복음 1:12

예수 그리스도의 이름으로 우리를 구원하신 하나님!
우리 자녀들에게 하나님을 영접하게 하셔서
자녀가 되는 권세를 주시니 감사드립니다.
우리와 우리 자녀들에게 지금 이 시간에도
하나님을 아버지라 부를 수 있는 믿음을 주옵소서.
우리 자녀들이 살아가며 구원받았다는
놀라운 사실을 확신하게 하소서.
하나님이 주신 권세를 가졌으니
예수 그리스도의 놀라운 이름 속에 살게 하옵소서.
성령의 충만함을 받아서 하나님의 자녀답게
예수 그리스도의 이름으로 능력을 체험하게 하소서.
주님의 이름으로 주님의 일을 할 수 있도록
임마누엘의 신앙을 주시기 원합니다.
옛것은 지나가고 새롭게 변화되어
주 안에서 굳세게 성장하게 하옵소서.
하나님의 자녀는 종처럼 삯을 받는 자가 아니요
하나님의 기업을 누릴 후사이니
오직 믿음으로 살게 하시고
전지전능하신 하나님만을 바라보며 살게 하소서.
하나님의 은혜를 충만히 받기 원하며
우리 주 예수 그리스도의 이름으로 기도합니다. 아멘!

게으름은 쇠붙이의 녹과 같다. 노동보다도 더 심신을 소모시킨다. 벤저민 프랭클린

여호수아 같은 믿음을 주소서

8

마음을 강하게 하라 담대히 하라 너는 이 백성으로 내가 그 조상에게 맹세하여 주리
라 한 땅을 얻게 하리라 여호수아 1:6

언제나 변함없는 사랑으로 우리를 사랑하시는 하나님!
우리 자녀들에게도 강하고 담대한 신앙을 가진
여호수아와 같은 믿음을 주시기 원합니다.
40년 동안 모세 밑에서 순종하고
맡은 일에 충성을 다하며 최선을 다한 것처럼
변치 않고 절개 있는 믿음을 주소서.
믿음의 눈으로 하나님이 주신 것을 바라보게 하시고
믿음으로 하나님이 가라고 하신 곳으로 가게 하소서.
인생의 여정 가운데 평안만 있고 기쁨만 있는 것이 아니라
고통도 있고 절망도 있고 환난도 있으니
어떤 어려움도 극복해 가게 하옵소서.
우리 자녀들이 자신들뿐만 아니라
많은 사람들을 하나님 앞으로 인도할 수 있도록
지혜와 믿음과 사랑을 주시기 원합니다.
날마다 주님을 닮아가게 하시고
믿음과 기도로 철저하게 준비하여 쓰임 받게 하소서.
여호수아에게 함께하신 하나님께서
우리 자녀들에게도 함께하여 주시기를 원합니다.
하나님 안에서 믿음의 역사를 바라보게 하시고
하나님의 역사하심을 눈앞에서 볼 수 있는 믿음을 주소서.
우리 주 예수 그리스도의 이름으로 기도합니다. 아멘!

사람이 재물을 모으는 방법에는 세 가지밖에 없다. 즉 일하든가 구걸하든가 도둑질하
는 것이다. 헨리 조지

말씀을 바탕으로 학문을 배우게 하소서

여호와를 경외하는 것이 지식의 근본이어늘 미련한 자는 지혜와 훈계를 멸시하느니라 잠언 1:7

계절을 주시고 열매를 주시는 하나님!
죄악의 어둠에서 우리를 구원하셔서 빛으로 인도하신
하나님의 무한하신 사랑에 감사를 드립니다.
우리 자녀들이 하나님의 생명의 말씀을
온전히 받아들임으로 더욱더 성장하는
믿음을 갖게 되기 원합니다.
우리 자녀들이 항상 옳은 말들, 바른 믿음,
성숙한 믿음으로 살게 하옵소서.
하나님 앞에 죄인임을 분명히 느끼고
하나님의 말씀을 바탕으로 학문을 배우게 하소서.
학문을 배움으로 지식만을 만들어가거나
출세 지상주의, 물질 만능주의 사고방식에
굳어지지 않게 하옵소서.
우리 자녀들이 항상 옳은 지식, 바른 지식, 참다운 지식을
배우고 익히므로 하나님 보시기에 아름답게 하소서.
지혜의 근본은 하나님이시니
세상 지식을 배우고 깨달았다고
교만하거나 오만하거나 자만하지 않게 하소서.
우리 자녀들의 모든 지식이 하나님의 말씀 안에서
새롭게 되게 하옵소서.
우리 주 예수 그리스도의 이름으로 기도합니다. 아멘!

성공은 멋진 물감! 모든 보기 흉한 것을 칠해 버린다. 서클린

믿음으로 심고 거두게 하소서

10

스스로 속이지 말라 하나님은 만홀히 여김을 받지 아니하시나니 사람이 무엇으로 심든지 그대로 거두리라 갈라디아서 6:7

우리들 삶의 위대한 연출가이신 하나님!

우리 자녀들이 하나님과 바른 관계를 가져

믿음으로 심고, 심음으로 거두기를 원합니다.

육체로 심지 않고 성령으로 심어

영생을 거두게 하소서.

우리 자녀들에게 성령 충만함과 하나님의 사랑으로

외적인 변화가 아니라 내적인 변화가 일어나게 하소서.

우리 자녀들의 신앙이 불신하는 신앙이 아니라

온전히 맡기고 신뢰하는 신앙이 되게 하소서.

언제나 그의 나라와 그의 의를 구하므로 모든 것을

더하여 주시는 하나님의 능력을 체험하게 하소서.

우리 자녀들이 하나님께서 우리에게 있어야 할 것을

우리보다 더 정확하게 알고 계심을 믿고

신앙이 더욱더 성숙하기를 원합니다.

믿음대로 거두고 행한 대로 갚으신다고 하셨으니

믿음으로 살게 하옵소서.

우리에게 항상 좋은 것을 주시는 하나님의 인도하심을 받으며

순간순간마다 순종하며 살기를 원합니다.

심은 것을 거둘 때마다 감사하게 하시고

자녀들이 온전히 하나님을 경외하게 하옵소서.

우리 주 예수 그리스도의 이름으로 기도합니다. 아멘!

만족하게 살고, 때때로 웃으며, 많이 사랑한 사람이 성공했다. A. J. 스탠리 부인

위급할 때 야곱 같은 기도를 드리게 하소서

야곱은 홀로 남았더니 어떤 사람이 날이 새도록 야곱과 씨름하다가 그 사람이 자기가
야곱을 이기지 못함을 보고 야곱의 환도뼈를 치매 야곱의 환도뼈가 그 사람과 씨름할
때 위골되었더라 창세기 32:24-25

항상 우리에게 좋은 것을 주시는 하나님!

우리 자녀들이 야곱의 믿음을 본받아

위급할 때 야곱과 같은 기도를 드리게 하소서.

옳고 바른 믿음으로 옳고 바른 결과를 갖게 하소서.

말씀 안에서 인도하심 받기를 원합니다.

우리 자녀들이 계획한 일들이 무너질 때 절망하기보다

더 좋은 길로 인도하시는 하나님의 뜻과 섭리를 체험하여

생명력 넘치는 신앙을 갖게 하옵소서.

우리의 계획보다 더 좋은 계획을 갖고 계시는

하나님을 신뢰하며 모든 것을 맡기며 나아가게 하소서.

우리 자녀들이 실패를 통하여 좌절하기보다는

기도를 통하여 새로운 믿음으로 맡은 일을 하게 하소서.

성공했을 때 자만하기보다는

하나님께 감사드리며 영광을 돌리게 하소서.

야곱이 홀로 밤새우며 기도한 것처럼

우리 자녀들도 중요한 문제가 있을 때마다

홀로 하나님을 만나는 영성 있는 기도를 드리게 하소서.

야곱의 기도를 들어주시고 새 이름 이스라엘을 주신

하나님께서 우리 자녀들의 기도를 들어주소서.

우리 주 예수 그리스도의 이름으로 기도합니다. 아멘!

아버지가 되는 것은 힘들지 않다. 그러나 아버지답게 되기는 힘들다. 조지 부시

룻과 같이 하나님을 선택하게 하소서

어머니의 백성이 나의 백성이 되고 어머니의 하나님이 나의 하나님이 되시리니
룻기 1:16

우리를 선택하시고 구원하신 하나님!

우리 자녀들이 자기 중심적인 삶을 버리고

룻과 같이 하나님 중심으로 살게 하옵소서.

룻이 세상 것들을 버리고 하나님을 선택한 것처럼

우리 자녀들도 바른 선택으로 하나님 안에 살게 하소서.

믿음은 모험이오니 영적 무장을 단단히 하여

바르고 복된 믿음의 길을 걸어가게 하소서.

세상 길에서 하나님의 생명의 길로 돌아서서

예수 그리스도의 십자가의 길을 가게 하소서.

구원의 기쁨을 누리며 룻과 같이

오직 하나님의 인도하심을 바라며 살게 하소서.

우리 자녀들이 부족할지라도

하나님께서 우리 자녀들을 통하여

이 시대를 새롭게 변화시키심을 보게 하소서.

우리 자녀들이 모든 것을 다 내어놓고

전능하신 하나님을 따르며 살기를 원합니다.

우리 자녀를 통하여 하나님의 뜻이

이뤄짐을 기대하게 하소서.

우리 주 예수 그리스도의 이름으로 기도합니다. 아멘!

가시에 찔리지 않고서는 장미꽃을 모을 수가 없다. 필페이

하나님의 능력의 손길 아래 거하게 하소서

13

내 영광이 지날 때에 내가 너를 반석 틈에 두고 내가 지나도록 내 손으로 너를 덮었다
가 **출애굽기 33:22**

우리에게 참평안과 기쁨을 주시는 하나님!

우리 자녀들이 하나님의 능력의 손길 아래 거하고

하나님의 은혜 아래 살게 하옵소서.

성령의 충만함을 입어

육체적인 욕망으로부터 벗어나게 하시고

진리의 자유함을 얻게 하옵소서.

어떠한 처지와 형편에서도 자족할 수 있게 하소서.

평안할 때만 하나님을 찾는 것이 아니라

고통스러울 때 더욱더 하나님을 찾게 하소서.

우리 자녀들이 물질이 있거나 없거나

욕망의 노예가 되지 않고 하나님의 능력 안에서 살게 하소서.

우리 자녀들이 언제 어디서나 어떤 상황에서나

주님의 말씀을 떠올릴 수 있도록 인도하소서.

하나님이 함께하여 주시고 도와주심을 깨달아

힘있고 바른 믿음의 사람으로 살아가기를 원합니다.

하나님의 말씀을 상고하고 묵상하여

하나님의 손길이 늘 가까이 있음을 믿고

참기쁨과 참평안으로 살아가게 하소서.

온 마음이 하나님의 말씀으로 채워지기를 원합니다.

우리 주 예수 그리스도의 이름으로 기도합니다. 아멘!

어머니의 눈물은 자식의 불평을 씻어버린다. 알렉산드로스

11

하나님이 주신 믿음을 회복하며 살게 하소서

14

하나님이여 주의 생각이 어찌 그리 보배로우신지요 그 수가 어찌 그리 많은지요 내가
세려고 할지라도 그 수가 모래보다 많도소이다 내가 깰 때에도 오히려 주와 함께 있
나이다 시편 139:17-18

우리가 말씀 속에서 자라기를 원하시는 하나님!
우리 자녀들이 하나님이 주신 믿음을 회복하며 살게 하소서.
하나님께 드리는 예배가 감정적으로 드리는 예배가 아니라
영적으로 드리는 살아 있는 예배,
온전한 예배로 드려지게 하옵소서.
온 마음과 온 정성을 다하여 예배드리게 하시고
믿음 안에서 변화된 삶을 살게 하소서.
우리 자녀들이 믿음으로 생각하고 행동하는
참되고 복된 그리스도인이 되기를 원합니다.
순종하게 하시고, 강하고 담대하고 용기 있게 하소서.
우리 자녀들의 믿음의 시선이
하나님을 바라보게 하시고 신실해지기를 원합니다.
우리 자녀들이 믿음의 눈을 갖고 살아가며
하나님께 허락하신 세계를 바라보기 원합니다.
하나님이 원하시는 곳에서
하나님이 원하시는 일을 하게 하옵소서.
하나님만을 의지하고 기도하며 살게 하소서.
하나님의 구원을 기뻐하며 감사하며 찬양하게 하소서.
우리 주 예수 그리스도의 이름으로 기도합니다. 아멘!

가장 좋은 냄새는 빵 냄새이고, 가장 좋은 맛은 소금 맛이며, 가장 좋은 사랑은 자식에
대한 사랑이다. 스페인 속담

11

의에 주리고 목마르게 하소서

여호와여 주는 나의 방패시요 나의 영광이시요 나의 머리를 드시는 자니이다 시편 3:3

15

생명의 근원이 되시고 사랑이 풍성하신 하나님!
우리의 주리고 목마름을 아시고
불러주셔서 해갈하시니 감사드립니다.
우리 자녀들이 항상 하나님만을 바라보며
모든 것을 믿으며 전적으로 의지하게 하소서.
어려운 일을 만나도 낙망하지 않고
모든 것을 새롭게 회복시키시는
주님만을 의지하게 하소서.
우리 자녀들이 날마다 주시는 은혜에 감사하게 하시고
하나님의 뜻을 준행하며 살아가게 하소서.
하나님께서 보호하심으로
죄로부터 자유함을 얻게 하시고
성령의 인도하심 따라 살게 하소서.
항상 좋은 것으로 예비하시는
하나님을 의지하며 살아가기를 원합니다.
우리 가정과 가족들에게 하나님의 풍성한 축복을 주소서.
또한 하나님의 보호하심 속에 가정을 소중하게 여기며
하나님 안에서 행복한 삶을 살게 하소서.
하나님의 은혜와 사랑에 감사하며 살기를 원합니다.
우리 주 예수 그리스도의 이름으로 기도합니다. 아멘!

너무나 지나치게 숙고하는 사람은 그 일을 성취하지 못한다. 프리드리히 실러

11

선한 싸움을 하며 믿음으로 살아가게 하소서

16

내가 선한 싸움을 싸우고 나의 달려갈 길을 마치고 믿음을 지켰으니 이제 후로는 나를 위하여 의의 면류관이 예비되었으므로 주 곧 의로우신 재판장이 그날에 내게 주실 것이니 내게만 아니라 주의 나타나심을 사모하는 모든 자에게니라 디모데후서 4:7-8

구원과 은혜를 주시고 사랑하시는 주님!
우리 삶을 통하여 선한 싸움을 하게 하시고
달려갈 길을 온전히 달려가게 하옵소서.
우리 자녀들이 믿음의 선한 싸움을 하기 위하여
닥치는 모든 형편을 잘 읽어내리기를 원합니다.
사단의 움직임을 잘 살피게 하시고
선한 일에 동참할 믿음의 친구들을 만나게 하소서.
사람들의 마음을 살필 줄 알게 하시고
자기 자신의 마음도 다스리게 하옵소서.
삶 속에서 주어진 여건들을 잘 활용하게 하시고
주님께서 부족함 없이 채워주시기를 원합니다.
우리 자녀들이 리더십을 개발하여
주님께 쓰임 받게 하시고 언제 어디서나
주님 보시기에 합당하고 아름다운 삶을 살게 하소서.
우리 자녀들이 주변 사람들을
사랑으로 감동시킬 수 있을 정도로
믿는 자의 본이 되는 삶이 되기를 원합니다.
항상 말씀과 기도로 무장하게 하셔서
주님의 인도하심으로 영적인 싸움에서 승리하게 하소서.
우리 주 예수 그리스도의 이름으로 기도합니다. 아멘!

자연은 한 권의 책이며 하나님이 그 저자이다. 윌리엄 하비

11

17

하나님의 뜻을 좇아 살게 하소서

그후로는 다시 사람의 정욕을 좇지 않고 오직 하나님의 뜻을 좇아 육체의 남은 때를 살게 하려 함이라 베드로전서 4:2

어두운 세상에서 생명의 빛으로 오신 주님!

우리 자녀들이 모든 일에

하나님의 뜻을 좇아 행하며 살게 하옵소서.

먹든지 마시든지 무엇을 하든지

정욕을 좇아 행하지 않고

오직 하나님의 뜻과 섭리만을 따르게 하옵소서.

우리 자녀들이 꿈과 비전을 정할 때에도

기도하여 하나님의 뜻을 따르게 하소서.

우리 자녀들이 직업을 선택할 때에도

기도하여 하나님의 뜻을 따르게 하소서.

우리 자녀들이 친구를 사귀고 여행을 다닐 때에도

기도하여 하나님의 뜻을 따르게 하소서.

우리 자녀들이 돈을 벌고 쓸 때도

기도하여 하나님의 뜻을 따르게 하소서.

우리 자녀들이 교회를 선택하고 신앙생활을 할 때도

기도하여 하나님의 뜻을 따르게 하소서.

우리 자녀들이 언제나 하나님께서 원하시는 길을 가게 하시고

삶 전체에 하나님의 인도하심을 받게 하소서.

육을 좇지 않고 성령의 인도함을 받게 하셔서

영이 날마다 새롭게 되기를 원합니다.

우리 주 예수 그리스도의 이름으로 기도합니다. 아멘!

자연은 그것을 사랑하는 사람의 마음을 배반하는 짓은 절대로 하지 않는다. 윌리엄 워즈워스

자신의 잘못을 시인하는 자녀가 되게 하소서

너희가 사람의 잘못을 용서하면 너희 하늘 아버지께서도 너희 잘못을 용서하시려니와 너희가 사람의 잘못을 용서하지 아니하면 너희 아버지께서도 너희 잘못을 용서하지 아니하시리라 마태복음 6:14-15

교회의 머리가 되시고 생명이 되시는 주님!
우리 자녀들을 주의 징계와 훈계로 잘 양육하셔서
하나님의 흠 없는 자녀로 살아가게 하옵소서.
사랑의 주님께서 우리 자녀들의 소망을 이루어주소서.
교만하거나 방종하게 자라지 않고
주님의 선하심을 본받아 살아가게 하소서.
우리 자녀들이 실패했을 때에도 인정하게 하시고
주님 앞에 기도함으로 주님의 마음을 본받아
겸손함을 배우게 하소서.
우리 자녀들이 지혜롭게 선택하는 방법을 배우게 하시고
물질을 잘 사용하는 법을 배우게 하소서.
잘못했을 때에는 잘못을 시인하고 회개하게 하소서.
우리 자녀들이 하나님 앞에 바로 서게 하소서.
위대한 부모에게서 위대한 자녀가 나오니
하나님 앞에 바로서는 믿음의 사람이 되게 하소서.
불신자와 멍에를 같이 메지 말게 하시고
믿는 자와 함께 멍에를 메고 주님의 뜻을 이루게 하소서.
우리 주 예수 그리스도의 이름으로 기도합니다. 아멘!

지나간 일은 지나간 일이니 지나간 일로 치고 그대로 두자. 호메로스

11
19

하나님의 전능하신 손으로 붙들어주소서

여호와께서 사람의 걸음을 정하시고 그 길을 기뻐하시나니 저는 넘어지나 아주 엎드
려지지 아니함은 여호와께서 손으로 붙드심이로다 시편 37:23-24

성령의 능력으로 역사를 주관하시는 하나님!
우리가 죄를 회개하고 새롭게 살기 위하여
기도드릴 때 우리의 기도를 받아주소서.
우리 자녀들이 믿음의 경주자가 되어 험한 길을 갈 때
힘을 주셔서 많은 장애물과
많은 유혹을 이겨내게 하소서.
우리 자녀들이 하나님의 은혜에 감사드리며
용서받은 주님의 자녀로 새 삶을 살게 하옵소서.
지혜와 총명으로 진리 안에 살게 하시고
믿음으로 달려갈 길을 달려갈 수 있도록
성령으로 인도하여 주시기를 원합니다.
주님의 십자가를 붙잡고
힘 있게 살아갈 수 있게 하소서.
어둠을 빛으로 변화시키시는 주님께서
우리의 죄와 허물을 용서하여 주옵소서.
새 소망과 새 희망을 주시기 원합니다.
우리 자녀들에게 아름다운 꿈을 주시고
날마다 주님과 함께 그 꿈을 이루어가게 하소서.
우리 주 예수 그리스도의 이름으로 기도합니다. 아멘!

오늘 할 수 있는 일에만 전력을 쏟으라. 아이작 뉴턴

11
20

진리에서 떠나지 않는 삶을 살게 하소서

마땅히 행할 길을 아이에게 가르치라 그리하면 늙어도 그것을 떠나지 아니하리라
잠언 22:6

죄인을 위하여 구원의 길을 열어주신 주님!
우리 자녀들을 하나님께서 구원하셨으니
늘 감사하며 진리의 길에서 떠나지 않게 하소서.
자신의 우둔함과 나태함이 있으면 고백하게 하시고
모든 허물을 용서받게 하옵소서.
우리 자녀들이 하나님께 응답을 받아
믿음으로 영광을 돌리게 하소서.
주님께서 기도의 친구가 되어주시고
주시는 기쁨을 함께 나누기 원합니다.
우리 자녀들이 하나님의 사람으로
쓰임 받게 하소서.
세속적인 물질과 권세에 마음을 빼앗기지 않게 하시고
베푸시는 사랑을 온전히 받게 하소서.
예수 그리스도의 고난을 우리도
삶 속에서 감당할 수 있도록 힘과 능력을 주소서.
하나님이 베푸시는 사랑으로
온전히 사랑을 나누며 살게 하소서.
주님의 사랑을 나누며 실천하게 하소서.
날마다 기쁘고 즐거운 마음으로 살게 하시며
우리 주 예수 그리스도의 이름으로 기도합니다. 아멘!

사람은 패한 게임에서 교훈을 배우는 법이다. R. 존스

지혜로운 친구를 얻게 하소서

지혜로운 자와 동행하면 지혜를 얻고 미련한 자와 사귀면 해를 받느니라 잠언 13:20

역사를 주관하시고 이루시는 하나님!
우리 자녀들이 살아갈 때에 친구들이 필요하니
지혜로운 친구들을 만나게 하옵소서.
언제든지 마음을 털어놓고 이야기할 수 있고
꿈과 비전을 함께 나눌 수 있는 우정이 있고
어려울 때 함께할 수 있는 의리가 있는
멋진 친구들을 만나 살아가게 하소서.
지혜로운 친구가 있으면 지혜로워지고
악한 친구와 함께 있으면 악해지는 것을 알게 하소서.
성령의 능력을 힘입어 구원받은 기쁨과 감격으로
복된 삶을 살아가길 원합니다.
우리 자녀들이 양심이 마비되어
친구를 이용하지 않게 하시고
부정 부패를 저질러 자기 배만 불리지 않게 하소서.
두려움에 사로잡힐 때
이길 수 있는 힘과 능력을 주시고
간절히 기도하며 성령으로 새롭게 거듭나서
은혜를 충만히 받게 하옵소서.
평생토록 좋은 친구들과 살아가게 하소서.
우리 주 예수 그리스도의 이름으로 기도합니다. 아멘!

자신의 실력이 불충분하다는 것을 아는 것이 자신의 실력을 충실하게 한다. 아우구스
티누스

의와 믿음과 사랑과 화평을 좇는 삶을 살게 하소서

또한 네가 청년의 정욕을 피하고 주를 깨끗한 마음으로 부르는 자들과 함께 의와 믿음과 사랑과 화평을 좇으라 디모데후서 2:22

우리 소망의 빛이 되시는 주님!
우리 자녀들이 의와 믿음과 사랑과
화평을 좇는 삶을 살기 원합니다.
하나님께서 우리 자녀들의 기업이 되어주시고
자녀들의 삶을 주관하시기 원합니다.
자신의 능력이 한계가 있음을 깨닫게 하시고
나그네와 풀과 같은 헛된 삶에
목숨을 불사르지 않게 하시고
주님께 헌신하는 삶을 살게 하소서.
우리 자녀들이 주님을 인격적으로 만나게 하시고
주님의 수많은 약속을 믿으며 강하고 담대한 믿음으로
삶을 활기차게 살아가기 원합니다.
주님을 깊이 만나게 하시고
바른 삶, 정직한 삶을 통하여 하나님과 화평하게 하소서.
결코 후회함이 없는 삶을 살도록
날마다의 삶 속에서 주님을 닮아가게 하소서.
우리 자녀들이 말씀과 생활을 통하여
경건 훈련을 하게 하시고
정욕을 피하여 깨끗한 마음으로
주님을 경외하기 원합니다.
우리 주 예수 그리스도의 이름으로 기도합니다. 아멘!

쓸데없는 재산보다 희망을 갖는 쪽이 낫다. 세르반테스

11 지혜로운 믿음의 집을 세우게 하소서

23

네 재물과 네 소산물의 처음 익은 열매로 여호와를 공경하라 그리하면 네 창고가 가득히 차고 네 즙틀에 새 포도즙이 넘치리라 잠언 3:9-10

만왕의 왕이시며 평화의 왕이신 주님!
우리 자녀들이 믿음의 집을
곧 무너지고 말 모래 위에 허술하게 세우지 않고
믿음과 지혜로 반석 위에 세우게 하소서.
삶을 통하여 하나님 아버지의 뜻이
하나하나 드러나기를 원합니다.
우리 자녀들이 하나님 아버지를
온전히 신뢰하지 못한 채 버림받아
방황하는 아이들처럼 살지 않게 하시고
하나님을 아바 아버지로 믿어 자녀답게
믿음과 지혜로 살게 하소서.
날마다 기도 훈련을 하게 하시고
날마다 묵상 훈련을 하게 하시고
날마다 경건 훈련을 하기 원합니다.
사랑과 나눔과 섬김과 베푸는 훈련을 하게 하소서.
우리 자녀들이 어떠한 경우라도 예수 그리스도를 믿는
하나님의 자녀답게 당당하게 살기 원합니다.
충성되고 진실되어 주님께서 인정해 주시는
주님의 사람으로 믿음의 사람으로
온전히 쓰임을 받아 믿음의 집을 바로 세우게 하소서.
우리 주 예수 그리스도의 이름으로 기도합니다. 아멘!

중대한 희망은 우리로 하여금 사람이 되게 한다. 앨프리드 테니슨

11
24

책임을 감당하며 살게 하소서

저가 영원히 하나님 앞에 거하리니 인자와 진리를 예비하사 저를 보호하소서 그리하
시면 내가 주의 이름을 영원히 찬양하며 매일 나의 서원을 이행하리이다 시편 61:7-8

우리가 구하기 전에 미리 우리의 필요를 아시는 주님!

우리 자녀들이 주님이 허락하신 삶 동안에

축복을 받아 진실하고 선한 삶으로

자신의 책임을 감당하며 살게 하소서.

또한 하나님의 생명의 말씀을 통하여

믿음의 터전을 이루어가기 원합니다.

우리 자녀들이 선과 악을 분별하게 하시고

부정한 자리, 더러운 자리, 죄악의 자리,

음행하는 자리, 탐하는 자리, 우상 숭배하는 자리에는

앉지도 서지도 들어가지도 바라보지도 않게 하옵소서.

오직 예수 그리스도 안에서

온전히 성도의 책임을 기쁘게 감당하며

하나님이 주신 은혜 안에서 누리며 살게 하소서.

우리 자녀들이 어려움을 당할 때

하나님을 신뢰하며 바라보게 하시고

주님 앞에 항상 진실하고 정직하고 거짓이 없게 하소서.

주 안에서 경건한 삶을 살고

하나님의 보호하심을 믿고

오직 하나님께 기도하고

찬양드리고 예배드리게 하소서.

우리 주 예수 그리스도의 이름으로 기도합니다. 아멘!

제대로 쓰면 시간은 언제나 충분히 있다. 괴테

평생의 삶을 하나님께 드리게 하소서

25

이 아이를 위하여 내가 기도하였더니 여호와께서 나의 구하여 기도한 바를 허락하신지라 그러므로 나도 그를 여호와께 드리되 그의 평생을 여호와께 드리나이다 하고 그 아이는 거기서 여호와께 경배하니라 사무엘상 1:27-28

세월을 아끼고 시기를 분별하며 살게 하시는 하나님!

우리 자녀들이 평생을 하나님께 드림으로

헌신된 성도의 삶을 살기 원합니다.

우리 자녀들이 세월을 아끼며 살게 하시고

때와 시기를 잘 분별하여 준비된 삶을 살게 하옵소서.

하나님이 원하는 시기에 일어서게 하시고

우리 자녀들이 주님을 구주로 믿어

예수 그리스도의 삶을 본받아

평생토록 하나님과 동행하기를 원합니다.

성령 충만하게 하셔서 모든 일을

하나님 마음에 합당하게 이루어가게 하시고

형식적인 믿음이 아닌 참믿음으로 살아가게 하소서.

개혁이 필요할 때는 개혁하게 하시고

나눔이 필요할 때는 나누게 하시고

화해가 필요할 때는 화해하게 하시고

사랑이 필요할 때는 사랑하게 하시고

기도와 말씀이 필요할 때는 말씀을 묵상하고 기도하게 하소서.

회개해야 할 때는 회개하게 하시고

오직 하나님의 뜻을 이루기 위하여 쓰임 받게 하소서.

우리 주 예수 그리스도의 이름으로 기도합니다. 아멘!

시간은 잘 이용하는 사람에게 친절하다. 아르투르 쇼펜하우어

예수 그리스도의 형상을 닮아가게 하소서

26

나의 자녀들아 너희 속에 그리스도의 형상이 이루기까지 다시 너희를 위하여 해산하는 수고를 하노니 갈라디아서 4:19

우리의 삶을 날마다 인도하시는 주님!
주님의 축복으로 오늘 여기까지
살아올 수 있게 하시고
은혜와 사랑을 베풀어주심을 감사드립니다.
오직 기도와 말씀으로 주님의 뜻을 이루며
삶으로 예수 그리스도를 나타내게 하소서.
주님이 주신 사명을 잘 감당하게 하시고
주님의 자녀로서 신앙의 본이 되는 삶을 살게 하소서.
모든 삶을 주님께 맡기며
어떤 길에서도 좌우로 치우침이 없이
하나님의 말씀 안에서 살아가게 하소서.
우리 자녀들이 예수 그리스도 안에서
믿음과 충성과 사랑의 삶을 살아가게 하소서.
주님의 십자가를 즐겨 지게 하셔서
고난 중에도 믿음이 흔들리지 않게 하시고
오히려 더욱더 굳은 믿음을 갖게 하소서.
우리 자녀들에게 고난이 곧 은혜라는
믿음을 주시기 원합니다.
우리 주 예수 그리스도의 이름으로 기도합니다. 아멘!

시려 깊은 사람은 시간의 손실을 가장 슬퍼한다. 단테

11

27

연단 속에서도 분별할 수 있는 믿음을 주소서

도가니는 은을, 풀무는 금을 연단하거니와 여호와는 마음을 연단하시느니라 잠언 17:3

고난과 시련 속에서도 믿음으로
이겨 나가게 하시는 하나님!
우리 자녀들에게 연단 속에서도
선악을 분별할 줄 아는 삶을 살게 하소서.
시시때때로 찾아오는 어려움과 고통을
기쁘게 여길 수 있는 믿음을 주시기 원합니다.
소망 속에 인내할 수 있도록 인도하시고
큰 은혜와 사랑을 베풀어주시기를 원합니다.
고난과 시련이 올 때 도리어 모든 것이
합력하여 선을 이루기 원합니다.
우리 자녀들이 결코 자만하지 않고
언제나 직무에 최선을 다하는 믿음을 갖게 하소서.
자만이 가득하여 분별력이 떨어지지 않게 하시고
하나님의 지혜를 주셔서 선악을 분별하며
세속화된 믿음과 진실한 믿음을 분별하게 하소서.
죄악으로 물들어 속고 속이는 세상에서
더욱더 성도답게 살게 하시고
빛과 소금의 직분을 다하게 하소서.
언제나 주님을 마음 깊이 사랑하며 살게 하소서.
우리 주 예수 그리스도의 이름으로 기도합니다. 아멘!

현재에서 미래는 태어난다. 볼테르

11
28

하나님의 법을 마음에 새기게 하소서

또 주께서 가라사대 그날 후에 내가 이스라엘 집으로 세울 언약이 이것이니 내 법을
저희 생각에 두고 저희 마음에 이것을 기록하리라 나는 저희에게 하나님이 되고 저희
는 내게 백성이 되리라 히브리서 8:10

가장 귀한 선물인 구원을 주신 하나님!
우리 자녀들이 하나님의 말씀을
마음판에 새기기를 원합니다.
항상 온유하신 하나님의
인도하심을 받게 하소서.
우리 자녀들이 사랑과 긍휼이 많으신
하나님의 손에 붙들림 받기를 원합니다.
우리 자녀들이 자비로우신
하나님의 약속에 참여하게 하소서.
우리 자녀들이 온유하고 겸손하신
하나님을 향하여 끈기 있게 기도드리게 하소서.
하나님을 향하여 자비를 구하게 하소서
진실하시며 거짓이 없으신 하나님을 향하여
믿음과 신뢰를 갖게 하소서.
우리 자녀들이 말씀으로 살아가게 하시고
죄와 불의를 멀리하게 하시고
생명의 말씀에 붙잡혀
세상 끝날까지 주님의 증인이 되게 하소서.
예수 그리스도의 복음을 선포하게 하소서.
우리 주 예수 그리스도의 이름으로 기도합니다. 아멘!

사업을 좌우하라. 사업에 좌우되지 말라. 벤저민 프랭클린

우리의 자녀들이 혼전에 순결하게 하소서

우리는 그 몸의 지체임이니라 이러므로 사람이 부모를 떠나 그 아내와 합하여 그 둘이 한 육체가 될지니 에베소서 5:30-31

거룩하시고 순결하신 하나님!
우리 자녀들이 혼전에 순결하게 하소서.
깨끗하고 순결한 몸과 마음으로
사랑하는 사람과 결혼하기를 원합니다.
순결이 얼마나 놀라운 축복이며
하나님이 원하시는 삶인지 깨닫게 하옵소서.
혼전에 순결을 지킬 수 있도록
마음을 굳게 지키게 하옵소서.
어떤 유혹이나 순간적인 감정에
휩싸이지 않게 하셔서
믿음 안에서 정결한 삶을 살게 하소서.
세상 물결의 흐름보다 성령의 인도하심을 받게 하시고
순간적인 호기심과 쾌락보다 오랜 사랑의 기쁨을 알게 하소서.
사랑의 하나님께서 죄악이 가득한 세상에서
정결하게 살아갈 수 있도록 인도하시기를 원합니다.
몸과 마음이 깨끗할 수 있도록
예수 그리스도의 보혈로 씻어주시고
날마다 기도와 말씀으로 거룩해지는 삶을 살게 하소서.
결혼 후에도 하나님이 축복하신 성이 아름답게 조화된
복된 성도의 삶을 살아가기 원합니다.
우리 주 예수 그리스도의 이름으로 기도합니다. 아멘!

너무나 소망을 높게 두어 눈앞의 직업을 잃지 말라. 랠프 W. 에머슨

기도 제목을 써서 기도하게 하소서

또 가라사대 너희가 무엇을 듣는가 스스로 삼가라 너희의 헤아리는 그 헤아림으로 너희가 헤아림을 받을 것이요 또 더 받으리니 마가복음 4:24

사랑과 용서로 구원의 참기쁨을 주시는 주님!

우리 자녀들이 언제나 기도하는 삶을 살아

기도를 쉬는 죄를 범하지 않기 원합니다.

우리 자녀들이 매일 일기를 써서 삶을 뒤돌아보게 하시고

기도 제목을 써서 기도하므로

주님께서 기도에 응답하심을 믿고 체험하며

응답하심에 감사드릴 수 있는 믿음을 주시기 원합니다.

기도할 때 믿음으로 구하게 하시고

성숙된 기도를 통하여 하나님이 원하시는 것을 구하게 하소서.

자신만을 위하여 기도하기보다는

가족과 교회, 나라와 민족, 그리고 세계를 품고

기도하게 하소서.

선교사들과 친구들, 사랑하는 이들과 소외된 이들,

미워하는 사람들까지 기도하여

기도의 지경이 점점 더 넓어지기를 원합니다.

주님의 삶을 본받아 하나님의 뜻을 구하게 하시고

응답되는 기쁨 속에 더욱더 열심히

주님 가신 길을 따라가며 은혜를 체험하게 하소서.

우리 주 예수 그리스도의 이름으로 기도합니다. 아멘!

잘 시작된 일은 절반은 끝난 셈이다. 플라톤

12 December

하나님께 칭찬과 인정받는
삶을 살게 하소서

예수 그 이름

나에겐
불러도 불러도
좋은 이름 하나 있습니다

가슴에 새겨두고
영원히 영원히
못 잊을 이름 하나 있습니다

나에겐
외쳐도 외쳐도
좋을 이름 하나 있습니다

그 누구에게
자랑하여 좋을
멋진 이름 하나 있습니다

나를 사랑하시고
나를 구원하시고
나를 인도하시는 이

나의 주님이 되시는
예수 그 이름입니다

- 용혜원 -

작은 일에도 감사하는 믿음을 주소서

1

오늘 있다가 내일 아궁이에 던지우는 들풀도 하나님이 이렇게 입히시거든 하물며 너희일까보냐 믿음이 적은 자들아 마태복음 6:30

보잘것없는 작은 들꽃과 작은 새도 사랑하시는 주님!
우리와 우리 자녀들에게
작은 것에도 감사하는 마음을 주소서.
큰 숲도 나무 한 그루에서 시작되고
넓은 모래사장도 작은 모래알 하나에서 시작되니
시작은 작을지라도 크게 발전하기를 원합니다.
우리 자녀들이 온전히 신뢰하며 살게 하소서.
작은 들풀도 사랑하시는 주님께서
주님의 자녀들을 얼마나 사랑하시는가를
기대하며 경험하길 원합니다.
작은 일에도 최선을 다하게 하시고
하나님의 섭리에 따라 많은 열매를 맺게 하소서.
작은 것의 소중함, 작은 것의 아름다움을 알게 하시고
우리 자신도 우주와 지구 속에 얼마나
작은 존재인가를 깨닫게 하소서.
하나님이 기억해 주시고 사랑해 주심을 알게 하소서.
주님 사랑의 손길 안에서
작은 소망들을 이루어가게 하시고
노력하며 기쁨을 누리게 하시며
주님의 뜻을 이루어가기 원합니다.
우리 주 예수 그리스도의 이름으로 기도합니다. 아멘!

노동은 고통에 대해 우리를 견고하게 한다. 키케로

December

우리 자녀들이 은밀하게 구제하게 하소서

너는 구제할 때에 오른손의 하는 것을 왼손이 모르게 하여 마태복음 6:3

사랑과 용서로 구원의 참 기쁨을 얻게 하시는 주님!
우리 자녀들에게
은밀히 구제할 수 있는
사랑의 마음을 주시기 원합니다.
아무런 자격도 없는 우리를 불러서
하나님의 자녀 삼으신 주님께 감사를 드립니다.
우리 자녀들에게도 사랑의 마음을 주셔서
주님의 사랑으로 사람들을 사랑하며
아낄 수 있는 마음을 주시기 원합니다.
사람들에게 보여주기 위한 사랑을 나누기보다는
주님이 원하시는 사랑을 나누게 하소서.
남에게 보여주기 위한 사랑이 아니라
주님이 원하시는 영혼을 마음 깊숙한 사랑으로
사랑의 손길을 나타내기 원합니다.
우리 자녀들이 하나님의 손길 안에서 사랑을 나누며
진리와 자유를 누리며 복되게 살게 하소서.
서로 돕고 사는 아름다운 삶을
우리 자녀들도 은밀하게 도움으로써 맛보게 하시며
베푸는 삶의 기쁨을 누리게 하소서.
우리 주 예수 그리스도의 이름으로 기도합니다. 아멘!

인간의 순수한 기쁨은 근로 후의 휴식이다. 칸트

골방에서 은밀하게 기도하게 하소서

3

또 너희가 기도할 때에 외식하는 자와 같이 되지 말라 저희는 사람에게 보이려고 회당과 큰 거리 어귀에 서서 기도하기를 좋아하느니라 내가 진실로 너희에게 이르노니 저희는 자기 상을 이미 받았느니라 마태복음 6:5

우리의 기도를 들어주시고 응답하시는 주님!
믿음의 생활이 기도 생활에서 시작되니
우리 자녀들이 골방에서 은밀하게
주님께 기도할 때 주께서 온전히 만나주옵소서.
우리 자녀들이 주님께 기도함으로 능력을 얻어
생명력이 넘치는 믿음의 생활을 하기 원합니다.
무엇보다 우리 자녀들이 하나님 마음에 합한
기도를 드리게 하소서.
기도는 우리의 영적 호흡이니
우리 자녀들도 기도함으로
영육이 강건한 삶을 살게 하옵소서.
우리 자녀들이 겸손하게 기도하는 삶을 살게 하시고
응답받기까지 끈질긴 기도를 드리게 하옵소서.
우리 자녀들이 어려운 여건 속에서도 주님을 바라보며
정욕과 욕심으로 자신만을 위하여 기도하지 않게 하소서.
하나님이 감동하시는 기도,
하나님의 중심을 뜨겁게 하는 기도를 드리게 하소서.
우리 자녀들이 온전히 하나님을 신뢰하며 기도하게 하소서.
우리 주 예수 그리스도의 이름으로 기도합니다. 아멘!

위험 없이 정복할 때 우리의 승리는 영광을 잃는다. 피에르 코르네이유

그의 나라와 그의 의를 구하게 하소서

4

너희는 먼저 그의 나라와 그의 의를 구하라 그리하면 이 모든 것을 너희에게 더하시리라 마태복음 6:33

십자가의 보혈로 화평을 이루어주신 주님!
사랑은 관심을 가져주고 존중해 주고 이해해 주며
가지고 있는 것을 나누는 것인 줄 압니다.
주님께서 이 모든 사랑을 다 주셨으니
그의 나라와 그의 의를 구하며 살게 하옵소서.
우리 자녀들로 하여금 모든 이들과 더불어
화목하게 하는 사랑의 도구가 되게 하소서.
이웃을 내 몸처럼 사랑하라는 주님의 말씀을
온전히 실천하며 살게 하옵소서.
하나님께서 하나뿐인 아들까지 주셨으니
그 사랑과 그 은혜에 보답하며 살게 하소서.
우리 자녀들이 세계 평화를 위하여 기도하게 하소서.
나라와 민족을 위하여 기도하게 하소서.
자연 보호를 위하여 기도하게 하소서.
이웃을 위하여 기도하게 하소서.
그의 나라와 그의 의를 구하게 하소서.
성령의 인도하심으로 날마다 기도하며 살게 하시고
성령의 인도하심으로 날마다 사랑하며 살게 하시고
성령의 인도하심으로 날마다 소망을 갖고 살게 하소서.
우리 주 예수 그리스도의 이름으로 기도합니다. 아멘!

기쁨이라는 기술은 참으로 승진하는 기술이다. 필립 체스터필드

남을 비판하기 전에 자기를 보게 하소서

어찌하여 형제의 눈 속에 있는 티는 보고 네 눈 속에 있는 들보는 깨닫지 못하느냐
마태복음 7:3

모든 기도를 들어주시는 주님!
우리 자녀들이 남을 비판하기 전에
먼저 자신을 돌아보게 하소서.
솔직하고 진실하고 정직하게 살아가게 하소서.
우리 자녀들이 사람들을 언제나
올바른 태도로 대하게 하소서.
자신을 거짓 없이 주님께 드리게 하시고
따뜻하고 인정이 넘치는 삶을 살아
감동과 여운을 남기게 하소서.
우리 자녀들이 편견 없이 말하게 하시고
말은 적게 하고 기도는 많이 하게 하소서.
남의 약점을 비판하기보다는 장점을 칭찬하게 하시고
상처받는 표현을 함부로 하지 않게 하소서.
대화 중에 논쟁을 피하고
약속을 지키는 삶을 살게 하소서.
은혜로운 말, 즐거운 말, 때에 맞는 말, 사랑의 말로
축복된 삶을 살아가게 하소서.
우리 주 예수 그리스도의 이름으로 기도합니다. 아멘!

오르막과 내리막은 하나의 같은 언덕이다. 헤라클레이토스

큰 믿음의 사람이 되게 하소서

6

예수께서 이르시되 어찌하여 무서워하느냐 믿음이 적은 자들아 하시고 곧 일어나사
바람과 바다를 꾸짖으신대 아주 잔잔하게 되거늘 마태복음 8:26

주님을 섬기는 자들에게 행복을 주시는 주님!

자녀들의 삶에 믿음의 역사가 흐르게 하시고

큰 믿음의 사람이 되게 하소서.

믿음은 주님을 기쁘시게 하니

믿음으로 우리 자녀들의 삶에 기쁨이 넘치게 하소서.

우리와 우리 자녀들의 믿음이 나약함을 용서하시고

성령의 감동을 주셔서 더 큰 믿음을 주시기 원합니다.

믿음은 삶을 지배하고 환경을 바꾸니

믿음으로 하나님이 원하시는 삶을 살게 하소서.

우리 자녀들이 하나님이 주시는

위대한 믿음을 갖게 하소서.

믿음은 용기와 도전을 갖게 하오니

우리 자녀들이 강하고 담대한 믿음으로 살게 하소서.

믿음은 성결하고 진실한 생활을 하게 하오니

우리 자녀들의 삶도 깨끗하고 아름답게 하소서.

모든 역경을 하나님 축복의 기회로 삼게 하소서.

우리 자녀들이 큰 믿음으로 큰 사람이 되게 하소서.

주님을 믿는 믿음으로만 살게 하시며

우리 주 예수 그리스도의 이름으로 기도합니다. 아멘!

슬픔이 크면 웃음을 부른다. 기쁨이 너무 많아도 눈물을 흘린다. 윌리엄 블레이크

예수 그리스도의 편지로 읽혀지게 하소서

> 너희는 우리로 말미암아 나타난 그리스도인의 편지니 이는 먹으로 쓴 것이 아니요 오직 살아계신 하나님의 영으로 한 것이며 또 돌비에 쓴 것이 아니요 오직 육의 심비에 한 것이라 고린도후서 3:3

우리 삶 속에 들어와 계시는 주님!

우리에게 성경을 주셔서

주님의 편지로 읽게 하시고

믿음의 삶을 위하여 깨우침을 주시고

구원의 확신을 주시니 감사드립니다.

우리 자녀들의 삶도 예수 그리스도의

편지로 읽혀지기를 원합니다.

세상 사람들은 이 아이가 주님의 자녀임을 알고 있사오니

주님의 자녀답게 살아가게 하시고

모든 면에서 부족함이 없게 하소서.

주님이 언제나 함께하심을 믿고 의지하게 하소서.

언제나 힘이 넘치고 활력이 넘치는 삶을 살게 하소서.

우리 자녀들이 주님의 말씀과 삶을 본받아

살기 원하며 주님을 닮아가기 원합니다.

우리와 우리 자녀들의 삶이

예수 그리스도의 편지로 읽혀지게 하소서.

어떤 일을 만나도 두려워하지 않고

우리와 함께하여 주시는 주님을 믿고 의지하며

예수 그리스도의 편지가 되게 하소서.

우리 주 예수 그리스도의 이름으로 기도합니다. 아멘!

아무리 나쁜 사람에게라도 칭찬할 것은 칭찬해 주라. 유럽 속담

예수 그리스도의 향기를 나타내게 하소서

8
우리는 구원 얻는 자들에게나 망하는 자들에게나 하나님 앞에서 그리스도의 향기니
고린도후서 2:15

우리에게 아름다운 자연을 주신 주님!
하나님이 주신 아름다운 세계를 찬양하며 감사드립니다.
아름다운 것들은 향기가 있고
더러운 것들은 부패하고 썩어들어가 악취가 나니
우리 자녀들의 삶을 정결하게 하시고
예수 그리스도의 향기를 풍기게 하소서.
자부심과 긍지를 가지고 살아가게 하시고
주님의 사명에 충성을 다하여
아름답게 살아 향기가 있게 하소서.
우리 자녀들이 제일 먼저 주님이 원하시는 일부터
하게 하시고 주님의 영광을 드러내게 하소서.
주님을 기뻐하게 하시고
주님이 주시는 기쁨을 누리며
소망을 나누며 살기를 원합니다.
우리 자녀들이 욕망과 욕심으로
부패된 삶을 살아가는 것이 아니라
주님의 자녀답게 십자가의 능력에 의지하여
하늘나라 백성답게 살게 하소서.
주님 안에 거하여 생명을 얻고 성령의 열매를 맺어
주님의 향기를 발하는 삶을 살게 하소서.
우리 주 예수 그리스도의 이름으로 기도합니다. 아멘!

인생에 있어서 커다란 기쁨은 세상이 너는 하지 못한다고 말하는 그것을 해내는 것이
다. 월터 바조트

예수 그리스도의 좋은 군사로 살아가게 하소서

네가 예수 그리스도의 좋은 군사로 나와 함께 고난을 받을지니 군사로 다니는 자는 자기 생활에 얽매이는 자가 하나도 없나니 이는 군사로 모집한 자를 기쁘게 하려 함이라 디모데후서 2:3-4

우리에게 생명을 주신 주님!

하나님이 원하시는 큰 뜻을 세우고

믿음 가운데 날마다 바르게

살아갈 수 있도록 인도하옵소서.

우리 자녀들이 예수 그리스도의

훌륭한 군사로 살아가게 하소서.

우리로 하여금 예수 그리스도의 남은 고난을 채우게 하소서.

우리 자녀들이 자기 생활에 얽매이지 않고

주님이 원하시는 삶을 살게 하소서.

주님의 은혜로 모집된 군사들이오니

주님에게 기쁨을 드리게 하소서.

고난당할 때 도리어 기도하고 찬송하게 하시며

어디에서 무슨 일을 하든지 의롭게 행하게 하셔서

예수 그리스도의 군사다운 삶을 살게 하옵소서.

하나님 나라를 확장하는 데 힘쓰는 군사가 되게 하셔서

부르심 받은 감격을 전도로 나타내게 하소서.

죄로 심고 사망을 거두는 자가 아니라

믿음으로 심고 성령의 열매로 거두는 삶을 살게 하소서.

부르심에 순종하여 축복된 삶을 살게 하소서.

우리 주 예수 그리스도의 이름으로 기도합니다. 아멘!

인간이 정말로 저속하게 되면 남의 불행을 기뻐하는 것 외에 아무 흥미를 가지지 않게 된다. 괴테

12
10

예수 그리스도의 증인으로 살아가게 하소서

내가 아버지께로서 너희에게 보낼 보혜사 곧 아버지께로서 나오시는 진리의 성령이 오실 때에 그가 나를 증거하실 것이요 너희도 처음부터 나와 함께 있었으므로 증거하느니라 요한복음 15:26-27

우리의 모본이 되시며 구원자가 되시는 주님!
우리와 우리 자녀들이 주님의 사랑으로
구원을 받았으니 이 구원의 기쁜 소식을
온 땅에 전하고 또 전하는
예수 그리스도의 증인으로 살게 하옵소서.
지금도 우리를 위하여 기도하시는
주님의 사랑을 깨달아 감사하며 살게 하소서.
때를 얻든지 못 얻든지 생명의 복음을 전하는
나팔이 되어 외치고 또 외치게 하옵소서.
주님만이 길이요 진리요 생명이시니
이 구원의 길로 죽어가는 영혼들을 인도하소서.
우리와 우리 자녀들이 주님을 온전히 시인하고
전하는 삶을 통하여 하나님과 가까이 하기를 원합니다.
험난한 세상에서 믿음을 주시고
지켜주시는 주님을 의지하며
복음을 전하게 하옵소서.
예수 그리스도의 증인이 되기 위하여
기도로 준비하게 하시고 말씀을 준비하게 하셔서
언제 어디서든지 주님이 원하시면 전하게 하옵소서.
우리와 우리 자녀들이 예수 그리스도의 증인으로 살게 하소서.
우리 주 예수 그리스도의 이름으로 기도합니다. 아멘!

집은 안에 살기 위해 짓는 것이지 밖에서 보기 위해서가 아니다. 프랜시스 베이컨

세상의 빛과 소금이 되게 하소서

너희는 세상의 소금이니 소금이 만일 그 맛을 잃으면 무엇으로 짜게 하리요 후에는
아무 쓸데없어 다만 밖에 버리워 사람에게 밟힐 뿐이니라 너희는 세상의 빛이라 산
위에 있는 동네가 숨기우지 못할 것이요 마태복음 5:13-14

우리 삶에 주인이 되시는 주님!

우리 자녀들의 삶이

세상의 빛과 소금이 되게 하소서.

어둠을 밝히는 빛이 되게 하소서.

세상과 구별된 삶을 살기 원합니다.

우리 자녀들의 삶이

예수 그리스도의 사랑을 나타내는

세상의 빛과 소금이 되게 하소서.

우리 자녀들의 삶이

예수 그리스도의 생명을 전하는

세상의 빛과 소금이 되게 하소서.

우리 자녀들의 삶이

예수 그리스도의 복음을 나타내는

세상의 빛과 소금이 되게 하소서.

우리 자녀들의 삶이

예수 그리스도의 마음을 전하는

세상의 빛과 소금이 되게 하소서.

우리 자녀들의 삶이

예수 그리스도의 구원을 전하는

세상의 빛과 소금이 되게 하소서.

우리 주 예수 그리스도의 이름으로 기도합니다. 아멘!

농담으로라도 친구를 상처 입히지 말라. 시러스 잠언집

예수 그리스도의 종으로 살게 하소서

주 안에서 부르심을 받은 자는 종이라도 주께 속한 자유자요 또 이와 같이 자유자로
있을 때에 부르심을 받은 자는 그리스도의 종이니라 고린도전서 7:22

어둠을 빛으로 변화시켜 주시는 주님!
우리 자녀들이 주 안에서 부르심을 받았으니
예수 그리스도의 종으로 살게 하옵소서.
옛것과 죄악된 것을 기억하지 않고
새로운 일을 행하며 주님을 의지하게 하소서.
복음의 씨앗을 뿌리게 하시고
기쁨으로 많은 열매를 거두게 하옵소서.
하늘나라에서 받을 환영과 위로를 생각하고
이 땅에서 주님의 종으로 힘써서 일하며
수고를 아끼지 않기 원합니다.
우리 자녀들이 믿음으로
말씀을 확신하며 영혼의 소중함을 깨달아
가지고 있는 지식과 경험과 장점과 특기를 다 쏟아내
영혼을 살리는 열정을 주소서.
예수 그리스도의 장성한 분량에 이르기까지
예수 그리스도의 종답게 인내하며 순종하며
주님을 따르게 하옵소서.
우리의 도움이 되시고 피난처 되시는
주님을 의지하며 살아가게 하옵소서.
우리 주 예수 그리스도의 이름으로 기도합니다. 아멘!

너 자신을 누구에겐가 필요한 존재로 만들라. 누구에게든 인생을 고되게 만들지 말라.
랄프 W. 에머슨

예수 그리스도의 사신으로 살게 하소서

13

이러므로 우리가 그리스도를 대신하여 사신이 되어 하나님이 우리로 너희를 권면하시는 것같이 그리스도를 대신하여 간구하노니 너희는 하나님과 화목하라 고린도후서 5:20

우리 생명의 근원이 되시는 주님!
세상 사람들이 우리의 모습에서 주님을 찾고 있으니
우리와 우리 자녀들이 삶을 통하여
예수 그리스도의 사신이 되게 하소서.
우리 자녀들의 삶이
주님의 영광을 드러내기를 원합니다.
우리와 우리 자녀들이 불의한 일로 인하여
주님의 영광을 가리는 일이 없게 하소서.
주님의 기도하심을 닮아 기도하게 하시고
주님의 전도하심을 닮아 전도하게 하시고
주님의 사랑하심을 닮아 사랑하게 하소서.
주님의 치유하심을 닮아 치유하게 하소서.
주님의 십자가에서 피흘리심으로 인하여
많은 사람들이 구원을 받은 것처럼
우리의 생활과 기도와 전도로 인하여
많은 이들이 전도되어 주님 앞으로 나오게 하소서.
우리와 우리 자녀들의 마음에
주님의 사랑을 채워주셔서
받은 사랑을 나누며 살아가게 하소서.
우리 주 예수 그리스도의 이름으로 기도합니다. 아멘!

세상은 바다와 같다. 헤엄치지 못하는 사람은 익사한다. 스페인 속담

예수 그리스도의 십자가를 자랑하며 살게 하소서

그러나 내게는 우리 주 예수 그리스도의 십자가 외에는 결코 자랑할 것이 없으니 그리스도로 말미암아 세상이 나를 대하여 십자가에 못 박히고 내가 또한 세상을 대하여 그러하니라 갈라디아서 6:14

우리의 자랑이 되시는 주님!
우리 자녀들이 구원의 주님이신 예수 그리스도의
십자가를 자랑하는 삶을 살게 하소서.
"그러나 내게는 결코 자랑할 것이 없으니
그리스도로 말미암아 세상이 나를 대하여 십자가에 못 박히고
내가 또한 세상에 대하여 그러하니라"고 말한 사도 바울처럼
오직 예수 그리스도만을 나타내게 하소서.
세상 사람들은 힘과 돈과 명예와 권력과 지식을 자랑하나
우리 자녀들은 귀한 생명을 주신
예수 그리스도, 주님만 자랑하기에
조금도 부끄러워하지 않고
어디서나 그리스도인답게 당당하게 살게 하소서.
예수 그리스도의 십자가를 자랑하는 삶은
놀랍고 놀라운 축복이오니
주님을 사랑하고 더욱 자랑하게 하소서.
세상의 스쳐 지나가는 것들을 좋아하기보다는
진리와 생명과 구원이 되시는
주님을 사랑하며 나타내게 하옵소서.
우리와 우리 자녀들의 삶에 자랑거리는
오직 예수 그리스도의 십자가가 되게 하소서.
우리 주 예수 그리스도의 이름으로 기도합니다. 아멘!

누가 두통으로 시달리고 있으면 주위 사람들도 아픔을 나누어 가지라. 세르반테스

예배 중심의 삶을 살게 하소서

이것들을 증거하신 이가 가라사대 내가 진실로 속히 오리라 하시거늘 아멘 주 예수여 오시옵소서 주 예수의 은혜가 모든 자들에게 있을지어다 아멘 요한계시록 22:20-21

신령과 진정으로 드리는 예배를 받으시는 주님!

우리 자녀들의 신앙이 예배하는 신앙이 되게 하시고

주님의 구원하심에 늘 감사드리며

신령과 진정으로 살아가기를 원합니다.

우리 자녀들의 삶이 예배 중심의 삶이 되게 하소서.

예배는 하나님께 존경과 찬양과 영광을 돌리는 것이오니

하나님께 온전한 경배를 드리게 하소서.

참된 예배를 드리기 위하여

손이 깨끗하고

마음이 청결하며

예배하는 자를 찾으시는 하나님께

온전한 예배를 드리기 원합니다.

예배하지 않는 삶은 하나님을 떠난 삶이니

예배를 받으시기에 합당하신 하나님께

예수 그리스도의 이름으로 즐겨 예배하게 하소서.

우리 자녀들이 드리는 예배가

받으시기에 합당한 예배가 되도록

신령과 진정으로 마음을 모아 드리게 하시고

성령의 감동하심으로 드리게 하시기를 원합니다.

우리 주 예수 그리스도의 이름으로 기도합니다. 아멘!

남을 욕하면 바로 당신을 욕하는 것으로 알라. 헤리오도스

12
16

젊은 날에 독수리같이 새롭게 하소서

네 생명을 파멸에서 구속하시고 인자와 긍휼로 관을 씌우시며 좋은 것으로 네 소원을
만족케 하사 네 청춘으로 독수리같이 새롭게 하시는도다 시편 103:4-5

우리에게 강하고 담대한 믿음을 가지라고 하신 하나님!
하나님의 섭리가 우리와 우리 자녀들의
삶 속에 일어나는 것을 확신하게 하소서.
우리 자녀들이 젊은 날에 독수리같이 날마다
하나님의 은혜로 새롭게 되기를 원합니다.
우리 자녀들이 하나님의 자녀임을 확신함으로
새로운 변화, 새로운 능력, 새로운 비전이
일어나게 하옵소서.
어디로 가든지 하나님이 함께하심을 믿고
온전히 신뢰함으로 하나님께서 펼쳐주시는
놀라운 일들을 체험하게 하옵소서.
우리 자녀들이 모든 것을 주님께 맡기고
함께하시는 하나님의 섭리를 믿으며
꿈을 성취해 가는 기쁨을 통하여
하나님께 영광을 돌리게 하소서.
모든 절망에서 떠나게 하시고
쓸데없는 연민이나 고민에 빠짐 없이
오직 하나님만 바라보게 하소서.
기회가 올 때마다 믿음으로 이루어가게 하소서.
우리 주 예수 그리스도의 이름으로 기도합니다. 아멘!

남의 허물을 듣거든 마치 부모의 이름을 듣는 것처럼 귀로 들을지언정 입으로 말하지
말라. 마원

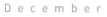

12

December

17

믿음으로 소원을 이루어가게 하소서

이에 예수께서 대답하여 가라사대 여자야 네 믿음이 크도다 네 소원대로 되리라 하시
니 그 시로부터 그의 딸이 나으니라 마태복음 15:28

믿음으로 우리를 온전하게 지키시는 주님!

우리 자녀들에게 믿음을 갖게 하셔서

믿음으로 소원을 이루어가게 하시니 감사합니다.

모든 것을 주님께 맡기며 평안한 마음을 갖게 하옵소서.

하나님이 주시는 행복으로 살게 하시고

믿음의 본이 되는 삶으로 사람들을 인도하게 하소서.

욕심을 내지 않고 마음을 비워

항상 성령의 은혜가 충만하기를 원합니다.

미소를 잃지 않게 하시고

언제나 칭찬과 격려를 아끼지 않는

넓은 마음을 갖게 하소서.

다른 사람들에게 친절을 베풀게 하시고

이익이 되고 이익을 나누어주는 삶을 살게 하소서.

다른 사람의 마음을 읽고 위로하게 하시고

어떤 조건과 상황에서도 적절히 대응하게 하소서.

주님의 은혜와 사랑에 날로 강하여지고

소망을 이루어가게 하옵소서.

자녀들이 목표를 정확하게 설정하게 하시고

믿음으로 이루어가기를 원합니다.

우리 주 예수 그리스도의 이름으로 기도합니다. 아멘!

모든 사람은 달과 같아서 누구에게도 보여주고 싶지 않은 어두운 면이 있다. 마크 트
웨인

바른 신앙을 고백하게 하소서

시몬 베드로가 대답하여 가로되 주는 그리스도시요 살아 계신 하나님의 아들이시니
이다 마태복음 16:16

우리의 소망과 사랑과 믿음이 되시는 주님!
우리 자녀들이 어떠한 형편과 처지에서도
바른 신앙을 고백하는 삶을 살게 하옵소서.
자기에게 불이익이 오고 불리하더라도
주님을 바르게 고백하는 믿음을 주시기 원합니다.
우리 자녀들의 마음 중심에 세상적인 것들이
없어지고 허무한 것들이 없어지게 하소서.
언제나 살아 계셔서 역사하시는
주님께 마음 두기를 원합니다.
우리 자녀들을 주장하셔서
주님 안에 거하게 하시고 영생을 얻어서
주님의 영광을 드러내게 하소서.
주님 십자가의 사랑 안에 거하게 하시고
하늘나라 시민권을 가진 천국시민으로
믿음 안에서 바르고 진실하게 살게 하소서.
우리 자녀들이 주님이 허락하시는 모든 날들과 시간과
달란트와 지혜를 헛되이 사용하지 않게 하소서.
오직 주님을 구주로 고백하며
바른 신앙으로 주님이 원하시는 삶을 살게 하소서.
우리 주 예수 그리스도의 이름으로 기도합니다. 아멘!

청춘의 사전에 실패라는 단어는 없다. E. B. 리턴

항상 하나님께 가까이 하는 삶을 살게 하소서

여호와께서 말씀하시되 오라 우리가 서로 변론하자 너희 죄가 주홍 같을지라도 눈과 같이 희어질 것이요 진홍같이 붉을지라도 양털같이 되리라 이사야 1:18

아름다운 세상을 창조하셔서 우리에게 주신 하나님!
우리 자녀들에게 삶의 지혜와 믿음을 주셔서
항상 하나님을 가까이 하게 하소서.
하나님 곁에서 멀어지면 멀어질수록
죄가 가까이 다가오는 것을 알게 하시고
항상 하나님을 가까이 하며 살게 하소서.
우리 자녀들이 언제 어디서든지 무슨 일을 하든지
주님이 원하시는 일인가 아닌가를 묻게 하시고
주님의 도우심과 인도하심을 구하게 하소서.
삶을 살아가며 부족함을 느낄 때에도
삶을 살아가며 연약하게 느껴질 때에도
삶을 살아가며 늦었다고 생각될 때에도
도리어 역전과 반전을 시킬 수 있는 믿음 속에
여유를 가지게 하옵소서.
우리 자녀들이 하나님이 복음을 전하는
사명을 감당하게 하시고 하나님의 쓰임 받음을
기쁨과 행복으로 여기게 하옵소서.
믿음과 기도 속에서 하나님의 뜻을 이루며
수확하는 삶을 살게 하소서.
하나님을 가까이 하는 삶을 살게 하소서.
우리 주 예수 그리스도의 이름으로 기도합니다. 아멘!

청춘의 꿈에 충실하라. 프리드리히 실러

12

20

겨울철을 잘 보내게 하소서

너희는 열매 없는 어두움의 일에 참예하지 말고 도리어 책망하라 저희의 은밀히 행하는 것들은 말하기도 부끄러움이라 에베소서 5:11-12

봄, 여름, 가을, 겨울, 모든 계절의 주인이신 주님!
눈 내리고 바람 부는 겨울을 주신 것에 감사드립니다.
모든 것이 얼어붙고 성장을 멈춘 듯하나
봄을 기다리고 있음을 압니다.
우리 자녀들도 모든 계절을 따라
계절의 열매를 맺게 하소서.
겨울철에 건강하게 하시고 계절에 맞는 생활을 통하여
하나님의 깊은 섭리를 깨닫게 하소서.
성경을 읽고 책을 많이 읽는 사람이
지혜로운 것을 자녀들도 알게 되기 원합니다.
겨울철만이 보여주는 계절의 정취를 느낄 수 있는
시간을 마련하게 하시고
언제나 성실하고 부지런히
자기의 맡은 일에 충실하게 하소서.
추운 계절에 수고하는 모든 이들의
건강을 보살펴주시고
이 계절에 소외되고 연약한 사람들에게도
사랑을 베풀어주시기 원합니다.
항상 주님의 인도하심 속에 살게 하소서.
우리 주 예수 그리스도의 이름으로 기도합니다. 아멘!

청춘은 우리 인생에서 단 한 번밖에 오지 않는다. 헨리 W. 롱펠로

술과 담배를 멀리하게 하소서

포도주는 거만케 하는 것이요 독주는 떠들게 하는 것이라 무릇 미혹되는 자에게는 지혜가 없느니라 잠언 20:1

우리를 늘 사랑하시는 하나님!
우리 자녀들이 어려서부터 술과 담배와
마약과 노름과 경마와 세상의 모든 헛된 것들에게서
떠나 경건한 삶을 살기 원합니다.
삶에 질서가 있고 화평이 있게 하셔서
영육이 강건하여 바른 믿음으로 살아가게 하소서.
술은 지나칠수록 혼돈이 오고 다른 죄악을 불러오게 되니
술이 술을 부름처럼 죄악에 빠지는
어리석음에 머물지 않게 하소서.
우리 자녀들의 무지와 죄악을 용서하여 주시고
모든 관계를 분명하게 하옵소서.
술과 담배와 마약과 같은 것들에서 떠나
진리의 말씀 속에서 거룩함을 덧입어
새 사람으로 살아가게 하옵소서.
죄악된 것들과 탐욕과 게으름 때문에
몸과 마음이 파괴되는 일이 없기를 원합니다.
성령의 은혜로 거룩하게 하시고
정결함으로 살아가게 하소서.
우리 자녀들이 진실하고 정직하게
살아가기를 원합니다.
우리 주 예수 그리스도의 이름으로 기도합니다. 아멘!

종이에 쓰지 말고 마음에 써서 남겨라. 안티스테네스

우리의 자녀들이 허망을 버리게 하소서

그러므로 내가 이것을 말하며 주 안에서 증거하노니 이제부터는 이방인이 그 마음의
허망한 것으로 행함같이 너희는 행하지 말라 에베소서 4:17

모든 만물을 운행하시는 전능하신 주님!
주님이 주신 생명의 시간들을
소중하게 사용하게 하옵소서.
우리 자녀들이 허망한 것에 마음을 주지 않게 하소서.
허망한 것들은 허무를 낳아 도리어 괴롭힐 뿐이니
하나님이 은혜와 사랑 속에 축복된
소망의 삶을 살아가게 하소서.
우리 자녀들이 모든 이들과 화목하게 하시고
사랑의 도구로 사용되기를 원합니다.
우리 자녀들이 사랑을 실천하며 살게 하셔서
물질의 허망, 권세의 허망, 욕망의 허망에서
떠나게 하옵소서.
자녀들에게 풍요함을 주시고 매일같이
힘찬 성장을 할 수 있도록 인도하옵소서.
믿음으로 모든 문제들을 잘 해결하게 하소서.
우리 자녀들이 성도답게 자부심을 갖고
믿음으로 성숙된 그리스도인의 삶을 살게 하소서.
언제나 하나님을 소망하며 살게 하소서.
우리 주 예수 그리스도의 이름으로 기도합니다. 아멘!

고생한 추억도 지나고 보면 기분이 좋다. 에우리피데스

12 23 포기할 것은 포기하게 하소서

또 내 이름을 위하여 집이나 형제나 자매나 부모나 자식이나 전토를 버린 자마다 여러 배를 받고 또 영생을 상속하리라 마태복음 19:29

우리의 마음을 아시고 함께하시는 주님!

자녀들이 삶 가운데서 포기할 것은 포기하게 하소서.

우리 자녀들이

욕심을 포기하게 하소서.

욕망을 포기하게 하소서.

다툼을 포기하게 하소서.

비난을 포기하게 하소서.

타락을 포기하게 하소서.

죄악을 포기하게 하소서.

미움을 포기하게 하소서.

헛됨을 포기하게 하소서.

거짓을 포기하게 하소서.

시기를 포기하게 하소서.

우리 자녀들이 하나님의 영광을 높이 드러내는

도구로 쓰임 받기 원합니다.

기쁨을 누리며 소망 중에 살게 하시고

십자가의 능력에 의지해서

하나님 나라의 일꾼으로 사명을 다하게 하소서.

마음 중심에 세상의 헛된 것을 두지 않고

오직 하나님만 바라며 살기 원합니다.

우리 주 예수 그리스도의 이름으로 기도합니다. 아멘!

좋은 추억은 마음에 오래도록 머물고 좋지 않은 추억은 더욱 오래도록 머문다. 체코슬로바키아 속담

리더십이 있는 자녀가 되게 하소서

너희 중에 누구든지 으뜸이 되고자 하는 자는 너희 종이 되어야 하리라 인자가 온 것
은 섬김을 받으려 함이 아니라 도리어 섬기려 하고 자기 목숨을 많은 사람의 대속물
로 주려 함이니라 마태복음 20:27-28

모든 지혜의 근본이 되시는 주님!

우리 자녀들에게 리더십이 있기를 원합니다.

사람들이 잘 지도하고 잘 인도할 수 있게 하시고

삶의 설계자이신 주님을 섬기며

주님의 인도하심 따라 살게 하소서.

우리 자녀들 삶의 기초가 말씀 위에

바르게 세워지기를 원합니다.

자녀들 삶의 목적이

하나님이 원하시는 목적이 되게 하옵소서.

우리 자녀들이 리더십을 갖고

하나님의 일을 하기를 원합니다.

작은 일이라도 소홀히 하지 않게 하시고

자신이 하는 일에 긍지를 갖고

최선을 다하게 하옵소서.

우리 자녀들이 리더로 바른 마음과, 깨끗한 마음과,

선한 마음, 자족하는 마음, 넓은 마음, 강하고 담대한 마음,

겸손한 마음을 갖게 하옵소서.

하나님과 사람들과의 관계가 바르게 하소서.

우리 자녀들이 리더십을 통하여

하나님께 영광을 돌리게 하소서.

우리 주 예수 그리스도의 이름으로 기도합니다. 아멘!

언제나 연필을 주머니에 넣어두어 그때그때의 추억을 기록하는 것이 좋다. 프랜시스
베이컨

12
25

성탄의 기쁨을 평생토록 갖게 하소서

지극히 높은 곳에서는 하나님께 영광이요 땅에서는 기뻐하심을 입은 사람들 중에 평화로다 하니라 누가복음 2:14

우리를 구원하시고자 이 땅에 오신 주님!
주님의 놀라운 사랑에 감사드리며
찬양과 경배를 드립니다.
우리 자녀들이 주님이 주신 성탄의 기쁨과
구원의 기쁨을 평생토록 누리게 하옵소서.
늘 주님의 도우심을 받으며 천국에 들어가는 그날까지
성탄의 기쁨을 평생토록 전하고 기뻐하게 하소서.
주님께서 어둠을 쫓아내시고 이 땅에 빛으로 오셨으니
우리 자녀들도 빛이 되는 성도의 삶을 살게 하소서.
주님께서 십자가의 고난을 통하여 구원하셨으니
삶 속에서 다가오는 갖가지 시련과 고통도
주님의 발자취임을 기억하면서 이겨내게 하소서.
주님의 삶이 말구유에서 시작하셔서
십자가에 달려 죽으시고 부활의 영광을 보여주셨으니
이 놀라운 주님 사랑을 삶 속 깊이 새기게 하소서.
우리 자녀들이 성탄의 참뜻을 기억하며
맡겨진 사명을 통하여 주님의 구원의 복음을 전하게 하시며
주님이 원하시는 일을 하여 온전히 쓰임 받고
주님의 축복을 받게 하옵소서.
우리 주 예수 그리스도의 이름으로 기도합니다. 아멘!

사랑을 하고 나서 그 악을 알고, 미워하고 나서 그 착함을 안다. 예기

하나님과 이웃을 사랑하게 하소서

예수께서 가라사대 네 마음을 다하고 목숨을 다하고 뜻을 다하여 주 너의 하나님을
사랑하라 하셨으니 이것이 크고 첫째 되는 계명이요 둘째는 그와 같으니 네 이웃을
네 몸과 같이 사랑하라 하셨으니 마태복음 22:37-39

기쁠 때나 슬플 때나 언제나 함께하시는 주님!
우리 자녀들에게 하나님을 사랑하고
이웃을 사랑하는 마음을 주시기 원합니다.
하나님을 사랑함으로 기도와 말씀과 찬양 속에
기쁨으로 예배드리게 하소서.
이웃을 사랑함으로 나누고 베풀고 섬기는
삶을 살게 되기 원합니다.
하나님께서 우리를 사랑하신 것처럼
우리와 우리 자녀들도 이웃을 사랑하게 하소서.
우리 자녀들을 사랑하셔서
어두움을 떠나 밝은 곳으로 걷게 하시고
연약함을 감싸줄 수 있는 따뜻한 마음을 주시기 원합니다.
하나님과 이웃을 사랑함으로 힘과 용기가
넘쳐나는 기쁨 속에 살게 하소서.
사랑함으로 날마다 성숙해지는 삶을 살게 하시고
하나님의 말씀이 함께하는 삶을 살게 하소서.
우리 자녀의 허물을 다 덮어주시는 하나님의 사랑을
더욱더 많이 체험하여 주님과 이웃을 사랑하게 하소서.
이웃의 아픔과 상처를 주님께 받은 사랑으로 감싸주게 하소서.
우리 주 예수 그리스도의 이름으로 기도합니다. 아멘!

가난은 수치가 아니다. 그러나 명예라고는 생각하지 말라. 유대 속담

낮아짐의 믿음을 배우게 하소서

누구든지 자기를 높이는 자는 낮아지고 누구든지 자기를 낮추는 자는 높아지리라
마태복음 23:12

우리 삶에 용기와 희망을 주시는 주님!
우리 자녀들이 주님의 낮아짐을 배우게 하시고
삶 속에서 낮아지기를 원합니다.
스스로 높여 교만하다가 쓰러지지 않게 하시고
겸손하여 세우심을 입게 하소서.
우리 자녀들에게 어떠한 고난과 역경이 다가오더라도
믿음의 기도와 겸손과 인내로
하나님의 도우심을 구하게 하옵소서.
우리 자녀들이 주님의 무한하심을 깨달아
늘 감사하며 인도하심을 받게 하소서.
교만하면 높아지기를 원하고 교만하면 무너지오니
낮아진 모습 그대로 주님의 사랑을 받게 하시고
주님을 바라봄으로 소망을 얻게 하소서.
겸손함으로 애매하게 고난당하는 일이 있더라도
불평하거나 원망함이 없이
겸손하게 하나님의 뜻을 구하게 하소서.
우리 자녀들을 하나님께서 인도하여 주시고 사랑해 주소서.
우리 주 예수 그리스도의 이름으로 기도합니다. 아멘!

빈 주머니는 빈 머리를 만든다. W. C. 윌리엄스

12
28

하나님 안에서 성장하게 하소서

오직 나와 내 집은 여호와를 섬기겠노라 여호수아 24:15

생명의 근원이 되셔서 우리를 구원하신 하나님!
오직 하나님을 섬길 분으로 택하여
하나님 안에서 잘 성장하게 하옵소서.
이기적인 습관과 헛된 꿈을 던져버리고
주님의 마음을 닮아가기 원합니다.
예수님과 같이 크신 마음을 닮아가게 하옵소서.
주님이 인도하심으로 크게 쓰임 받게 하소서.
지혜와 통찰력을 주셔서 항상 하나님의 나라와
그의 의를 구하며 살기를 원합니다.
어떤 어려움 속에서도 기쁨을 회복하게 하소서.
우리 자녀들이 꿈과 비전을 향해 나아가는 길에서
어떤 어려움을 만날지라도 최선을 다할 수 있는
믿음에 믿음을 주시기 원합니다.
최후에 면류관을 얻기 위하여 모든 열정을 다 쏟아
주님이 부탁하신 일을 하게 하소서.
우리 자녀들이 오직 살아 계신 한 분의
하나님만 바라며 섬기기를 원합니다.
하나님이 주시는 지혜와 건강으로 잘 성장하여
하나님의 깊으신 뜻을 이루어가게 하소서.
우리 주 예수 그리스도의 이름으로 기도합니다. 아멘!

확실히 행복한 사람이 되는 단 하나의 길은 사람을 사랑하는 것이다. 레프 톨스토이

슬기로운 열 처녀의 준비된 신앙을 본받게 하소서

슬기 있는 자들은 그릇에 기름을 담아 등과 함께 가져갔더니 마태복음 25:4

영원한 천국을 예비하시고 안식을 주시는 주님!
우리와 우리 자녀들이 열 처녀같이
준비된 신앙을 갖게 되기를 원합니다.
겸손한 청지기로서 맡은 일에 최선을 다하며
주님의 부르심에 응답하며 살게 하옵소서.
인간적인 지식으로 원리 원칙만을 따르는
이기적인 마음을 버리게 하시고
하나님이 복음의 진리 속에 순결한 마음으로
주님을 따르게 하옵소서.
우리와 우리 자녀들이 잘못된 생각과 판단으로
진리의 길에서 어긋난 삶을 살지 말게 하시고
하나님의 약속하심을 믿으며
때를 기다리는 지혜로운 자가 되기 원합니다.
우리 자녀들이 하나님의 쓰임을 받기 위하여
신앙으로나 학문으로나 비전으로나
모든 것이 잘 준비되기를 원합니다.
우리 자녀들이 하나님의 때에
하나님이 원하시는 곳에서 쓰임 받게 하옵소서.
하나님의 일에 충성되어 잘했다 칭찬을 받게 하소서.
우리 주 예수 그리스도의 이름으로 기도합니다. 아멘!

행복하자면 두 가지 길이 있다. 욕망을 줄이거나 소유물을 늘리거나 하면 된다. 어느 쪽이라도 된다. 벤저민 프랭클린

하나님의 말씀을 언제나 의지하게 하소서

천지는 없어지겠으나 내 말은 없어지지 아니하리라 마태복음 24:35

태초에 말씀으로 천지를 창조하신 하나님!
우리와 우리 자녀들이 언제 어디서나
전능하신 하나님의 말씀을 의지하여 살아가게 하소서.
하나님만이 모든 인생의 주인이시니
말씀으로 인도하심을 받고
말씀으로 응답받게 하소서.
삶의 모든 순간순간마다
하나님의 전능하신 손길로 인도하심을 받아
부족함이 없는 삶을 살기 원합니다.
우리 자녀들이 언제나 말씀을 가까이 하여
영혼의 양식이 풍부하게 하시고
날마다 말씀을 묵상함으로
깊은 영성이 있는 그리스도인으로 살게 하소서.
우리 자녀들이 생명의 말씀인 하나님의 말씀을
모든 삶에 적용하게 하시고 바른 신앙으로
주님을 닮아가길 원합니다.
천지는 없어져도 하나님의 말씀은 영원하니
우리와 우리 자녀들이 영원하신 말씀 속에 구원을 확신하며
믿음의 주요 온전하게 하시는 주님을 바라보며
온전히 쓰임 받고 축복받아 살게 하소서.
우리 주 예수 그리스도의 이름으로 기도합니다. 아멘!

건강이란 건전한 육체에 깃드는 건전한 정신을 말한다. 호메로스

December

주님께 영광을 돌리는 삶을 살게 하소서

우리가 살아도 주를 위하여 살고 죽어도 주를 위하여 죽나니 그러므로 사나 죽으나
우리가 주의 것이로다 로마서 14:8

우리의 삶을 처음부터 영원까지 인도하여 주시는 주님!

주님께서 우리들을 사랑하셔서

십자가의 보혈로 구원하여 주시고

늘 사랑과 축복으로 인도하여 주시니 감사드립니다.

우리 자녀들이 믿음과 기도 속에

주님 보시기에 아름다운 삶을 살게 하소서.

우리 자녀들이 모든 삶을 통하여

주님께 영광과 찬양을 드리며 예배하게 하시고

주님을 온전히 경외하는 삶을 살게 하소서.

우리 자녀들이 항상 주님과 동행하는 삶을 살게 하소서.

우리 자녀들이 항상 주님이 원하는 삶을 살게 하소서.

우리 자녀들이 항상 주님께서 주시는 사명을 감당하게 하소서.

우리 자녀들이 항상 주님의 뜻을 이루게 하소서.

주님께서 주시는 은혜와 사랑으로 기뻐하며

감동하며 감격하며 살아가기를 원합니다.

오직 주님만을 섬기며 열매를 맺게 하시고

영육이 강건하게 하시며 축복을 받으며 쓰임 받게 하소서.

우리 주 예수 그리스도의 이름으로 기도합니다. 아멘!

부모만큼 가장 자연스럽고도 호적한 교육자는 없다. 헤르바르트

416